俄国罗曼诺夫王朝税收史
（1613～1917）

Tax History of the Romanov Dynasty in Russia
(1613-1917)

梁红刚　著

国家社科基金后期资助项目
出版说明

　　后期资助项目是国家社科基金设立的一类重要项目，旨在鼓励广大社科研究者潜心治学，支持基础研究多出优秀成果。它是经过严格评审，从接近完成的科研成果中遴选立项的。为扩大后期资助项目的影响，更好地推动学术发展，促进成果转化，全国哲学社会科学工作办公室按照"统一设计、统一标识、统一版式、形成系列"的总体要求，组织出版国家社科基金后期资助项目成果。

全国哲学社会科学工作办公室

目　录

绪　论 …………………………………………………………… 1

第一编　罗曼诺夫王朝之前的税收史概述

第一章　税制的产生及课税单位的演化 …………………… 25
　第一节　税制的产生及征税方式的演化 ………………… 25
　第二节　课税单位的演化 ………………………………… 30

第二章　罗曼诺夫王朝之前的税赋 ………………………… 33
　第一节　金帐汗国统治时期的税赋 ……………………… 33
　第二节　税收法的发展 …………………………………… 37
　第三节　特权诏书 ………………………………………… 41
　第四节　沙皇专制制度确立时期的税赋 ………………… 44

第二编　罗曼诺夫王朝前期的税制改革

第三章　整顿税制 …………………………………………… 51
　第一节　税收衙门 ………………………………………… 51
　第二节　改革直接税 ……………………………………… 53
　第三节　征收特别税 ……………………………………… 58

第四章　间接税与货币改革 ································ 63
 第一节　商业税演化成关税 ································ 63
 第二节　失败的改革与民众骚乱 ···························· 66

第三编　罗曼诺夫王朝中期的税制改革

第五章　彼得一世时期的税制改革 ·························· 75
 第一节　彼得一世时期的对外政策与国家财政 ················ 75
 第二节　税收关机改革 ···································· 78
 第三节　北方战争时期的税制 ······························ 80
 第四节　推行人头税 ······································ 85

第六章　1725～1762年的税制改革 ·························· 91
 第一节　1725～1762年的国家与社会 ······················· 91
 第二节　追缴尾欠制度 ···································· 93
 第三节　舒瓦洛夫的间接税改革 ···························· 98

第七章　叶卡捷琳娜二世时期的税制改革 ··················· 103
 第一节　叶卡捷琳娜二世时期的对外政策与社会经济 ········· 103
 第二节　叶卡捷琳娜二世的直接税改革 ····················· 106
 第三节　叶卡捷琳娜二世的间接税改革 ····················· 112

第八章　19世纪上半叶俄国的税制改革 ····················· 118
 第一节　19世纪上半叶俄国的内政外交与财政状况 ··········· 118
 第二节　税收机关的改组 ································· 123
 第三节　亚历山大一世时期的税制 ························· 126
 第四节　康克林与乌龙琴科的税收政策 ····················· 134

第九章　19世纪下半叶俄国的税制改革 ····················· 149
 第一节　19世纪下半叶俄国的内政外交与财政状况 ··········· 149
 第二节　税收管理机关的改组及基层单位的征税制度 ········· 156

第三节　勃洛克与科尼亚热维奇的税收政策 …………… 161
　　第四节　赖藤的税收政策 ……………………………………… 166
　　第五节　本格"以民为本"的税收政策 …………………… 180
　　第六节　维什涅格拉德斯基"以国为本"的税收政策 …… 189
　　第七节　维特"实用主义"的税收政策 …………………… 193

第四编　俄国罗曼诺夫王朝末期的税制

第十章　罗曼诺夫王朝末期的内政外交与财政状况 ………… 207
　　第一节　罗曼诺夫王朝末期的内政外交 …………………… 207
　　第二节　罗曼诺夫王朝末期的财政状况 …………………… 211

第十一章　罗曼诺夫王朝末期的税制 ………………………… 215
　　第一节　直接税的演化 ……………………………………… 215
　　第二节　所得税的诞生 ……………………………………… 224
　　第三节　间接税和手续税的改革 …………………………… 231

第五编　国家税制与社会

第十二章　税收负担与利益冲突 ……………………………… 241
　　第一节　纳税人与税收负担 ………………………………… 241
　　第二节　国家利益与民众利益的冲突 ……………………… 252

第十三章　税制结构、特征及影响 …………………………… 259
　　第一节　税制结构与税收进项的比重 ……………………… 259
　　第二节　税制特征及影响 …………………………………… 267

结　语 ……………………………………………………………… 282

参考文献 …………………………………………………………… 286

绪　论

一　俄国税收史研究的兴起

税收史是俄国历史不可分割的部分，古罗斯国家建立之后，王公们带着自己的亲兵到所征服的部族征收贡赋，这种制度被称为"索贡巡行"，这是俄国最早的税制。不久，索贡巡行被定时定额的集市征税制度所取代。蒙古鞑靼人入侵罗斯之后，罗斯臣民还需缴纳沉重的汗国贡赋，这使得他们的纳税负担极为沉重。随着莫斯科公国的不断强大，东北罗斯逐渐统一。伊凡三世掌管莫斯科公国时期，莫斯科公国摆脱了金帐汗国的控制，也停止向汗国支付贡赋。伊凡四世统治时期，因长期战争，俄国的苛捐杂税给居民带来了沉重的负担。16世纪，俄国的税收额度与以往相比增长了20多倍。沉重的税收负担迫使大量居民逃亡，其后果就是国家税收急剧减少。为了控制农民，俄国将农民牢牢地固定在国家和地主的土地上，这就是农奴制产生的根源。

莫斯科大公伊凡四世去世后，因皇位继承人无法料理国事，国家大权落入摄政大臣手中。此后的俄国陷入了多年的混乱，以前的税收制度几乎完全被摧毁。1613年1月，克里姆林宫召开缙绅大会，米哈伊尔·罗曼诺夫被推选为新沙皇，开启了俄国历史上罗曼诺夫王朝的统治时期。新沙皇积极整顿税制，整合直接税，在被战争破坏严重的地区实行减税或免税的优惠政策。因国家支出需求的增长，俄国被迫增收特别税和提高间接税标准。17世纪，俄国的税收负担也极为沉重，民众骚乱事件频发。到彼得一世时期，俄国发动对瑞典的北方战争，这场长达21年的战争侵吞了国家的大部分预算收入。为筹集战争军费，彼得一世政府积极推行人头税。整个18世纪及19世纪上半叶，俄国都不断提高直接税和间接税的标准，税收改革的财政动机也极为明显。

19世纪下半叶，俄国在税收领域进行根本改革。以往最主要的直接税——人头税被废除，征收土地税和城市不动产税意味着税收阶层性被打破。累进制征税原则的出现标志着俄国税制开始趋于合理化。在间接税领域，俄国主要通过征收海关关税和酒税来增加国库收入。1895年，俄国实行酒垄断，直到第一次世界大战爆发，这项税收都是国家预算的重要来源。人头税被废除后，俄国开始改革营业税，这项税收是俄罗斯帝国晚期最主要的直接税。进入20世纪，世界经济危机、日俄战争、1905年革命相继重创俄国的财政体系，提高税收标准和开辟新税源是俄国改善财政状况的重要手段。第一次世界大战的爆发使俄国财政再一次陷入窘境，为弥补军费支出，俄国全面提高税收标准。

税收史是一个国家社会史和经济史的重要组成部分，国家政权的更迭与税制有着密切的关系。俄国罗曼诺夫王朝历史的复杂性和多变性注定了税制演变的曲折性和矛盾性。俄国罗曼诺夫王朝的内政外交和财政状况对其税制演化产生了重要影响。同时，税收是俄国推行对外扩张政策的经济保障。因税收政策的制定多出于狭隘的财政动机，其税制具有诸多不完善的特征。一方面，拥有特权的贵族享有税收豁免权，即便在税收阶层性被打破之后，贵族地主也享有税收优惠政策；另一方面，支付能力严重不足的农民阶层承担着沉重的纳税负担。这种状况制约了俄国社会和经济的发展。推行对外扩张和不断巩固农奴制，使俄国陷入严重的危机，国家利益与民众利益的冲突也无法调和。

可见，俄国税收史是一个非常复杂的课题，研究俄国税收史及厘清所有相关问题至关重要。目前，对于俄国经济史的研究，我国史学界对宏观经济政策、工业垄断、工农业现代化、引进外资和兴修铁路等方面研究得比较深入，但没有系统研究俄国税收史的专著。税收政策的制定要考虑到国家经济发展水平和民众的支付能力，绝不能只考虑财政动机。研究俄国税收史可以深入分析俄国历史进程的复杂性，揭示政治制度与经济制度的矛盾性。苏联时期，学界对俄国的税收问题没有给予足够的关注。当代的俄罗斯联邦正处于经济转型期，税收改革关乎国家经济的发展和民生的改善。俄罗斯联邦的税收改革需要吸取历史教训，因此研究俄国税收史具有现实意义。20世纪末至21世纪初，俄罗斯学界开始关注对于俄国税收史的研究，相关领域的研究成果颇丰，但对某些问题的研究仍不够具体和完善，主要存在的问题包括：第一，个别成果仅仅研究税制的演变，未能揭示俄国税制演化的社会背景和动机；第二，未能对税收管理机关的建立与改组做出详细的论述，也未能剖析税收管理机关改组滞后对税制演化的影响；第三，对税收进项在国家预算中的比重及作用未能进行系统分析；第四，对税制结构演化的原因及不同时期的税制特征关注不够；第五，对国家利益与民众利益之间的冲突研究得不够深入；第六，对于税收的作用和影响阐述不够系统。正是关注到这些不足，笔者力求从全新角度对俄国税制进行系统研究，不但可以发展我国的俄国史研究，而且对于研究苏联和俄罗斯联邦的税收史也具有一定的借鉴意义。本书以时间为脉络，以国家对外政策和社会时局为背景，以主要社会活动家的税收改革为切入点，对俄国罗曼诺夫王朝三百余年税制的演变进行系统分析。研究内容涵盖税收管理机关的变革，罗曼诺夫王朝前期、中期和末期的税制结构、税制特征、税收负担、纳税人及税收的作用。

二 国内相关研究综述

目前，对于俄国税收史的研究，我国史学界没有比较系统的著作，只有一些学术文章。《1894~1914年俄国酒销售垄断的初衷及效果》对实行酒垄断的原因及财政结果进行了分析，对国家垄断、包税制和消费税分别进行了介绍。文章作者指出酒垄断政策在提高国库收入的同时，也导致俄国居民酗酒成风。作者认为增加财政收入是实行酒垄断的唯一动机；同时强调，在国家财政捉襟见肘的情况下，保障国库收入和控制居民酗酒的艰巨任务根本无法同时实现。① 《俄国的包税制及其废除》对于包税制给予详细的分析。作者指出，在农民改革之前，包税制是俄国间接税征收的一

---

① 张广翔：《1894~1914年俄国酒销售垄断的初衷及效果》，《世界历史》2012年第1期。

种主要方式。对于政府而言，这种制度的优势是确保了财政收入，且能够减少政府的支出。因缺乏合理和有效的监督机制，营私舞弊和滥用职权也就成为司空见惯的现象，这是包税制的最大弊端。19世纪60年代大改革时期，俄国废除了包税制。①《19世纪下半叶俄国工商业税收改革刍议》阐述了工商业税（营业税）改革的原因、进程及影响。作者认为，工商业税改革客观上促进了工商业的繁荣，但改革未能达到平衡税收的目的。政府一方面要增加预算收入，另一方面担心增加税收会阻碍工商业的发展，导致税收改革具有矛盾性。作者认为产生这种矛盾的根源主要有两点：第一，俄国既要以资本主义方式发展民族工商业，又不肯放弃君主专制；第二，俄国没有专门管理工商业的部级机关，导致税收改革往往要服从财政动机。②

《19世纪俄国保护关税政策论述》一文阐释了19世纪俄国海关税率的变革及其原因，揭示了保护关税对发展俄国民族工业的积极作用。文章指出俄国保护关税政策经历了禁止性关税、温和保护关税和强制性保护关税三个阶段。作者认为保护关税政策是俄国十分重要的经济政策，在由传统农业国向现代化工业国转变的过程中发挥着无可替代的作用。作者还对保护关税政策的弊端做了深刻的剖析，强调保护关税政策必然导致俄国国内物价水平的上涨，使百姓付出惨重的代价。③《19世纪俄国保护关税政策问题》侧重研究19世纪关税政策调整的内部动机和外部压力，阐述了关税政策调整经历自由关税政策—禁止性保护关税政策—温和保护关税政策—强保护关税政策几个阶段。作者对关税调整过程中不同政府机关、不同部门企业主之间的争斗进行了详细的论述，分析了保护关税政策对民族工业和对外贸易的积极影响。④

还有一些文章对俄国某一历史时期的税制进行了研究。《从彼得一世到十月革命前俄国的税制变迁》从财政角度分析了俄国通往现代化之路

---

① 郭响宏：《俄国的包税制及其废除》，《世界历史》2010年第2期。
② 张广翔、梁红刚：《19世纪下半叶俄国工商业税收改革刍议》，《俄罗斯东欧中亚研究》2015年第1期。
③ 张福顺：《19世纪俄国保护关税政策论述》，《东北亚论坛》2001年第3期。
④ 张广翔、梁红刚：《19世纪俄国保护关税政策问题》，《史学集刊》2015年第3期。

的特殊历程，揭示了税制演变与社会变迁相互影响的深层原因。该文对彼得一世和叶卡捷琳娜二世的税收政策进行了着重研究，论述了税收压迫给农民阶层造成的影响。① 《沙皇俄国在第一次世界大战期间的税收政策》对一战期间俄国税制进行了研究。作者首先对土地税、城市不动产税、营业税、国家房产税、货币资本收入税和财产继承税进行了分析，然后阐述了间接税和手续税的调整，最后指出税收是俄国政府解决战争经费问题的主要手段之一。② 大多数俄国学者认为，一战军费支出主要通过发行纸币和政府举债两种手段来弥补，而国家税收进项主要用于负担政府的常规支出。据统计，到二月革命前夕，军费支出的 34% 由发行纸币弥补。从 1914 年 7 月到 1917 年 2 月，政府在国内共计发行六次长期（四年）国债，总额达到 80 亿卢布。此外，政府通过发行短期政府担保债券来从国内市场筹集军费，到 1917 年 3 月，政府共计发行短期债券 115 亿卢布。③ 可见，发行纸币和长短期国债是一战俄国军费支出的主要来源。

《19 世纪下半叶俄国税收改革若干问题——斯杰潘诺夫博士吉林大学讲学纪要》是对俄国学者来华讲学内容的梳理，主要涉及赖藤（М. Х. Рейтерн）、本格（Н. Х. Бунге）、维什涅格拉德斯基（И. А. Вышнеградский）、维特（С. Ю. Витте）和科科夫佐夫（В. Н. Коковцов）几任财政大臣的税收改革。对营业税、土地税、城市不动产税和酒税收入进行了阐述，同时对农村税费改革进行了分析。④ 《俄国 1861 年改革后农民赋役负担探析》对农民赋税结构和收入进行了研究，并通过对二者关系的对比分析，揭示了农民税收负担的沉重。⑤ 《19 世纪~20 世纪初俄国税制与经济增长》分析了俄国税制的沿革、税制的结构及税收对经济增长

---

① 佘定华、杨崇：《从彼得一世到十月革命前俄国的税制变迁》，《财政科学》2017 年第 10 期。

② 裴然：《沙皇俄国在第一次世界大战期间的税收政策》，《边疆经济与文化》2012 年第 12 期。

③ Захаров В. Н., Петров Ю. А., Шацилло М. К. История налогов в России. IX - начало XX века, С. 263 - 264.

④ 张广翔、袁丽丽：《19 世纪下半叶俄国税收改革的若干问题——斯杰潘诺夫博士吉林大学讲学纪要》，《世界历史》2008 年第 2 期。

⑤ 唐艳凤：《俄国 1861 年改革后农民赋役负担探析》，《史学集刊》2011 年第 3 期。

的影响，阐述了19世纪至20世纪初俄国税制经历从粗放到周密、从极为苛刻到相对温和、从征人头税到征财产税、从向农民和工商区居民征税到向一切有产者征税这样一个复杂的演化过程，指出直接税和间接税是国家岁入的基本来源。作者研究了直接税和间接税的内在关系及二者比例的变化，同时认为，虽然俄国税种的兴废、税率的增减并无定制，但税收的持续增长客观上为财政稳定和实现工业化奠定了基础。① 还有一些俄国通史类著作②

---

① 张广翔：《19世纪～20世纪初俄国税制与经济增长》，《吉林大学社会科学学报》2004年第3期，第108～115页。
② 张建华：《俄国史》，人民出版社，2004；张建华：《俄国史》，人民出版社，2014；刘祖熙：《改革和革命——俄国现代化研究（1861～1917）》，北京大学出版社，2000；孙成木、刘祖熙、李建：《俄国通史简编》，人民出版社，1986；曹维安：《俄国史新论》，中国社会科学出版社，2002；陶慧芬：《俄国近代改革史》，中国社会科学出版社，2007；何汉文：《俄国史》，东方出版社，2013；曹维安、郭响宏：《俄国史新论》，科学出版社，2016；张建华：《激荡百年的俄罗斯——20世纪俄国史读本》，人民出版社，2010；孙成木：《俄罗斯文化一千年》，东方出版社，1995；于沛、戴桂菊、李锐：《斯拉夫文明》，中国社会科学出版社，2001；赵振英：《俄国政治制度史》，辽宁师范大学出版社，2000；张建华：《帝国风暴》，北京大学出版社，2016；陆南泉：《革命前俄国经济简析》，首都师范大学出版社，2010；张建华：《俄国现代化道路研究》，北京师范大学出版社，2002；赵士国、杨可：《俄国沙皇传略》，湖南师范大学出版社，2001；邓沛勇：《俄国工业化研究（1861—1917）》，社会科学文献出版社，2020；邓沛勇：《俄国政治史（1700—1917）》，社会科学文献出版社，2020；白建才：《俄罗斯帝国》，三秦出版社，2000；戴卓萌、时映梅：《世界通览》（俄罗斯卷），哈尔滨工程大学出版社，2004；〔苏联〕П. И. 梁士琴科：《苏联国民经济史》，中国人民大学编译室译，人民出版社，1959；〔俄〕瓦·奥·克柳切夫斯基：《俄国史教程》（第一卷），张草纫等译，商务印书馆，2013；〔俄〕瓦·奥·克柳切夫斯基：《俄国史教程》（第二卷），贾宗谊等译，商务印书馆，2013；〔俄〕瓦·奥·克柳切夫斯基：《俄国史教程》（第三卷），左少兴等译，商务印书馆，2013；〔俄〕瓦·奥·克柳切夫斯基：《俄国史教程》（第四卷），张咏白等译，商务印书馆，2013；〔俄〕瓦·奥·克柳切夫斯基：《俄国史教程》（第五卷），刘祖熙等译，商务印书馆，2013；〔美〕尼古拉·梁赞诺夫斯基、马克·斯坦伯格：《俄罗斯史》，杨烨译，上海人民出版社，2013；〔美〕沃尔特·莫斯：《俄国史（1855～1996）》，张冰译，海南出版社，2008；〔苏联〕П. А. 札依翁契可夫斯基：《俄国农奴制度的废除》，叔明译，生活·读书·新知三联书店，1957；〔英〕杰弗里·霍斯金：《俄罗斯史》，李国庆等译，南方日报出版社，2013；〔俄〕谢·尤·维特：《俄国末代沙皇尼古拉二世——维特伯爵的回忆》，张开译，新华出版社，1985；〔苏联〕Б. Б. 卡芬加乌兹、Н. И. 巴甫连科：《彼得一世的改革》，郭奇格等译，商务印书馆，1997；〔俄〕Б. Н. 米罗诺夫：《帝俄时代生活史：历史人类学研究（1700—1917）》，张广翔等译，商务印书馆，2013；〔俄〕А. 恰亚诺夫：《农民经济组织》，萧正洪译，中央编译出版社，1996；〔俄〕巴甫洛夫-西利万斯：《俄国封建主义》，吕和声等译，商务印书馆，1998；〔苏联〕波克罗夫斯基：《俄国历史概要》，贝璋衡等译，生活·读书·新知三联书店，1978；〔苏联〕В. В. 马夫罗金：《俄罗斯统一（转下页注）

和经济史类文章①部分涉猎了俄国税收问题。

(接上页注②)国家的形成》,余大钧译,商务印书馆,1991;〔苏联〕И. И. 斯米尔诺夫:《十七至十八世纪俄国农民战争》,张书生等译,人民出版社,1983;〔法〕亨利·特罗亚:《彼得大帝》,郑其行译,世界知识出版社,2001;〔法〕В. В. 亨利·特罗亚:《风流女皇叶卡特琳娜二世》,冯志军译,世界知识出版社,1983;〔俄〕米罗诺夫:《俄国社会史》,张广翔等译,山东大学出版社,2006;〔苏联〕В. Т. 琼图洛夫:《苏联经济史》,郑彪等译,吉林大学出版社,1988;〔俄〕娜·瓦·科兹洛娃:《俄国专制制度与商人》,万冬梅、崔志宏译,社会科学文献出版社,2018;〔俄〕利·瓦·科什曼:《19世纪俄国:城市化与社会生活》,张广翔、邓沛勇译,社会科学文献出版社,2018;〔俄〕戈·安·格奥尔吉维奇:《俄国工业垄断(1914~1917):媒体记录的历史》,张广翔、白帆译,社会科学文献出版社,2018;〔俄〕Л. Н. 马祖尔:《城市化背景下的俄罗斯农村:19世纪下半叶至20世纪》,张广翔、王祎、高腾译,社会科学文献出版社,2018;〔俄〕格列科夫:《俄国农民史》,张广翔、周英芳译,社会科学文献出版社,2019;〔俄〕特·弗·伊兹麦斯捷耶娃:《19世纪末20世纪初欧洲市场体系中的俄国》,张广翔译,社会科学文献出版社,2019;〔俄〕С. П. 卡尔波夫:《欧洲中世纪史》(第一卷),杨翠红译,社会科学文献出版社,2018;〔俄〕С. П. 卡尔波夫:《欧洲中世纪史》(第二卷),逯红梅译,社会科学文献出版社,2019;〔俄〕瓦·伊·鲍维金、尤·亚·彼得罗夫:《俄罗斯帝国商业银行》,张广翔、王昱睿译,社会科学出版社,2018;〔苏联〕尼·德·康德拉季耶夫:《战争和革命时期的俄国粮食市场》,张广翔、钟建平译,社会科学文献出版社,2017;〔俄〕斯·弗·沃龙科娃:《20世纪初俄国工业简史》,王学礼译,社会科学文献出版社,2017;〔俄〕谢·弗·米罗年科:《19世纪初俄国专制制度与改革》,许金秋译,社会科学文献出版社,2017;〔俄〕M. 图甘-巴拉诺夫斯基:《19世纪俄国工厂发展史》,张广翔、邓沛勇译,社会科学文献出版社,2017。

① 张福顺:《资本主义时期俄国农民租地活动述评》,《西伯利亚研究》2007年第4期;曹维安:《俄国1861年农民改革与农村公社》,《陕西师范大学学报》(哲学社会科学版)1996年第3期;曹维安:《评亚历山大二世的俄国大改革》,《兰州大学学报》(社会科学版)2000年第5期;张建华、李红:《论维特改革的影响及实质》,《求是学刊》1990年第4期;罗爱林:《维特货币改革评述》,《西伯利亚研究》1999年第5期;唐艳凤:《1861年改革后俄国农民土地使用状况探析》,《北方论丛》2011年第1期;张爱东:《俄国农业资本主义的发展和村社的历史命运》,《北京大学学报》(哲学社会科学版)2001年第1期;张福顺:《资本主义时期俄国农民土地问题症结何在》,《黑龙江社会科学》2008年第1期;付世明:《论帝俄时期村社的发展变化》,《广西师范大学学报》(哲学社会科学版)2006年第4期;金雁:《俄国农民研究史概述及前景展望》,《俄罗斯研究》2002年第2期;张广翔、刘玮:《1864—1917年俄国股份商业银行研究》,《西伯利亚研究》2011年第4期;张广翔、李旭:《19世纪末至20世纪初俄国的证券市场》,《世界历史》2012年第4期;张广翔、李旭:《十月革命前俄国的银行业与经济发展》,《俄罗斯东欧中亚研究》2013年第2期;张广翔、齐山德:《革命前俄国商业银行运行的若干问题》,《世界历史》2006年第1期;张广翔:《俄中两国早期工业化比较:先决条件与启动模式》,《吉林大学社会科学学报》2011年第6期;张广翔:《亚历山大二世改革与俄国现代化》,《吉林大学社会科学学报》2000年第1期;张广翔:《19世纪俄国工业革命的特点——俄国工业化道路研究之三》,《吉林大学社会科学学报》1996年第2期;张广翔:《19世纪俄国工业革命的发端——俄国工业化道路(转下页注)

三　国外相关研究综述

在俄国史学界，研究个别税种的专著可谓汗牛充栋，限于篇幅，笔者只对一些比较重要的专著进行阐述。古普里娅诺娃（Л. В. Куприянова）的专著①着重研究了19世纪40～80年代俄国的关税政策，将这一时期的关税政策划分为温和保护关税和强制性保护关税两个阶段，将俄国关税调整的原因、背景、过程及影响作为主要研究对象。作者对保护关税派和自由贸易派的争论进行了系统的阐述，强调保护民族工业发展是俄国关税改革最主要的动机。索巴列夫（М. Н. Собелев）的专著②对19世纪下半叶俄国关税改革动机、进程及影响给予系统的研究，将俄国这一时期关税政策划分为温和保护关税、强保护关税和严格保护关税三个阶段。强调除保护工业之外，保护关税政策也是增加国库收入和维持贸易平衡的重要手段。此外，作者分析了工业资产阶级对关税政策调整的影响。奥布霍夫（Н. П. Обухов）

（接上页注①）研究之二》，《吉林大学社会科学学报》1995年第2期；张广翔：《19世纪俄国工业革命的前提——俄国工业化道路研究之一》，《吉林大学社会科学学报》1994年第2期；张广翔、王学礼：《19世纪末—20世纪初俄国农业发展道路之争》，《吉林大学社会科学学报》2010年第6期；张建华：《亚历山大二世和农奴制改革》，《俄罗斯文艺》2001年第1期；刘爽：《19世纪末俄国的工业高涨与外国资本》，《社会科学战线》1996年第4期；赵士国、刘自强：《中俄两国早期工业化道路比较》，《史学月刊》2005年第8期；万长松：《论彼得一世改革与俄国工业化的肇始》，《自然辩证法研究》2013年第9期；董小川：《俄国的外国资本问题》，《东北师范大学学报》1989年第3期；王茜：《论俄国资本主义时期的农业经济》，《西伯利亚研究》2002年第6期；钟建平：《19—20世纪初俄国粮食运输问题研究》，《俄罗斯东欧中亚研究》2014年第3期；孙成木：《试探19世纪中叶后俄国资本主义迅速发展的原因》，《世界历史》1987年第1期；黄亚丽：《19世纪末～20世纪初俄国经济政策解析——维特的经济思想与经济改革视角》，《东北亚论坛》2006年第3期；叶艳华：《20世纪初俄国远东免税贸易政策始末》，《学理论》2010年第19期；赵士国：《近代俄国资本主义的困窘》，《史学月刊》1991年第6期；裴然：《1881～1917年俄国财政研究》，博士学位论文，吉林大学，2010；钟建平：《俄国国内粮食市场研究（1861—1914）》，博士学位论文，吉林大学，2015；刘玮：《1860—1917年的俄国金融业与国家经济发展》，博士学位论文，吉林大学，2011。

① Куприянова Л. В. Таможенно - промышленный протекционизм и российские предприниматели（40 - 80 - е годы XIX века）. М., Институт российской истории РАН. 1994.

② Собелев М. Н. Таможенная политика России во второй половине XIX века. В двух частях. М., РОССПЭН. 2012.

的专著①详细论述了1800～1945年俄国的关税政策问题。着重分析了俄国财政部进行关税改革的漫长历程，并对自由贸易派和保护关税派的思想及两派的争论进行了阐述。鲁特琴科（И. Я. Рудченко）的专著②对1824～1892年俄国几次重要的营业税改革进行了详细分析，阐述为弥补预算赤字和平衡收支历任财政大臣所做的努力。斯捷潘诺夫（В. Л. Степанов）的专著③着重分析了本格"以民为本"的税收改革，阐述了财政大臣在降低农民阶层纳税负担方面所做出的努力。作者认为，本格将有产者纳入征税对象打破了俄国税制的阶层性，这是财政大臣取得的最大功绩。库恩（Е. Кун）的著作④对俄国与欧洲主要资本主义国家直接税和间接税进行了对比分析，揭示俄国民众承受的税收压力无比沉重的事实。作者还研究了俄国与其他国家税收政策的差异，阐述了俄国直接税和间接税在国家预算中的比例失衡。

到目前为止，在俄国史学界，与本课题研究相关的专著主要有四部。塔古什金（А. В. Толкушкин）的专著⑤共分3篇18章，分别对1917年十月革命前、苏联时期和俄联邦最初十年的税制演化进行分析。第一篇研究古罗斯到1917年的税收史，重点研究内容包括基辅罗斯、金帐汗国和莫斯科公国统治时期的税制，同时分析了彼得一世、伊丽莎白、叶卡捷琳娜二世、保罗一世、亚历山大一世时期的税收改革。作者重点分析了1861年至1917年俄国的税制演化，对斯佩兰斯基（М. М. Сперанский）、康克林（Е. Ф. Канкрин）、本格、维什涅格拉德斯基、维特、斯托雷平（П. А. Столыпин）等著名国务活动家的税收改革进行了研究。对本课题研究而言，塔古什金的专著具有重要的借鉴意义，尤其是该专著对1861～1917年的营业税、海关关税和消费税的研究十分深入。该专著不足之处

---

① Обухов Н. П. Внешнеторговая, таможенно-тарифная и промышленно-финансовая политика России. В XIX - первой половине XX вв. (1800 - 1945). М., Бухгалтерский учёт. 2007.
② Рудченко И. Я. Исторический очерк обложения торговли и промыслов в России. СПБ., 1893.
③ Степанов В. Л. Н. Х. Бунге Судьба реформатора. М., РОССПЭН. 1998.
④ Кун. Е. Опыт сравнительного исследования налогового бремени в России и других главнейших странах Европы. СПБ., 1913.
⑤ Толкушкин А. В. История налогов в России. М., Юрист. 2001.

在于：第一，未能结合国家具体时局和财政状况来研究税制的演化；第二，对税收管理机关没有给予足够的研究；第三，对课税单位、征税原则和税收分配原则阐述不详；第四，过多阐述斯托雷平的农业改革，对财政大臣科科夫佐夫的税收政策关注不够。

  扎哈洛夫（В. Н. Захаров）等人的专著①结合国家不同时期的社会背景和政治经济局势，对9世纪到20世纪初的税收史进行了分析，揭示了税收与社会经济状况之间的密切关系，阐述了税收在国家政策中的重要作用，研究了传统税收原则向现代税收原则的过渡。同时，对直接税和间接税的比例进行了对比分析。尤为重要的是，该专著对税收计算、分配、征收、尾欠追缴等制度进行深入研究。不足之处在于，只是以时间为背景对税收史进行阐述，对于一些重要的直接税和间接税未能给予系统的研究。阿巴舍夫（А. О. Абашев）的专著②中仅有两章涉及对古罗斯、中世纪罗斯和俄罗斯帝国三个时期的税制进行研究。该专著最大的优点就是研究了很多俄国的税收法令，对大多数税种的标准、分配和分摊制度、征收及尾欠追缴的制度进行了细致的研究，同时阐述了税收管理机关的发展和改组。但对于推行税收政策的背景、税收在国家预算中的比重等问题完全没有涉猎。此外，由俄罗斯科学院经济研究所出版的专著③是研究19世纪末至21世纪初俄国税收政策发展的概括性成果，该专著对这一时期国家税和地方税结构变化进行了详细的论述，阐述了俄国税收理论基础的形成和发展。对不同经济发展时期的税种、税收进项和税收在国家预算中的比重给予了重点研究，分析了国家制度、所有制形式和管理制度的变革对税收政策的影响。对于本课题研究而言，专著前三章研究内容可以借鉴。该专著从国家税和地方税两个角度来分析税收政策对国家经济的影响，研究视角比较独特。遗憾的是，该专著没有对19世纪末之前的税收政策进行研究。因为是概括性研究成果，所以对很多问题的阐述不够深入。

---

① Захаров В. Н., Петров Ю. А., Шацилло М. К. История налогов в России. IX – начало XX века. М., РОССПЭН. 2006.
② Абашев А. О. Налоговая система России X – XX в. Хабаровск., ТОГУ. 2017.
③ Караваева И. В. （Оте. ред.） История налоговой политики России: конец XIX, XX и начало XXI столетия. М., Наука. 2008.

综上所述，在我国史学界，尚没有研究俄国罗曼诺夫王朝税收史的专著。俄国史学界虽有这方面的研究成果，但在某些方面的研究仍不够系统。需要强调的是，这种不足是相对而言的。俄罗斯学者的专著主要是供本国研究税收人员所使用，也就是说大多数读者对社会史和经济史有一定的了解。而且，俄国学术界对于专著的体例并没有规范的标准，这就导致出现了上面提到的种种问题。所以，笔者在认真研读俄国学者专著的基础上，找到其研究的不足之处，进而找到自己的研究角度。

四　文献分析

史学研究最重要的就是收集、研究和整理相关史料。攻读博士学位期间，笔者主要研究俄国工业化进程中政府的宏观经济政策。对营业税、保护关税、引进外资和兴修铁路等政策进行了系统的研究。因此，对前文提到的古普里娅诺娃、索巴列夫、奥布霍夫、鲁特琴科等人的专著进行了认真的研读。博士毕业后，笔者将俄国税收史定为自己的主要研究方向。在两年时间内，笔者完成了多部税收史专著的翻译、整理和研究工作，在研读丰富文献的基础上，确立了本作的研究角度和基本内容。2017年笔者赴俄罗斯访学，在俄方导师的帮助下，收集和研究了俄国税制的相关法律文献。为系统地研究俄国罗曼诺夫王朝三百余年的税收史，除上述提及的税收史专著和文章之外，笔者重点整理和研究了以下几类文献资料。

1. 研究税收理论和观点的专著

税收是经济关系最古老的形式之一。17世纪前，税收实践并没有严谨的理论来支撑。随着时代的发展，人们在实践中不断探索和发展税收理论，税收理论最早产生于资本主义比较发达的西欧，并对其他国家产生着影响。西欧每一个学派都有自己独特的税收理论。其中重商主义经济学派把税收作为政府干预和指导经济发展的重要工具。交换论是重商主义税收理论最早的学说，它认为税收是公民为寻求保护和维持秩序向国家支付的酬劳。在思想启蒙时代，交换论被社会契约论所取代，倡导这种理论的是法国著名启蒙运动者德·沃邦和孟德斯鸠。社会契约论认为，税收是国家与公民间的契约，是公民对国家提供各项服务的支出，任何享受国家服务的公民都必须履行纳税义务。①

重商主义学派认为,西欧当时的直接税(人头税、土地税和财产税)存在很多弊端,必须对其加以改革,主张将间接税(关税和消费税)作为税制的主体。重农主义学派产生于18世纪下半叶的法国,该学派认为土地是一切财富的源泉,主张废除包税制的征收制度,反对国家干预经济,提出公平合理的税收原则。古典学派税收理论是代表新兴资产阶级利益的税收理论,产生于17世纪中叶,主张经济自由竞争,反对国家干预经济,提出了税收转嫁与归宿的理论。在认识税收发展规律和概括税收原则方面,苏格兰哲学家和经济学家亚当·斯密做出了卓越的贡献。他提出了如下税收原则:第一,税收平等原则,亚当·斯密认为每个公民都须按照各自能力缴纳税赋,他反对为贵族提供免税特权,强调按照社会财富情况分配税收比例;第二,确定原则,即公民的纳税日期、纳税方法、缴纳数额必须有明确规定,不得随意变更,以杜绝征税人任意专断的行为;第三,便利原则,即征税时间应该在纳税人收入丰裕的时期,征收方法应力求简便易行,征收地点应设在交通便利的场所,以避免因运输问题增加纳税人的负担;第四,经济原则,这一原则是针对当时税收负担过重而提出的。亚当·斯密所提出的税收原则反映了资本主义上升时期资产阶级的利益要求,对资本主义课税原则理论有重要的影响,同时也成为资本主义国家制定税收政策的理论指导。②

20世纪30年代,在资本主义世界经历了较大的周期性经济危机之后,西方国家逐渐意识到了纯粹的自由市场经济自身存在较大的缺陷,这些缺陷必须借助于国家干预来解决,凯恩斯经济学派应运而生。这个学派的思想对苏联经济政策具有十分重要的影响。凯恩斯的税收理论建立在有效需求理论之上,主张从宏观角度研究税收问题,并将税收作为国家干预经济的主要手段,这些以宏观经济思想为依托的税收理论,突破了古典学派传统的中性税收原则。实际上,在俄罗斯帝国末期的税收政策中,凯恩斯的理论已经得到体现,尤其是在俄国的关税政策和消费税政策领域。

---

① Леонова Н. Г. История и теория налогообложения. Хабаровск., ТОГУ. 2016, С. 46.
② Смит А. Исследование о природе и причинах богатства народов. М., Дело. 1962, С. 588 - 589.

在借鉴西欧理论和结合本国国情的基础上，到19世纪，俄国的税收理论初步形成。但鉴于俄国制定税收政策多出于财政动机，所以到19世纪80年代前，税收理论并没有起到指导实践的作用。本格担任财政大臣后，政府开始考虑均衡税收负担，此时税收理论成为政府税收改革的依据。但直到罗曼诺夫王朝灭亡，俄国也未能从根本上减轻农民的纳税负担，主要原因是农民支付能力不足与国家支出增长的矛盾。波索什科夫（И. Т. Посошков）在其专著①中研究了税收理论，第一次提出应根据纳税人的财产状况来分配税收，强调必须打破税收阶层性，主张将贵族列入征税范围。他认为民众税收负担过重的罪魁祸首是政府的聚敛，而并非沙皇本人，这体现了波索什科夫思想的局限性。俄国税收理论的奠基人是屠格涅夫（Н. И. Тургенев），其经典著作②对税收分配和征税原则进行了研究，主张根据居民的支付能力来征税，将贵族和神职人员列入征税范围。屠格涅夫建议将普通民众的税收负担转嫁给有产阶级，倡导实行亚当·斯密的征税原则。他第一个提出建立统一完善的税收管理机关，建议政府在制定税制时，要考虑地区条件和经济制度的差异，要按居民的收入状况来分摊税收额度。

卡尔洛夫（И. Я. Горлов）的专著③对俄国财政学的发展有着重要的影响，该专著对税收理论、垄断收入和国家信贷体系给予详细的研究。俄罗斯科学院杨茹（И. И. Янжул）院士出版的专著④阐述了将发展生产力作为政府制定税收政策的基石。杨茹强调国家财政需求应该符合纳税人的支付能力，税收政策不应该阻碍扩大再生产，更不能使农民沦为赤贫。财政大臣维特继承和发扬了杨茹的思想，强调政府在制定税收政策时，必须考虑到伦理道德和经济因素，建议实行具有累进制特征的所得税。巴尔德列夫（Г. И. Болдырев）的专著⑤明确提出税收应遵循人性化、合理化的原则，强调税收必须符合纳税人的经济能力。了解这些经济学家和社会活动家的税收理论和观点对本研究十分重要。此外，还有一些社会活动家

---

① Посошков И. Т. Книга о скудости и богатстве. М.，Соцэкгиз. 1937.
② Тургенев Н. И. Опыт теории налогов. СПБ.，1818.
③ Горлов И. Я. Теория финансов. СПБ.，1845.
④ Янжул И. И. Основные начала финансовой науки. Второе издание. СПБ.，1895.
⑤ Болдырев Г. И. Подоходный налог в России и на западе. Л.，Северо - западное промбюро，1924.

和经济学家的著作和文章①对税收理论进行了研究。

2. 研究社会史的专著②

罗曼诺夫王朝三百余年的历史，复杂性和多变性是其主要特征。国家

---

① Сперанский М. М. Проекты и записки. М – Л., Академия наук СССР, 1961；Витте С. Ю. Конспекты лекций о народном и государственном хозяйстве. СПБ., 1912；Озеров И. Х. Основы финансовой науки. М., ЮрИнфоР – Пресс. 2008；Фридман М. И. Наша финансовая система. СПБ., 1905；Торопицын. И. В. Взгляды Татищева на налоговую политику Российского государства// Налоговый вестник. Астрахан. Издателтский дом "Налоговый вестник", 2000, № 2.

② Рыбаков Б. А. Киевская Русь и русские княжества XII – XIII вв. М., Наука. 1982；Щапов Я. Н. Государство и церковь Древней Руси X – XIII вв. М., Наука. 1989；Каргалов В. В. Внешнеполитические факторы развития феодальной Руси. Феодальная Русь и кочевники. М., Высшая школа. 1967；Каштанов С. М. Социально – политическая история России конца XV – первой половины XVI в. М., Наука. 1967；Колычева Е. И. Аграрный строй России XVI века. М., Наука. 1987；Горская Н. А. Монастырские крестьяне Центральной России в XVII в. М., Наука. 1977；Ключевский В. О. Русская история. М., Эксмо. 2005；Очерки по истории СССР. Период феодализма. IX – XV вв. Ч. 1. М., Академия наук СССР. 1953；Очерки истории СССР. Период феодализма. Т. 4. Конец XV – начало XVII вв. М., Академия наук СССР, 1955；Соловьёв С. М. История России с древнейших времён. Сочинения. Книга 4. Т. 16 – 20. СПБ., Товарищество «общественная польза». 1851 – 1879；Заичкин И. А., Почкаев И. Н. Русская истори: популярный очерк. IX – середине XVIII в. М., Мысль. 1992；Андреевский И. Е. О наместниках, воеводах и губернаторах. СПБ., Эдуарда Праца. 1864；Вернадский Г. В. Монголы и Русь. М., Ломоносовъ. Нью – Хейвен. 1953；Горская Н. А. Монастырские крестьяне Центральной России в 17 в. М., Наука. 1977；Ден В. Э. Население России по пятой ревизии. Т. 1. М., Университетская типография. 1902；История переписей населения в России. М., Голден – би. 2013；Ключевский В. О. Русская история. М., Эксмо. 2005；Ключевский. В. О. Сочинения в девяти томах. Т. 4. М., Мысль. 1989；Ключевский. В. О. Сочинения в девяти томах. Т. 5. М., Мысль. 1989；Ключевский. В. О. Русская история: Полный курс лекций. Т. 2. М., Харвест. 2002；Ключевский. В. О. Русская история: Полный курс лекций. Т. 3. М., Харвест. 2002；Кулишер И. М. История русской торговли и промышленности. Челябинск, Социум. 2003；Очерки истории России. Период феодализма. Т. 5. XII в. М., Академия наук СССР. 1955；Петрухин В. Я. Начало этнокультурной истории Руси IX – XI веков. М., Гнозис. 1995；Резников К. Ю. Мифы и факты русской истории. От лихолетья Смуты до империи Петра. М., Вече. 2012；Тернер Ф. Г. Государство и землевладение. Ч. 1. Крестьянское землевладение. СПБ., 1896；Тернера О. Государство и землевладение. Часть 1. Крестьянское землевладение. СПБ., 1896；Фроянов И. Я. Рабство и данничество у восточных славян. СПБ., Санкт – Петербургской университет. 1996；Экономическая история России XIX – XX вв: современный взгляд. М., РОССПЭН. 2001；Конотопов М. В., Сметанин М. В. История экономики России. М., Логос. 2004.

对外政策和财政状况是税制演化最重要的决定因素。因此，了解俄国社会发展史，洞悉国家制定政策的意图对于研究税制至关重要。通过对这些专著的研究，可以了解俄国历史发展脉络、重要历史事件及其对国家财政的影响，有助于认识农民阶层的经济地位和社会地位，这对于研究税收政策的动机和税收负担非常有帮助。到19世纪末，俄国的农民阶层长期是最主要的纳税人。俄国历史上的农民阶层有地主农民、国家农民、教会修道院农民、国有经济农、宫廷农民、独户农①几个群体，他们都是国家直接税的主要承担者。通过对社会史进行研究，可以了解农民经济地位和社会地位的差异。同时，这些专著还详细地阐述了农民的暴动和起义，对阐述国家利益与民众利益的冲突非常重要。在我国史学界，对于统一莫斯科公国建立之前的王公称谓并没有明确的界定。而研究这一段时期的税制时，为了更准确地表述这些称谓，笔者查阅了多部专著，请教了多位俄罗斯历史学家，终于对这些称谓使用有了明确的概念。基辅罗斯建立之后，基辅大公被认为是王权的正统，大公的叔伯子侄或近臣被分封到罗斯各地。在尤里·多尔戈鲁基时期，基辅王权开始分化。1125年，苏兹达尔取代基辅成为罗斯的政治中心。1155年，弗拉基米尔取代苏兹达尔，弗拉基米尔大公就成为王权的正统。1389年，根据季米特里·顿斯科伊大公的临终遗嘱，莫斯科公瓦西里一世获得弗拉基米尔大公的封号。从这时起，弗拉基米尔公国和莫斯科公国成为不可分割的整体，历史上开始称莫斯科公国，其统治者同时具有弗拉基米尔大公和莫斯科大公的称呼。在本书中，对王权正统和大公国的领主称为"大公"，而其他诸侯国的领主称为"公"，当表示整体概念时，用"王公"这个称谓。

在《列宁全集》第7卷和第32卷里面记载着列宁有关俄国税制的一些观点。② 此外，笔者还拜读了一些中国学者撰写或翻译的有关俄国史的

---

① 独户农大多数来自服役阶层。16世纪住在亚速、基辅省地区的特殊社会阶层，到17世纪才出现独户农这个术语。独户农没有自己的农奴，因服役通常会获得国家赏赐的宅院。独户农的孩子没有宅院继承权，只能通过服役重新获得宅院。1866年11月24日法令取消独户农阶层，将其归入国家农民之列。
② 《列宁全集》第7卷，人民出版社，2013；《列宁全集》第32卷，人民出版社，2017。

著作，对于研究和阐述俄国税收政策出台的背景极为珍贵。俄国史学家将基辅罗斯建立①到蒙古鞑靼统治之前称为"古罗斯"，将蒙古鞑靼人统治时期称为"蒙古桎梏"②。蒙古鞑靼统治结束后，俄国进入"莫斯科大公国"阶段，彼得一世到尼古拉二世的时代称为"俄罗斯帝国"。因此，在本书中，特指1613～1917年整个朝代时，笔者统称为"俄国"或"俄国罗曼诺夫王朝"。特指个别时期和历史发展阶段时，笔者通常称其为"某个世纪的俄国""俄罗斯帝国"等。

3. 研究财政政策的专著③

税收政策是国家总体财政政策的重要组成部分，研究财政政策是阐明税制演变及特征的重要手段。喀什塔洛夫（С. М. Каштанов）的专著对罗斯中世纪财政进行了研究，强调税收是中世纪国家财政的基础，分析了中世纪税制的复杂性和矛盾性，对苛捐杂税给民众带来的沉重负担进行了深刻的剖析。布利奥赫（И. С. Блиох）是研究19世纪俄国财政政策的著名经济学家，其著作分析了19世纪俄国的财政制度，指出增加国库收入、消除财政赤字是政府税收政策的根本动机。布利奥赫对直接税和间接税在税收进项中的比例关系给予了关注。尤

---

① 一般中国史学界将基辅罗斯的建立视为留里克王朝的开端，北京师范大学张建华教授认为留里克王朝始于诺夫哥罗德罗斯的建立。
② 俄罗斯新版历史教科书将"蒙古桎梏"改为"蒙古依附"。
③ Блиох И. С. Финансы России XIX столетия. История—стастика. в 4 т. Т. 1. СПБ., 1882; Бондаренко В. Н. Очерки финансовой политики Кабинета министров Анны Иоанновны. М., Печ. Снегиревой. 1913; Каштанов С. М. Финансы средневековой Руси. М., Наука, 1988; Погребинский А. П. Очерки истории финансов дореволюционной России. М., Госфиниздат. 1954; Кованько П. Главнейшие реформы, проведенные Н. Х. Бунге в финансовой системе России. Киев, 1901; Беляев С. Г. П. А. Барк и финансовая политика России 1914 – 1917 гг. С – Петербург., Издательство С – Петербургского Университета, 2002; Иловайский С. И. Учебник финансового права. Одесса, 1904; Киняпина Н. С. Политика русского самодержавия в области промышленности. М., Изд. МГУ. 1968; Фридман М. И. Наша финансовая система. СПБ., 1905; Чечулин Н. Д. Очерки по истории русских финансов в царствование Екатерины II. СПБ., Сенатская типография, 1906; Янин В. Л. Денежно - весовые системы домонгольской Руси и очерки истории денежной системы средневекового Новгорода. М., Языки славянских культур. 2009; Лизунов П. В. Биржи в России и экономическая политика правительства (XVIII – XXв.). Архангельск., Поморский государственный университет, 2002; Маевский И. В. Экономика русской промышленности в условиях первой мировой войны. М., Изд – во Дело. 2003.

为重要的是，在专著中还包含很多财政和税收统计资料，对于研究俄国税收史十分重要。伯格列宾斯基（А. П. Погребинский）的专著对十月革命前整体的财政政策进行了论述，分析了社会活动家的财政思想，强调税收改革的重要意义。对这些专著的分析可以证明俄国财政对税收的依赖和税收政策的财政动机，揭示了国家利益与民众利益的冲突。

4. 研究个别税种和活动家改革的专著①

从 19 世纪开始，税收政策往往体现在重要社会活动家的财政改革纲领之中。笔者对几个相关问题进行了重点研究，主要包括斯佩兰斯基财政改革的动机及局限性，财政大臣康克林、本格、维特的税收改革。研读这些专著有助于分析俄国直接税和间接税的演变，了解直接税和间接税的进项及二者之间的比例关系。部分专著还论述了俄国与西欧国家税制的差异，对比分析了各国民众的税收压力。克柳切夫斯基（В. О. Ключевский）的文章②是早期研究人头税的重要成果。尽管作者未使用档案资料，但文章也具有重要的研究价值。克柳切夫斯基第一次

---

① Степанов В. Л. Н. Х. Бунге Судьба реформатора. М., РОССПЭН. 1998；Столыпин П. А. Программа реформ. Документы и материалы： в 2 т. Т. 1. М., РОССПЭН. 2011；Вебер А. Налоги. О государственном и местном обложении в России. М., Народная мысль. 1906；Терский Н. С. Питейные сборы и акцизная система в России. СПБ., 1897；Покровский Н. Н. О подоходном налоге. Пг., изд. М - ва ф - в. 1915；Подоходный налог. Материалы к проекту положения о государственном подоходном налоге. СПБ., 1910；Базилевич К. В. Денежная реформа Алексея Михайловича и восстание в Москве в 1662 г. М - Л., Издательство Академия наук СССР, 1936；Вайнштейн А. Л. Обложение и платежи крестьянства в довоенное и революционное время. М., Экономист. 1924；Зимин А. А. Реформы Ивана Грозного. М., Социально - экономическая литература, 1960；Колычева Е. И. Аграрный строй России XVI века. М., Наука. 1987；Сергеевич В. И. Древности русского права： Т. 3： Землевладение. Тягло. Порядок обложения. М., ГПИБ. 2007；Смирнов П. П. Несколько документов к истории Соборного уложения и Земского собора 1648 - 1649 гг. Кн. 4. М., 1913；Треновский Н. С. О винокурении в России. Воспоминания. М., Пищепромиздат. 1997；Фридман М. И. Винная монополия в России. М., Общество купцов и промышленников России, 2005；Шепелев Л. Е. Царизм и буржуазия во второй половине XIX века. Л., Наука, 1981；Шепелев Л. Е. Царизм и буржуазия в 1904 - 1914 гг. Проблемы торгово - промышленной политики. Л., Наука. 1987.

② Ключевский В. О. Подушная подать и отмена холопства в России. // Ключевский. В. О. Сочинения в девяти томах. Т. 8. М., Мысль. 1990.

阐述了人头税在社会发展进程中的意义。此外，克柳切夫斯基的俄国史讲义中有些地方阐述了人头税，但研究的角度更偏向于财政改革，他对彼得一世的改革总体持批评的态度。对彼得一世税收改革评价最多的是米留科夫（П. Н. Милюков），他的专著①是研究彼得一世改革的重要文献，他的观点和结论对克柳切夫斯基等很多研究人员有着重要的影响。米留科夫认为，彼得一世为将俄国变成欧洲强国付出了沉重的代价。作者通过大量数据证明了俄国庞大的军费支出，对1710年户口调查中的人口流失现象和原因进行了阐述，米留科夫认为彼得一世改革是偶然而无序的改革。

关注彼得一世税收改革的还有博卡斯洛夫斯基（М. М. Боголовский），他在专著中②提出了与米留科夫完全对立的观点，他认为彼得一世改革的思想和目的具有一定的逻辑。但博卡斯洛夫斯基也陷入另一种极端，他没有研究彼得一世改革中意识形态产生的社会根源，也没有分析改革对社会体制的影响。克洛奇科夫（М. В. Клочков）的专著③对1710年俄国的户口调查做了详尽的研究。他认为，与1678年相比，1710年的人口流失不可能超过10%，指出人口流失20%的现象只出现在个别地区，甚至这一统计数据是不真实的。苏联时期的历史文献中对彼得一世的税收改革研究非常少，但在苏联国立古代文书中央档案馆中却保留着很多与税收改革相关的文件和史料。由于种种因素，笔者并未亲自查阅这些档案资料，所以本课题研究中笔者更多地利用了比较权威的专著，这里就必须谈到阿尼西莫夫的著作④，该专著利用很多档案材料，对彼得一世推行人头税全过程进行了论述和分析，对本研究非常有借鉴意义。

---

① Милюков П. Н. Государственное хозяйство России в первой четверти XVIII столетия и реформа Петра Великого. СПБ., 1905.
② Богословский М. М. Областная реформа Петра Великого (1719 – 1727). М., 1902.
③ Ключков М. В. Население России при Петре Великом по переписям того времени. Т. 1. СПБ., 1911.
④ Анисимов Е. В. Податная реформа Петра I. введение подушной подати в России. 1719 – 1728. Л., Наука., 1982.

5. 研究收支平衡的专著①

19世纪前，俄国收支平衡的统计资料并不多见。19世纪开始，政府开始注重国家收支材料的统计。笔者收集的这些专著中，记录了1803～1917年俄国全部的收支统计材料，研究了税收和非税收进项的比重及其变化。到19世下半叶，俄国税收开始明确划分为直接税、间接税和手续税三类，此后的税收进项统计资料更为详细。研究一战时期国家收支平衡和财政状况最著名的经济学家是杰明奇耶夫（Г. Д. Дементьев）和米哈伊洛夫（П. А. Михайлов）。杰明奇耶夫担任过国库司司长，对于统计国家收支有更便利的条件，统计数据更令人信服。他在研究国家收支平衡的基础上，分析了俄国的财政状况，进而揭示了国家提高税收的真实动机。研究这些专著不仅可以获得丰富的税收统计资料，而且通过这些资料，可以分析俄国直接税和间接税在税收进项中的比重、税收进项与非税收进项的对比关系、国家收入与支出的对比关系，进而探究俄国税制的特征，揭示税收改革的主要动机。研究这些专著，有助于进一步了解俄国民众的税收压力。

6. 法律文献与著名社会活动家的回忆录②

本研究利用的最主要的法律文献是《俄罗斯帝国法典》，该文献有

---

① Дементьев Г. Д. Государственные доходы и расходы России и положение Государственного казначейства за время войны с Германией и Австро - Венгрией до конца 1917 г. Пг., 1917；Михайлов П. А. Государственные доходы и расходы России во время войны. Пг., 1917；Печерин Я. И. Исторический обзор росписей государственных доходов и расходов с 1803 по 1843 год включительно. СПБ., 1896；Печерин Я. И. Исторический обзор росписей государственных доходов и расходов с 1844 по 1864 год включительно. СПБ., 1898；Прокопович С. Н. Война и народное хозяйство. М., 1917；Юбилейный сборник Цинтрального статистического комитета Министерства внутренних дел 1863 - 1913. СПБ., 1913；Россия 1913 год. Статистико - документальный справочник. СПБ., Русско - Балтийский информационный центр Блиц. СПБ., 1995；Анисимов С. А. и так далее. История налогообложения. М., Магистр. НИЦ ИНФРА - М. 2016；Шванебах П. Наше податное дело. СПБ., 1903；Каценеленбаум З. С. Война и финансово - экономическое положение России. М., 1917.

② Акты, собранные в библиотеках и архивах Россиской империи. Археографической экмпедией ИАН. Т. 1 - 4. СПБ., 1836；Полное собрание законов Российской империи. Собрание Ⅰ. СПБ., 1830；Полное собрание законов Российской империи. Собрание Ⅱ. СПБ., 1830 - 1884；Полное собрание законов Российской империи. Собрание Ⅲ. СПБ., 1885 - 1916；Витте С. Ю. Избранные воспоминания. в 2 т. Т. 1. М., Мысль. 1991；Коковцов В. Н. Воспоминания. Из моего прошлого. Т. 2. Париж., 1933；Корф Н. Жизнь графа Сперанского. Т. 1. СПБ., 1861.

3部共133卷，记录了1649~1913年俄国全部的法令。笔者对其中60卷进行了选择性研读，研究与税收相关的法令超过150条。在《俄罗斯帝国法典》中，记载了各项税收出台的时间、规定的标准、征税的对象、纳税的期限及索欠的手段，这是研究俄国税制演变的重要基础材料。对于1649年以前的税收法令研究，笔者主要使用的是1836年出版的《俄罗斯帝国图书馆和档案馆收藏的法律文书》，该法律文集共4卷，主要记录的是古罗斯到17世纪的法律文书。其中，14~16世纪王公颁发的规约和特权诏书是笔者研究的重点。这些文件是修道院和教会获得税收和司法豁免权的重要凭证，是王公为寻求教会帮助而向其妥协的证明。在重要国务活动家的回忆录中，记录了很多与政府改革相关的信息，这对于了解税收改革的背景、进程及影响十分重要。在这些回忆录中，还有很多对税收改革评价性的观点。一般而言，税收改革的实践者对自己的改革及其影响给予了积极的评价。科尔夫男爵是斯佩兰斯基财政纲领的重要起草者之一，因此他对财政改革给予极高的评价。但是，很多当时的社会活动家对斯佩兰斯基财政纲领持批评的态度，认为纲领的推行不合时宜，具有一定的局限性。财政大臣维特和科科夫佐夫的回忆录中，都阐述了推行酒垄断对提高国家预算收入的重要意义，然而这种"麻醉"的预算却招致社会的广泛批评。研究这些回忆录，有助于剖析不同时期税收改革的评价，进而对税制的演化有客观的认识。

综上所述，在研究过程中，笔者先后对税收理论、社会史、财政政策、税收改革、法律文集等方面的资料进行了分析，厘清税制研究的现状及不足之处。正是在研究这些文献资料的基础上，笔者掌握了大量的重要史料，扩大了研究视野。

五　主要研究内容

本书的综述在绪论部分。首先，对国内外研究现状进行了梳理，阐述国内外学者在本课题研究方面的经验与不足。其次，对研究俄国社会史、财政改革、税种演化等方面的专著和法律文献进行系统分析，阐明课题研究的史料基础。

正文部分共分五篇，研究的主要内容包括以下几个方面。

（1）对俄国罗曼诺夫王朝之前的税收史进行概述，主要论述古罗斯、"蒙古依附"及莫斯科公国强盛时期的税制，分析课税单位、分配制度和征收原则的演化，阐述教会与王权的相互妥协和争斗，揭示复杂的税收关系。

（2）研究俄国罗曼诺夫王朝建立之初税制的整顿及发展，重点分析直接税和特别税的作用及课税单位的演化。在"混乱时期"国家的税制几乎被摧毁，罗曼诺夫王朝建立之初，国家开始整顿税制，在被战争破坏比较严重的地区实行减免税赋政策，用实物代役租取代货币税，并大幅下调代役租的标准。废除种类繁多的直接税，开始统一征收射击军税。在军费支出居高不下的情况下，俄国统治者开始征收特别税。

（3）分析俄国罗曼诺夫王朝中期税制的演化。着重阐述直接税和间接税改革。彼得一世亲政后，推行了富有成效的改革，俄国逐渐进入强盛时期，这种态势一直保持到19世纪末。在罗曼诺夫王朝的中期，历届执政者都推行扩张的对外政策，国库支出居高不下，改革税制和增加国库收入成为政府最重要的任务。在直接税领域，人头税取代射击军税，一个半世纪后，人头税被废除，俄国开始征收土地税和城市不动产税，税收阶层性被打破。营业税改革和国家房产税的征收使累进制征税的原则开始融入税制，这标志着俄国税制开始趋于合理化。在间接税领域，俄国不断提高保护关税级别，推行酒垄断政策。在19世纪中叶前，税收进项是国家预算收入的最主要的来源。税收是国家实现对外政策的资金保障，同时也给普通民众带来了沉重的经济负担。

（4）分析俄国罗曼诺夫王朝末期税制的演化。经济危机、日俄战争、1905年革命消耗了俄国的巨额资本，迫使国家在税收领域进行频繁的改革。消除财政赤字一直是俄国制定税收政策的主要动机，通过提高税收标准来增加国库收入是国家改善财政状况的重要手段。20世纪初，俄国直接税收入增长比较平稳，间接税收入大幅攀升。第一次世界大战的爆发对俄国财政造成致命打击，国家被迫采取超常规手段（发行纸币和举债）

弥补军费支出，同时全面提高直接税、间接税和手续税的标准，并竭尽所能地开辟新税源，普通民众的税收负担未能减轻。

（5）研究俄国罗曼诺夫王朝税制结构、税收进项在国家预算收入中的比例、纳税人及税收负担、国家利益与民众利益的冲突、税制特征及影响。

第一编
罗曼诺夫王朝之前的税收史概述

从古罗斯国家形成到罗曼诺夫王朝建立的7个多世纪内，俄国经历了公国混战、"蒙古桎梏"（"蒙古依附"）和统一中央国家建立的发展时期。这一时期，俄国税制大体可分为三个阶段。第一阶段是古罗斯国家形成和发展时期，是税制产生和初步发展时期。基辅罗斯建立之后，被征服的部族要向基辅大公缴纳贡赋，随着权力的巩固，大公率领亲兵到所辖部族征收贡赋，这种不定期的"索贡巡行"是俄国最早的税制。到11世纪，基辅罗斯政权得到巩固，国家机构也有了一定的发展，索贡巡行制度被废除，取而代之的是集市征税制度，俄国税制开始有了定时有序的特征。大公通常委派自己的近臣担任征税官，后者定期到集市征税。除了贡赋之外，这一时期出现了司法税和商业税。这一时期的课税单位也是五花八门，税收分配也没有统一的标准。第二阶段是金帐汗国统治时期，是罗斯居民税收负担极为沉重的时期。罗斯居民除了要向自己的王公支付贡赋，还要缴纳汗国贡赋和其他的苛捐杂税，居民的徭役也极为沉重。金帐汗国的统治也促进了俄国税制的发展，主要体现在统一了课税单位，司法税和商业税得到了进一步发展。第三个阶段是15世纪末到17世纪初，是莫斯科国家为筹集军费而开辟新税源的时期。从伊凡三世到伊凡四世，莫斯科国家不断将其他公国并入自己的版图，为筹集军费开始征收火炮税、赎俘税、驿站服务税，商业税的标准不断提高。与此同时，为寻求教会的支持，政府被迫为其颁发免税的钦赐特权诏书。随着王权的强大，教会的特权开始被削弱。

第一章
税制的产生及课税单位的演化

古罗斯国家形成的时期,"索贡巡行"的征税制度随之出现,并延续到 12~13 世纪。王公对自己所辖居民征收的贡赋是当时主要的直接税。此外,税赋还包括晋谒金①、馈赠金②、赎金、罚没金和罚金等特别税,当时司法税和商业税已经出现。随着国家的发展,古罗斯税制不断发展,从古代的索贡巡行演化成集市征税制度。蒙古入侵后,罗斯的税制得到了发展,很多税种得以确立,课税单位也有一定的发展。

第一节 税制的产生及征税方式的演化

斯拉夫部落在历史上出现的时间,也是罗斯税制起源的时间。尽管领土面积很大,但罗斯各部族有着相同的语言、文化和类似的社会经济关系组织。目前,对斯拉夫人的起源没有统一的观点。根据许多语言学家和考古学家的观点,从公元前 2000 年开始,掌握制陶艺术的欧洲其他一些部族开始从中欧迁往东部,这些部落的居民点与斯拉夫和波罗的海的居民区不断融合。在早期的斯拉夫部族中,产生了经济和文化联系。在青铜器时代结束前或铁器时代早期,这些联系导致许多不同文化部落的融合。在人口密度较低的时候,斯拉夫部族生活得比较平静。茂密的森林使其免于外

---

① 晋谒金(Поконы)——古罗斯时期封建王公巡视其领地时,当地居民所献的财物,属于特殊税行列。征收的理由是大公及其家庭发生重大事件,最常见的理由就是大公即位或大婚。与贡赋不同的是,晋谒金不是固定税。
② 馈赠金(Дары)——与晋谒金性质相同、名称不同的一种特别税。

界的攻击和饥饿的威胁。浆果、蘑菇、蜂蜜和坚果十分充足，森林里野兽随处可见，河流和小溪里鱼类繁多。斯拉夫人从事狩猎、采集和捕鱼活动。随着农业的不断发展，每个家庭都有自己的耕地。他们种植小麦、大麦、黑麦、黍米、豌豆、荞麦等作物。斯拉夫人发展畜牧业，掌握了铸造和锻造手艺，懂得在陶轮上制作陶瓷，能够制作骨制的日常生活用品和一些首饰。[1]

为抵御外敌，几个家庭组成一个氏族，几个氏族又组成一个部族。《往年纪事》记载："每个氏族都拥有自己支配的土地，几个关系紧密的氏族联合成一个部族。"[2] 族长由最受尊敬、最有能力的人担任，氏族或部族其他成员都服从族长的命令，典型的斯拉夫人生活方式得以形成。随着时间的推移，居民点的规模不断扩大。由于产生联合活动的需要，各氏族公社之间的接触日益频繁，社会结构变得更加复杂。每个氏族组成自己的军队，由军事统帅领导，负责保护自己的土地免受外敌的威胁和维持内部管理秩序。当时的氏族大会被称为"维契"，在氏族大会上要讨论大家共同关心的事务。在氏族大会上，从部族内部或部族联盟的代表中选举部族的酋长。[3] 地域广阔和居民众多导致部族管理事务极具挑战性，这就需要具有一定管理才能的人。然而，在自己的部族中有时很难找到这样的人才。有一些被选中的人拒绝承担责任，部族事务不得不交予其他部族来处理；也有一些人觊觎部族的管理权，但他们又没有能力管理好部族事务。后来，从其他部族挑选酋长的做法比较普遍。最初，公社的管理、司法和监督权由酋长掌控。如果酋长玩忽职守或不履行自己应该承担的责任，或者反对氏族大会的决议，酋长将会被罢免。随着时间的推移，酋长的权力变得越来越大，他们开始终身占据自己的职位，并将职位传给自己的子孙继承。此时的酋长变成了拥有特权的王公，他们身边出现了一群支持者，王公依赖他们的支持，需要千方百计地对其支持者进行拉拢和奖赏。后者在捍卫自己利益的同时，又对王公产生一定依赖。统治阶层中渐渐出现了一些贪婪的人，他们不断僭越自己的权力，而氏族大会又缺乏有效的控制

---

[1] Абашев А. О. Налоговая система России IX – XX в. С. 5.
[2] Ключевский В. О. Русская история. С. 16.
[3] Вече——古斯拉夫语，意思为"会议"。

手段。这些人掌权之后，建立了新的王国，开始与其他公国交战，征服新的土地，使一些新的氏族和部族成为自己的附庸。于是，在罗斯土地上出现了第一批公国。

882年，瓦良格人出身的诺夫哥罗德大公奥列格占领了基辅，建立了统一的国家——基辅罗斯，管辖着很多斯拉夫和非斯拉夫的部族。维持王公、亲兵和宫廷的生活需求是罗斯原始单一税制形成的先决条件。王公们获得物质保障的途径有两种：一是依靠战争掠夺，二是依靠征收贡赋。最初，王公率领自己的亲兵到村庄和城市巡查，并征收分配给当地米尔公社的贡赋，这种在古罗斯领土上征收贡赋的形式被称为"索贡巡行"。

早在9世纪的文献中就记载着，基辅大公们带着亲兵时不时地来到自己征服的部族，并对其征收各种名目的税收，这是索贡巡行的最初形式。后来，这种征税制度有了一定的发展。征税的时间一般是每年的秋末冬初，巡行的路线也较为固定，索贡巡行的队伍也比较庞大，有时达到数百人。随着时间的推移，大公们往往不再亲自率队征税，而是委托下面小公国的王公为其征税。除基辅罗斯外，在周边其他公国中，王公们也采用索贡巡行的方式向领地上的臣民征收贡赋。И. Я. 弗洛亚诺夫指出，不能将贡赋与索贡巡行混为一谈。他认为，贡赋是被征服的部族为了换取和平和寻求王公保护必须支付的费用，是王公收入的重要来源，至于赋予它什么样的文化外壳并不重要；而索贡巡行是贡赋的一种，征收的主要是馈赠金和晋谒金。索贡巡行是王公一个自然的寻求合法收入的方式。索贡巡行不仅对所辖居民进行巡查，还要与他们直接沟通，在此期间要举行迎接仪式、宴会和多神教各种祭祀仪式。①

10世纪中叶之前，征收贡赋是公认的合法行为，其标准是约定俗成的，背离这些惯例被认为是违反不成文法。罗斯的贡赋以实物为主，最早是按农户或烟囱的数量来征收。② 有利于出售和交换的商品都可充当贡

---

① Фроянов И. Я. Рабство и данничество у восточных славян. СПБ. , Санкт - Петербургской университет，1996，С. 467，503，484.
② Сергеевич В. И. Древности русского права：Т. 3：Землевладение. Тягло. Порядок обложения. М. ，ГПИБ. 2007，С. 279.

赋，主要包含毛皮、石蜡、蜂蜜、铁制品和手工制品等。作为贡赋征收的商品大部分出口拜占庭、可萨里亚、伏尔加河流域的一些国家和阿拉伯等国家。实质上，王公们就是武装商人。税收和销售贡品所得并没有被王公和他们的亲兵全部占有；否则，在相同的部族眼中，他们会被视为强盗。贸易交流回来之后，有些收入作为馈赠归还公社，或者用于某种公共需求。这样可以体现王公对子民的关爱，在这种行为的掩饰下，王公的威信会不断提高，子民们就会更信赖他们。有时候，基辅罗斯大公也要向别的部族支付贡赋。例如，在奥列格大公时期，曾每年向北方的瓦良格人支付300磅银锭的和平费，以确保罗斯北部免于侵犯。①

　　随着时间的推移，罗斯的贡赋开始用货币收缴。从《往年纪事》的记载中得知，从耕作土地居民征收贡赋的单位是"拉洛"②，缴纳贡赋的货币被称为"先令"③（шляг или щеляг）。拉洛是农业生产资料的总称，而先令大概是对当时在罗斯流通的外国硬币的通用名称。根据克柳切夫斯基的观点，先令是名为迪尔亨姆的阿拉伯银币，通过贸易途径大量流入罗斯。④ 先令也可能是来自其他国家的由贵金属制成的硬币，如罗马的"第纳里"⑤ 或是拜占庭的"索利德"⑥。但是，先令到底是什么还没有定论。还有人认为，10世纪之前，不可能存在用硬币收缴贡赋的可能。⑦ 最合乎情理的解释是，对于大部分斯拉夫居民而言，珍毛动物的毛皮可以作为货币来使用，⑧ 古罗斯最小的货币单位"韦韦里察"就是由松鼠皮制成的，也被称为"维克沙"⑨。从貂皮演化而来的货币被称为"库纳"⑩。有趣的是，货币单位"阿尔腾"⑪ 来自突厥语，其字面意思是"六张松鼠皮"。

---

① Рыбаков Б. А. Киевская Русь и русские княжества XII – XIII вв. C. 299 – 300.
② 拉洛原意为古罗斯时期的木犁，后来演化为14世纪前古罗斯的课税单位。
③ Ключевский В. О. Русская история. C. 39.
④ Фроянов И. Я. Рабство и данничество у восточных славян. C. 467.
⑤ 古罗马银币或金币的称呼。
⑥ 拜占庭金币，铸于309年。
⑦ Артамонов М. И. История хазар. Л., Государственной Эрмитаж. 1962, C. 405.
⑧ Янин В. Л. Денежно‐весовые системы домонгольской Руси и очерки истории денежной системы средневекового Новгорода. М., Языки славянских культур. 2009, C. 22.
⑨ 9～13世纪古罗斯用兽皮制成的小钱币，也称"贝拉"。
⑩ 1库纳等于6韦韦里察，也就是6维克沙。
⑪ 阿尔腾（Алтын）——15世纪开始使用的古罗斯货币单位，相当于3戈比。

显然，毛皮货币在那个时代普遍流通，也不排除使用贵金属和硬币来支付贡赋。可以断定，在当时生产足够数量的贵金属和金属币是不可能的，而且贵金属的价值非常高，所以贵金属和金属币一般只在富商、大贵族和王公之间流通。在公社成员手中，贵金属制成的硬币至少在流通初期是非常罕见的。珍毛动物的毛皮具有价值，可以折算成贵重金属。随着金属币的发展，罗斯建立了货币流通体系。

基辅罗斯建立后，被征服的非斯拉夫部族也要缴纳贡赋，纳贡信息可以证明当时罗斯管辖的疆域。在《往年纪事》中记载了罗斯统治的各部族的信息。从这些资料中可以看出，当时芬兰—乌戈尔部族、波罗的海沿岸的部族、奥卡河下游的部族、伯朝拉河流域的部族都在基辅罗斯统治之下。① 王公的开销包括供养宫廷和亲兵的支出，也包括购买武器和盔甲的开销。为筹措经费，王公们不得不增加贡赋。开辟新税源或重复征收贡赋也引发了一些部族的暴动。在伊戈尔大公统治时期，因纵容部下重复征收贡赋，引发了德列夫列安人的暴动，大公也在冲突中被杀死。因此，在大公夫人奥莉佳执政时期，对斯拉夫部族内征收贡赋的制度进行了整顿。946年，贡赋的标准被固定下来，而且纳税人必须在规定的期限内缴清贡赋，"定额定限"的征税制度初步形成。② 随着国家的发展，索贡巡行的征税制度逐渐消失，取而代之的是集市征税制度。大公在国家及各公国设立征收贡赋的地点，这些地方被称为"集市"或"宿营地"。周边地区的居民将贡赋运抵此处交给基辅派来的征税官。这些地方逐渐发展成为比较稳固的征税重地。定额定限的征税制度在编年史中可以找到记载。③ 除主要地区之外，古罗斯外省和其他征收贡赋的地区长期保留着集市和宿营地。随着大公权力的巩固，在主要地区征收贡赋的职能渐渐转归给一些规模较大的城市。④

随着公国经济的发展，罗斯开始出现商业税和司法税，后来这些税种

---

① Повесть временных лет. Ч. 1. С. 13.
② Заичкин И. А., Почкаев И. Н. Русская истори: популярный очерк. IX – середине XVIII в. М., Мысль. 1992, С. 35.
③ Рыбаков Б. А. Киевская Русь и русские княжества XII – XIII вв. С. 62.
④ Петрухин В. Я. Начало этнокультурной истории Руси IX – XI веков. М., Гнозис. 1995, С. 167, 169.

被广泛推行。完成一定的商业活动、签订某种契约和利用公国的某种财产要支付商业税，触犯法律要缴纳司法税。商业税最典型的是"称重税"（вес）和"测量税"（мера），一般这些税在从事商业的地点征收。为保护买主免受卖家的欺骗，在出售商品之前，应对商品的重量、体积和长度进行测量。不使用国家规定的方式对商品进行称重或测量的将被处以重罚。因此，称重和测量业务为公家带来了额外的收入。商家通过公国边界和城市关卡运送货物，需缴纳"过境税"（мыт），负责收税的官员被称为"梅特尼克"（мытник）。历史学家发现，"过境税"一词第一次出现在奥列格大公与拜占庭皇帝签订的契约中，签约日期为907年。[①] 经过关卡的商人要缴纳"过关税"（костки）。在专门设立的渡口运送乘客、商品和牲畜要支付"摆渡税"（перевоз）。经过路桥要支付"过桥税"（мостовщина，1754年被废除）。靠近岸边停泊修整的船只要缴纳"停泊税"（побережное）。给牲畜打烙印要支付"打印税"（пятно）。市场上的每头牲畜都应该按头交税，这种税被称为"洛格税"（роговое）或"拴桩税"（привязное）。商人获得买卖交易权要支付"交易税"（осмничее）。在专门指定的地方存放货物要支付"仓储税"（гостиное）。罚金官负责征收"罚没金"（виры）（对杀人犯征收的罚金）和"罚金"（продажа）（对其他刑事犯人征收的罚款）。根据《俄国法典》记载，司法税的额度取决于犯人的身份地位，这证明当时社会上存在阶级分化。[②]

第二节 课税单位的演化

10世纪的基辅公国是一个松散的部族混合体，是一个在武力强迫之下建立的组织，其内部关系随时都可能瓦解。被征服的部族一有机会就宣布独立，大公不得不再次对其进行征讨。此时的税收关系虽初步具有了定时有序的特征，但课税单位还未统一，当然也不可能得到统一。在东北罗斯的土地上，王公们往往将臣民耕种土地的面积作为课税的单位；而在经

[①] Кулишер И. М. История русской торговли и промышленности. Челябинск, Социум. 2003, С. 23.

[②] Абашев А. О. Налоговая система России IX – XX в., С. 12 – 13.

济不发达的地区按劳动收入或劳动力数量作为课税单位。在可萨汗国统治时期，实行按户征税的原则。学者 Ю. А. 卡盖梅斯特尔认为，可萨汗国统治时期是按耕地的木犁数量作为征税依据的。笔者比较赞同这个观点，因为古罗斯时期的农户还没有统一的标准，尤其在部落联盟时代，个体的农户更是很少见，而古罗斯木犁往往被视为农业生产单位。随着社会的发展，到 9 世纪，东斯拉夫的土地上出现按户征税的原则，有的地方也推行按人头征税的原则。可见，当时的课税单位十分混乱。

上面提到，古罗斯国家形成的初期将"拉洛"作为课税单位。蒙古鞑靼人统治时期，罗斯仍是自然经济占主导地位，商品货币关系十分不发达。但此时罗斯的课税单位有了长足的发展。征服罗斯之后，金帐汗国规定，罗斯土地上所有财产的十分之一都要作为贡赋交给汗国。① 后来，征收货币贡赋。每年罗斯一次性支付的汗国贡赋不低于 15000 卢布。② 在研究贡赋额度时，历史学家经常引用 В. Н. 达吉舍夫的观点，即每"索哈"③ 支付的贡赋为"半格里夫纳"④。⑤ 众所周知，索哈在罗斯被征服之前已经存在，只不过蒙古鞑靼人保留了这种课税单位。在对诺夫哥罗德索哈进行研究后，В. И. 谢尔盖维奇得出了一系列的符合逻辑的结论。首先，诺夫哥罗德索哈被认定为整体农业或是个体手工业的经济单位，其次，征税的对象不是劳动力，而是人们积攒下的财产，也就是说税收的承担者是有产者。征税对象一般包括马匹、商船、商铺、小手工业作坊。例如，有三匹马的人要按一索哈纳税；有一匹马的人按一奥布扎⑥纳税；有一间商

---

① Заичкин И. А., Почкаев И. Н. Русская истори：популярный очерк. IX - середине XVIII в.，С. 153，113.
② Абашев А. О. Налоговая система России IX - XX в.，С. 16.
③ 索哈（Соха）——13 ~ 17 世纪俄国的课税单位，在国家未统一之前，各公国索哈的标准不同，莫斯科地区的索哈标准最高，故称之"莫斯科大索哈"，文献中另一个提及较多的是"诺夫哥罗德索哈"，其标准要低于莫斯科索哈，故称之为"诺夫哥罗德小索哈"。
④ 格里夫纳（Гривна）——约 1 磅重的银锭，古罗斯时期的货币单位，到 18 世纪 1 格里夫纳等于 10 戈比。
⑤ Спицын Е. Ю. Древняя и Средневековая Русь IX - середина XVII в. М.，Концептуал，С. 184，177.
⑥ 奥布扎（Обжа）——15 ~ 17 世纪诺夫哥罗德领地上的课税单位，3 奥布扎等于诺夫哥罗德的 1 索哈。

铺、一张渔网、一个打铁炉和一个制革桶的副业人员应该缴纳一索哈的税;没有马的农民叫作无马农①,四个无马农支付一索哈的税。很有可能,在金帐汗国统治时期,只是有产者、从事农业经济生产或搞副业的人才缴纳贡赋。在现存的文献资料中有这样的记载,一无所有的奴隶不支付贡赋。② 在莫斯科土地上也将索哈作为课税单位,只是莫斯科索哈与诺夫哥罗德索哈标准并不相同,前者要比后者高得多。

  在北部一些地区,还使用一个极为罕见的名为"鲁克"的课税单位。根据一些材料记载,一鲁克基本等于一奥布扎。耕地之外的其他经营性土地和副业征税就是按这个单位执行。在科拉半岛、彼尔姆地区和诺夫哥罗德北部都使用这个课税单位。多数历史学家认为,随着莫斯科公国的强大,索哈开始成为全国广泛使用的课税单位,罗斯开始用土地面积来确定索哈的标准。16 世纪 40 年代,莫斯科公国推行国家土地改革,将国家的土地登记造册,制成《索哈地亩册》,并依据此册来征税。③ 因居民拥有的土地等级不同,在规定索哈大小时,将全国的土地分为上中下三等。地主庄园内一索哈分别等于 400 俄亩的上等地、500 俄亩的中等地和 600 俄亩的下等地;在国家农民村社内一索哈分别等于 250 俄亩上等地、300 俄亩中等地和 350 俄亩的下等地。④ 可见,贵族阶层仍然享有很大的税收特权。在诺夫哥罗德土地上,课税单位也用土地面积衡量,此时诺夫哥罗德索哈与莫斯科索哈确立了比例关系,莫斯科的一索哈等于诺夫哥罗德的十索哈。莫斯科索哈是相当大的课税单位,因此,在确定田庄或者村社的税收额度时,有时会使用 1/4、1/8、1/16 和 1/32 索哈等分数单位。⑤

---

① 14~16 世纪在封建主领地服徭役的无生产资料的农奴。
② Сергеевич В. И. Древности русского права: Т. 3: Землевладение. Тягло. Порядок обложения, С. 237, 222.
③ Захаров В. Н., Петров Ю. А., Шацилло М. К. История налогов в России. IX – начало XX века, С. 26 – 27.
④ Очерки истории СССР. Период феодализма. Т. 4. Конец 15 – начало 17 вв. 1955, С. 343.
⑤ Захаров В. Н., Петров Ю. А., Шацилло М. К. История налогов в России. IX – начало XX века, С. 43.

第二章
罗曼诺夫王朝之前的税赋

古罗斯国家形成初期,税制结构还十分不完善。索贡巡行得来的税赋被称为"贡赋",这是俄国最早的直接税。当然,贡赋的征税额度由王公们个人来制定,课税单位也没有明确的规定。蒙古侵占罗斯后,除了贡赋之外,罗斯各公国要向金帐汗国缴纳"汗国贡赋"。除了直接税之外,当时还存在特别税、司法税、商业税、代役租和各种徭役。在沙皇专制制度建立和发展时期,俄国税收法和税制得到进一步发展。

第一节　金帐汗国统治时期的税赋

尽管罗斯王公希望将斯拉夫部落联合成一个统一的国家,这样才能够有效抵御外部威胁、过上和平的生活,但三百多年来王公们主要争执一个问题,那就是谁应该服从谁,谁应该向谁缴纳贡赋。而人民只有在最艰苦的岁月里才会毫不留情地反抗,实际这种反抗毫无意义。王公们的内讧使罗斯错过了建立强大国家的机会,而当强大的蒙古鞑靼人入侵的时候,罗斯王公们只能臣服。军事占领罗斯之后,征服者与罗斯王公们建立了称臣纳贡关系的制度。金帐汗国在每个区域任命征税官,并赋予其特别的权力。征税官的职责是进行户口调查、按纳税人拥有的财产和生产资料分摊贡赋、惩治拒绝纳贡的罗斯居民。金帐汗国向罗斯派遣全权代表定期组织向所辖区域征收贡赋,委派督税官和联络官。[①] 为征收汗国贡赋,罗斯王公们也

[①] Маслова С. А. Даруги и баскаки: соотношение должностей// Древняя Русь. Вопросы медиевистики. №4（58）. М., РФК "Имидж – Лаб". 2014, С. 23 – 36.

要任命征税官,后者被金帐汗国称为"进贡者",这些征税官的活动由罗斯王公监督。户口调查由计数官负责,他们的下属被称为"税吏"或"录事"。为征收贡赋,1245 年在基辅进行了第一次户口调查。为确定贡赋的额度和统计符合入伍的人数,1255~1275 年金帐汗国在罗斯进行了有针对性的户口调查。

  研究和制定征税体制的是金帐汗国的耶律楚材,他是成吉思汗和忽必烈汗的高级幕僚、蒙古帝国的学者和著名的国务活动家。据法国历史学家勒内·格鲁塞特的观点,耶律楚材曾这样劝说成吉思汗:"攻占罗斯后,不要毁灭庄稼,更不要杀掉土地所有者,而是向他们征税,不要毁坏城市,而是掠走那里积攒的财富,并把这些城市作为蒙古帝国的经济来源。"[1] 起初,征服者将包税制作为征收贡赋的方式。能够成为包税人的一般是鞑靼的富商。他们提前向汗国缴纳贡赋,然后增加罗斯各公国的税收负担,通过这样的手段来攫取巨额利润。因无法承受过重的纳税负担,罗斯居民开始起义,汗国很快意识到包税制的弊端,并将其废止。有学者认为,金帐汗国征服罗斯之后,各公国继续保留以往的管理体制。[2] 罗斯的王公们要获得汗国的册封,被承认自己是汗国的"兀鲁思"[3],罗斯公国有义务向其支付贡赋并维持自己公国的秩序。此时,金帐汗国对罗斯王公彼此的关系并不干涉,王公们与以往一样仍然争权夺利。只是争夺的不再是基辅王位,而是争夺金帐汗册封的兀鲁思之位。王公们最想获得的就是金帐汗册封的弗拉基米尔大公的称号,为此,罗斯王公之间的冲突连年不断。金帐汗利用罗斯王公之间的内讧对其进行控制,金帐汗经常在争斗中公开支持一些王公,暗地里又对其他王公给予帮助。[4] 在这样的政策下,罗斯政权不可能强大。14 世纪初,当征收汗国贡赋的权力从汗国官员手中转到被册封的弗拉基米尔大公手中时,王公之间的内讧愈演愈烈。

  1332 年,莫斯科公国的伊凡一世被金帐汗国册封为弗拉基米尔大公,

---

[1] Груссе Рене. Чингисхан: Покоритель Вселенной. М., 2008, Молодая гвардия. С. 162.
[2] Спицын Е. Ю. Древняя и Средневековая Русь IX - середина XVII в. С. 182, 176.
[3] 原指蒙古汗国诸王的封地,此处指获得汗国册封罗斯王公的称谓。
[4] Черепнин Л. В. Монголо - татары на Руси (XIII в). // Татаро - монголы в Азии и Европе. М., Наука. 1977, С. 203.

获得了在东北罗斯和诺夫哥罗德地区征收贡赋的权力，开启了罗斯税收史的新纪元。此后，弗拉基米尔大公借助征税机会快速积累财富，在其权力也不断巩固之后，开始逐渐降低汗国贡赋的额度。关于汗国统治时期贡赋的标准和额度问题，古代编年史中给出的概念比较模糊。俄罗斯王公们在自己的采邑征收贡赋，并将其转交给弗拉基米尔大公，由后者负责将全部贡赋运到金帐汗国。编年史中贡赋的种类有很多，包括汗国贡赋、雅萨克税①、黑鲍尔税②、宫廷贡赋和什一税等。有关汗国贡赋额度的记载非常少。14世纪末的文献中有这样的记载，全罗斯大公顿斯科伊应向汗国缴纳的贡赋为5000卢布。根据当时的价格，3卢布可以买一座木屋或者一匹良马，1卢布可买一头牛。可见，汗国贡赋的负担是极为沉重的。③ 这个数额只是弗拉基米尔大公管辖地区缴纳的汗国贡赋，其他地区也要承担一定额度的汗国贡赋。大诺夫哥罗德是罗斯最富有的城市，从这里征收的汗国贡赋名曰"黑鲍尔税"，此项税收每7~8年征收一次。④ 在诺夫哥罗德出土的桦树皮古文献中，记载了瓦西里·瓦西里耶维奇大公从诺夫哥罗德征收黑鲍尔税的情况，只是征收的时间不太确定。文献指出，"与旧时习俗一样，贡赋的额度为每索哈1个格里夫纳。⑤ 从每索哈的税收中支付给王公的录事1马尔特卡⑥"。文献中提到，生活在诺夫哥罗德教会区的居民免缴黑鲍尔税。⑦

除汗国贡赋之外，也有其他税赋。据研究人员统计，向汗国缴纳的捐税共有14种。⑧ 罗斯受制于金帐汗国后，商人和手工业者要支付被称为

---

① 雅萨克税（Ясак）——俄国15~18世纪在伏尔加河流域和17世纪至20世纪初在西伯利亚向外族居民征收的实物税，可用珍毛动物的毛皮支付，有时也可用货币支付。
② 14世纪后半期到15世纪莫斯科大公为向金帐汗国纳贡，对诺夫哥罗德土地和手工业征收的特别税。
③ Захаров В. Н., Петров Ю. А., Шацилло М. К. История налогов в России. IX - начало XX века, С. 23.
④ Янин В. Л. «Чёрный бор» в Новгороде 14 - 15 вв. // Куликовская битва в истории и культуре нашей Родины. М., Издательство МГУ. 1983，С. 100 - 102.
⑤ Янин В. Л. Денежно - весовые системы домонгольской Руси и очерки истории денежной системы средневекового Новгорода，2009，С. 352.
⑥ 14~15世纪罗斯的货币，1马尔特卡约等于1.134克白银。
⑦ Абашев А. О. Налоговая система России IX – XX в.，С. 17.
⑧ Каргалов В. В. Свержение монголо - татарского ига. М.，Просвещение. 1973，С. 51.

"印章税"的商业税。① 靠劳动换取商品的普通居民免缴印章税。金帐汗国的官员手持大汗颁发的通行证，可以在被征服区不受限制地行动，而且罗斯人要为其提供必要的生活补给。驿差是当时主要的徭役，这种义务指居民必须自己带马去驿站服务，充当驿站的马车夫，运送公家的补给。供养汗国使臣和税收官的费用被称为"补给税"。此外，还有各种由头的"馈赠金"和"晋谒金"，也就是送给金帐汗或汗国使臣的礼物。这些税收包括"鞠躬税""觐见税""管理税""过路税"等。与此同时，如果有特别需求，金帐汗还保留追加索贡的权利。依靠征收司法税和商业税，各公国的国库不断充盈。1398年，瓦西里·德米特里耶维奇大公向德文斯克地区的居民颁布规约，从该地区征收司法税和商业税。规约中规定，给别人造成流血性伤口的肇事者要支付30贝拉的司法税，造成划伤的要支付15贝拉。乌斯丘克地区来此经商的商人每条船需缴纳2布司②的盐，每辆马车支付2贝拉。③ 在德文斯克公采邑内经商的德文斯克人免缴印章税、过境税、关卡税、仓储税、交验税。也有向修道院颁发的缴纳代役租的规约。例如，1414年，弗拉基米尔大公向特洛伊茨克－谢尔盖耶夫修道院颁发规约，要求该修道院所辖村庄在春季和秋季尤里耶夫节这一天分别缴纳3俄担④的粮食。1434～1447年，该修道院的每个村庄每年要支付3卢布的代役租。⑤ 因王公们管辖耕地、林地和牧场，所以他们有权从辖区从事副业经营的农民征收代役租，代役租分为货币和实物两种。代役租并没有明确的标准，完全由王公们自己规定。逐渐强大的莫斯科公国不断兼并土地，连年的战争导致徭役异常繁重。到14世纪时，驿站的职能主要包括运送公家物资、信件和公职人员，驿站徭役此时也开始稳固下来。根据法令规定，农民要在规定时间内带着自己的马匹到驿站服徭役，后来驿站徭役改为用货币支付的"驿务税"。莫斯科公国将一些农民固定在各个驿站，使其长期担任驿站马车夫，国家负担驿站马车夫的报酬。虽然征

---

① Вернадский Г. В. Монголы и Руси. М., Ломоносовъ. Нью－Хейвен. 1953, С. 222.
② 体积单位，1布司等于1.5普特，1普特等于16.38千克。
③ Черепнин Л. В. Русская метрология. М., Трансжелдориздат. 1944, С. 44.
④ 俄国以前使用的散状物体的容量单位，约210升。
⑤ Абашев А. О. Налоговая система России IX－XX в., С. 20.

收驿务税，但大车徭役仍然存在，政府同样要求农民带着自己的车马运送公家物资。

随着罗斯各公国的强大，王公们征收的贡赋有时并不按期交给金帐汗国。王公们经常利用各种理由拖延支付贡赋，有时会多年不向汗国纳贡。当金帐汗国提醒王公们纳贡时，后者会提出一系列客观理由，并唆使居民进行抗议。有时金帐汗国会派讨伐军攻打不纳贡的公国，杀死居民并焚烧城市。由于莫斯科公国军事和政治力量逐渐增强，1475年，伊凡三世停止向汗国纳贡。[1] 为此，汗国派兵攻打莫斯科公国，然而不久蒙古便撤军，一场杀戮得以避免。1480年，占据乌格拉河畔一年的金帐汗国开始分裂，失去了大面积统治区域，昔日的帝国土崩瓦解。

第二节　税收法的发展

《罗斯法典》是俄国最早的法律典章，古罗斯早期的税收都记录在这部法典之中，包括前面提到司法税和商业税。摆脱"蒙古依附"之后，追求民族统一的思想推动了中央集权国家的建立进程。此时，俄国文明的新重心转入了莫斯科大公国。从15世纪下半叶开始，俄国土地不断被收复，一些公国和自由城邦不断并入莫斯科公国。[2] 随着国家的发展，俄国颁布了《1497年法典》和《1550年法典》，这标志着俄国税制典章有了长足的发展。《罗斯法典》大约成文于13世纪，里边对司法税、罚没金、罚金的规定比较多。例如，用剑造成的非致命伤，犯罪人要支付3格里夫纳的司法税，同时要向受害人支付1格里夫纳的医疗费。打掉别人牙齿要支付12格里夫纳的罚金和1格里夫纳的医疗费。[3] 罚没金一般从杀人或抢劫犯处征收，罚金多从一般犯罪分子中征收。罚没金和罚金是公家收入的重要来源，而且必须用货币支付。除罚没金和罚金之外，法典还规定了

---

[1] Заичкин И. А.，Почкаев И. Н. Русская истори：популярный очерк. IX – середине XVIII в.，С. 223.

[2] Ключевский В. О. Русская история，С. 178.

[3] Российское законодательство X – XX веков. в 9 т. Т. 1. М.，Юритическая литература. 1984，С. 66，70，82.

司法税。重大的刑事犯罪，罪犯要向公家支付40格里夫纳的罚没金，法庭从中抽取9库纳。如果证人提供假口供，要被判罚40库纳的罚金。① 起初，这些征税权掌握在地方大领主或地方行政长官手中。中央权力巩固后，这些权力被国家收回。

莫斯科公国强大之后，开始推行行政改革，将全国划分成若干个县，其边界就是原各公国的界线，县下设区②，县的最高管理权归地方行政长官（наместник），区的最高领导为区长，③ 即这些官员的薪俸和开销由管区居民来承担。履行行政和财政管理职能的同时，这些官员的主要任务是对国库的各项收入进行监督。自15世纪末以来，建立了新的收税体制，由居民选举产生的税收官负责征税。由于这些税收官就职和行使权力时要宣誓和亲吻十字架，税收官的俄语表示为"целовальник"。④ 在建立统一国家的进程中，土地所有权被重新分配，导致封建统治阶级结构发生了变化。此时，除了世袭贵族和原来的采邑王公之外，统治阶层还出现了服役贵族，他们奠定了军队的基础。大公不断将新征服的土地赏赐给他们，而作为回报，服役贵族给予大公强有力的支持，大公的地位不断得到巩固。除了在军队服役之外，服役贵族也开始在政府机关中任职。有的贵族作为政府官员进入了大贵族杜马，这是大公的咨议机关。还有的服役贵族成为国家机关的官员。⑤ 随着地方行政管理权的加强，16世纪初开始设城防长官（16～17世纪设防城市的军事长官）的职位，由领地贵族担任，隶属于地方行政长官，主要处理城市的军事和财政问题。⑥

随着社会新经济和社会政治关系的形成，建立适合中央集权的法律制度迫在眉睫。15世纪末，俄国进行了司法改革。1497年，俄国颁布了法

---

① Заров В. Н., Петров Ю. А., Шацилло М. К. История налогов в России. IX - начало XX века, С. 15 - 16.
② 俄国11～16世纪的行政单位，称为"区"。1797～1917年在俄罗斯帝国称为"乡"。
③ Зимин А. А. Реформы Ивана Грозного. М., Социально - экономическая литература. 1960, С. 186.
④ Андреевский И. Е. О наместниках, воеводах и губернаторах. СПБ., Эдуарда Праца. 1864, С. 64.
⑤ Заичкин И. А., Почкаев И. Н. Русская истори: популярный очерк. IX - середине XVIII в., С. 233, 234.
⑥ Зимин А. А. Реформы Ивана Грозного, С. 192, 193.

律汇编，史称《1497年法典》。该法典巩固了服役贵族的政治地位，限制了世袭贵族的特权，确立中央法庭对地方法庭的领导机制，在全国实行统一的审判程序，建立了整齐划一的司法税。例如，审理诉讼费达到1卢布的案件，法院的审判长（боярин）要收取2阿尔腾，法官（дьяк）要收8杰尼卡①。如果诉讼费的额度增加，司法税也随之上涨。获得司法决议也要纳税。还是以诉讼费为1卢布为例，书写公文的书吏（подьяий）要收取3杰尼卡，签字的法官收取1阿尔腾，盖章的审判长收取9杰尼卡。《1497年法典》从立法上规定了农奴有获得自由的权利，前提条件是缴纳司法税。每一个获得自由的农奴要弥补地主的损失。获得人身自由要有法院颁发的司法决议，因此须向审判长、法官和书吏分别支付9杰尼卡、1阿尔腾3杰尼卡的司法税。虽然法典在法律上确定了农奴的司法权，但实际上他们很少能享受到该权利，因为农奴在经济上完全依附于地主。换言之，即使主人允许其获得自由，他们也没有弥补地主损失和支付司法税的能力。②

《1497年法典》更多考虑的是地主的利益。其中第57条规定了农民与地主关系的新制度。根据这条法令，在整个农忙时节农民不得离开地主的村庄，而以前的法律中对农民离开耕作土地的时间没有任何规定，农民与地主间只要有保证干完农活的口头协议即可离开。而新法令从立法角度限制农民离开耕作的土地。法令规定，只有在尤里耶夫节（11月26日）的前后一周农民才可以从一个乡到另一个乡，或者从一个村到另一个村。农民利用地主宅院需要支付租金（пожилое），如果宅院位于草原地带，租金为1卢布；如果在林间，租金是0.5卢布。如果农民在主人的宅院住满一年离开，要支付数额为宅院价值1/4的租金；住满两年和三年离开的要分别支付宅院价值1/2和3/4的租金；如果住满四年离开，租金为宅院的总价值。但该法典没有对征收租金的方式和规章做出解释。史学家Е. Ю. 斯毕岑认为，此时是加强对农民控制的初步阶段，即限制农民自由易主的权利。③依据宅院价值支付租金实际上就是农民向地主支付生产资

---

① 杰尼卡（деньга）——14~18世纪使用的面额为半戈比的小银币。
② Абашев А. О. Налоговая система России IX–XX в., С. 22.
③ Спицын Е. Ю. Древняя и Средневековая Русь IX–середина XVII в., С. 323.

料的使用费和地租。由于建造农舍的木材成本较低,立法者规定农民支付给地主的租金最多年限为四年。如果农民在宅院住满八年后离开,他所支付的租金也仍是宅院的价值,无须交纳两倍的租金。如果个别家庭成员离开,而这个农民还继续在这里生活,比如说孩子成年后离开,这种情况下不需要交纳租金。如果不能与懒散的主人和睦相处,或者租金过高,农民可以离开此地到别的地方去生活,此种情况不需支付租金。在王公的规约和录事官的记录簿中可以找到这方面的证据。①

1550年,俄国颁布了新法典,史称《1550年法典》,这部法典比《1497年法典》多了30多项条款。其中第88条规定宅院的租金为1阿尔腾。② 此条款将农户作为征收租金的经济单位,而不是以往离开宅院的个体农民。新法典对地方行政长官和乡长在司法方面的权力进行了削减和控制,并由沙皇委派的官员对其进行监督。这些官员上任时沙皇为其发放规约,他们要依据规约行使自己的权力。③ 地方行政长官的薪俸也要记录在《官员薪俸清册》中。④ 1556年俄国进行地方自治改革,废除过时的"采邑制度"。⑤ 地方行政长官由管理城市的军政长官取而代之。⑥ 法律规定,军政长官可以获得一部分贡赋、关税和司法税。军政长官负责监督辖区的税收,保证将其运抵莫斯科,负责向外族人征收雅萨克税。军政长官有自己的办公机关,被称为"军政衙门"(Съезжая изба),衙门由其委派的法警进行管理,法警之下还有录事。地方行政管理机关中还包括城防长官、邑长、刑事案件执行法官、地方自治官吏,地方自治官吏负责解决村社土地所有权及其使用问题,负责徭役、国家税赋登记和分摊事务。⑦ 此

---

① Шапиро А. Л. О «пожилом» Судебников 1497 и 1550 гг. // Исследования по социально-политической истории России. Вып. 12. Л., Отделение Института истории АН СССР. 1971, С. 97, 105, 108.
② Жуков Е. М. (Гла. ред.) Советская историческая энциклопедия: в 16 т. Т. 11: Пергам - Ренувен. М., Советская энциклопедия. 1968, С. 247.
③ Заичкин И. А., Почкаев И. Н. Русская истори: популярный очерк. IX - середине XVIII в., С. 288.
④ Зимин А. А. Реформы Ивана Грозного, С. 190, 191.
⑤ Спицын Е. Ю. Древняя и Средневековая Русь IX - середина XVII в., С. 269.
⑥ Андреевский И. Е. О наместниках, воеводах и губернаторах, С. 37, 42.
⑦ Резников К. Ю. Мифы и факты русской истории. От лихолетья Смуты до империи Петра. М., Вече. 2012, С. 355.

外，地方自治官吏还负责监督地方司法文书和负责收税的小官吏。在没有邑长的情况下，地方自治官吏还负责管理警察事务，地方自治官吏与城防长官都是独立行使权力，二者不是隶属关系。

第三节 特权诏书

为寻求教会的支持，罗斯王公们向其发放特权诏书，为其提供税收和司法的豁免权。当王权强大时，又开始削弱教会的特权。在广阔的罗斯土地上建立统一的思想体系尤为重要。当时罗斯的居民信奉的是多神教，每个氏族都会从斯拉夫众神中挑选一个作为自己的庇护者，并在祭司的领导下对其进行膜拜。这些祭司负责主持祭祀、组织全民祈祷和庆祝仪式等。他们懂得咒文和迷信传说，负责制作护身符和神像，负责建造庙宇和观察自然变化，同时负责创立宗教仪式和皇历，研究和尝试草药。[1] 正因如此，长期以来，斯拉夫各部族的意识形态由这些祭司所控制。然而，祭司们无法应付当时的时代挑战，即如何在单一民族的国家内建立统一的思想体系。对于斯拉夫部族的强大统一，祭司们经常赋予宗教色彩，号召公社成员保护自己的神灵。弗拉基米尔·斯维亚托斯拉维奇时期的宗教改革旨在统一意识形态。大约980年，弗拉基米尔大公试图统一宗教，但这场改革并没有达到预期的结果，原因是祭司拒绝接受改革，他们仍希望每个氏族笃信和供奉自己的守护神。然而，多神教属于原始社会的宗教，已经不能满足当时的时代要求。克服社会生活组织的内部矛盾，建立一个团结统一的政权，需要废除多神教，在罗斯实行一神教。

与拜占庭互通贸易使基辅王公们了解和接受拜占庭的东正教，弗拉基米尔·斯维亚托斯拉维奇大公率先接受东正教洗礼，并于988年将东正教定为全罗斯的国教。编年史记载，此前，在君士坦丁堡就有罗斯人接受东正教。[2] 第一个接受东正教的显贵就是奥莉佳女大公（955年）。[3] 到10

---

[1] Рыбаков Б. А. Язычество Древней Руси. М., Наука. 1988, С. 164, 294, 295.
[2] Спицын Е. Ю. Древняя и Средневековая Русь IX – середина XVII в., С. 64, 50.
[3] Фроянов И. Я. Загадка крещения Руси. М., Алгоритм. 2007, С. 68.

世纪末,大约四分之三的欧洲、外高加索和近东的大部分地区信奉东正教。但很多罗斯居民长、基辅人、诺夫哥罗德人仍抵制东正教的传播。[1] 长期以来,宗教矛盾是引发民众骚乱和起义的重要原因。封邑王公要么不惜一切代价夺取基辅政权,要么改变臣服进贡的关系,此时的罗斯可谓动荡不安。王公之间冲突不但导致物质资源枉然消耗,很多斯拉夫历史上的遗迹也被破坏,而且连年内讧导致罗斯分裂成很多独立的公国。12世纪中叶罗斯共有15个公国,到1240年有大约50个,而到了14世纪,公国的数量多达250个。内讧阻碍了罗斯国家体制的发展,各公国对居民剥削越来越严重,社会上出现了没有人身自由的阶层。11～12世纪罗斯的居民被分为三种:一是服务于王公个人的自由人;二是不听命于王公,但缴纳贡赋的自由人;三是人身依附于个别人的非自由人。随着第三种人数的增加,剥削其劳动奠定了封建王公的经济基础。侵占罗斯的蒙古鞑靼人对神职人员极为恭谦,赋予罗斯教会很大的特权,为教堂发放财产和地产保护证,免除纳贡义务。[2] 这种特权造成大量农民土地变成了教会的土地,教会也就成为大地产主,修道院建设取得了前所未有的发展态势。从988年到1240年,据估计有116个修道院,从1240年到1448年,又修建了286个。[3]

接受东正教使拜占庭文化广泛渗入罗斯,引导罗斯走向泛欧的发展道路,古罗斯的社会上层开始积极扶植东正教。罗斯王公为一些大修道院颁发特权诏书,为其提供司法权和税收豁免权,这些大修道院包括诺夫哥罗德尤里耶夫修道院、奥特洛奇的乌斯宾斯基修道院、特洛伊茨克－谢尔盖耶夫修道院等。14世纪60年代,特维尔公向乌斯宾斯基修道院颁发特权诏书,为修道院免除贡赋、驿务税、印章税、奥西米纳税及所有的徭役和兵役。地方行政长官无权进入修道院,更不能对修道院内的人员进行司法审判。[4]

---

[1] Заичкин И. А., Почкаев И. Н. Русская истори: популярный очерк. IX – середине XVIII в., С. 48.

[2] Заичкин И. А., Почкаев И. Н. Русская истори: популярный очерк. IX – середине XVIII в., С. 34, 74 – 75.

[3] Синицына Н. В. (Отв. ред.), Монашество и монастыри в России. XI – XX века: Исторические очерки. М., Наука. 2002, С. 83.

[4] Захаров В. Н., Петров Ю. А., Шацилло М. К. История налогов в России. IX – начало XX века, С. 35 – 36.

雅罗斯拉夫尔大公费多尔·费得洛维奇颁给特洛伊茨克－谢尔盖耶夫修道院的特权诏书规定，特洛伊茨克周边的村庄，连同其土地、林木和草场一同赏赐给修道院，居住在那里的农民免缴汗国贡赋、印章税、补给税和公国的各种捐税。还有一些王公的特权诏书，规定将一些副业的收入划给修道院。例如，特权诏书中规定，苏拉河畔捕鱼和捕河狸的收入归斯帕斯克－布拉戈维申斯克修道院所有（1393年），沃里亚河畔的此项收入归特洛伊茨克－谢尔盖耶夫修道院所有（1393年）。[①] 这些特权诏书说明，尽管处于金帐汗国的桎梏之下，但罗斯的王公们有权支配自己公国的收入和财产。

15世纪初，王公们开始控制特权诏书的颁布，并在诏书中限制领主的司法权和税收豁免权，此时在诏书中都有规定优惠的期限。1423年，瓦西里·德米特里耶维奇大公颁布特权诏书，免除定居在斯帕斯克－布拉戈维申斯克修道院荒地上外来居民的税收，期限为10年，坐地户免税3年。1425年，大公再一次颁布特权诏书，在米特罗波里斯克的安德列夫和马尔杰米亚诺夫两个村庄定居的外来居民免税15年，坐地户免税5年。1437年，米哈伊尔·安德烈维奇公颁布特权诏书，为定居在费拉蓬托夫修道院荒地上的外来居民提供10年免税的优惠。1438年，对于定居在别洛泽尔斯克修道院荒地上的外来居民，米哈伊尔·安德烈维奇公为其提供免税20年的优惠政策。1446年，德米特里·尤里耶奇大公为布拉戈维申斯克修道院土地上的居民提供税收优惠政策，坐地户免税5年，曾经离开这里又返回定居的居民同样享受5年的免税优惠，而来此处定居的其他公国的居民可以10年不用纳税。1455年，瓦西里·瓦西里耶维奇大公颁布特权诏书，为住在特洛伊茨克修道院土地上的居民免税10年。[②] 接下来一段时期内，在古文献资料中记载的都是为修道院免除公国内部的税赋和徭役，而免除汗国贡赋在特权诏书中则没有记载。

15世纪中叶，不再免除修道院的各种税赋和徭役。伊凡三世执政后，取消斯帕斯－叶非米耶夫和西蒙诺夫两个修道院的免税特权。[③] 15世纪

---

① Акты, собранные в библиотеках и архивах Российской империи археографической экспедицией Императорской академии наук: в 4, т. 1. С. 7, 16.

② Абашев А. О. Налоговая система России IX – XX в., С. 19.

③ Каштанов С. М. Финансы средневековой Руси, С. 16.

80年代，莫斯科公国兼并很多公国，大公停止发放新的特权诏书。到16世纪初，开疆拓土的瓦西里三世为寻求教会的支持，又开始向修道院提供税收优惠政策。1514年，斯帕斯－叶菲米耶夫修道院（1514年）、特洛伊茨克－谢尔盖耶夫修道院（1517年）获得特权诏书。[①] 1516年，当时最有影响力之一的约瑟－沃洛科拉姆斯克修道院两次获得特权诏书，其所属的庄园获得免除所有税赋和徭役的权利。[②] 1522～1527年，斯帕斯－叶菲米耶夫修道院和约瑟－沃洛科拉姆斯克修道院获得新的特权诏书。[③] 瓦西里三世的儿子年幼登基，为稳定政局，辅臣们被迫向教会做出让步。1543年，向约瑟－沃洛科拉姆斯克修道院颁发特权诏书，免除修道院所属40多个村庄的税收。[④] 到1550年，沙皇开始限制教会的特权，停止为其发特权诏书，已颁发的诏书仍具有法律效力。

第四节　沙皇专制制度确立时期的税赋

伊凡三世成为莫斯科大公后，开始大兴土木建立豪华的宫殿，在宫廷中设立新官职。伊凡三世在位期间，罗斯托夫、诺夫哥罗德、特维尔被莫斯科公国兼并，莫斯科公国领土面积达到280多万平方公里。因创造了显赫的功绩，伊凡三世被称为"全罗斯大公""全罗斯沙皇"。每逢重大宗教或重大外交礼仪时，伊凡三世都会戴上"莫诺马赫王冠"。此时的莫斯科公国开始使用拜占庭帝国的双头鹰徽号作为莫斯科公国的国徽，并将国家的行政机构和军队牢牢掌控在自己手中。伊凡三世的继任者瓦西里三世继续扩张领土，俄国逐渐成为幅员辽阔的多民族国家，客观上推动了沙皇专制制度的确立与发展。瓦西里三世继续为一些大修道院颁发特权诏书。

[①] Акты, собранные в библиотеках и архивах Россиской империи. Археографической экмпедией ИАН. Т. 1. № 164.

[②] Каштанов С. М. Социально－политическая история России конца XV－первой половины XVI в. М.，Наука. 1967，С. 258.

[③] Каштанов С. М. Социально－политическая история России конца XV－первой половины XVI в.，С. 269－270.

[④] Каштанов С. М. Хронологический перечень иммунитетных грамот XVI века. // Археографический ежегодник за 1957 год. М.，Наука. 1958，С. 360.

第二章　罗曼诺夫王朝之前的税赋

教会在得到利益的同时，也积极宣传莫斯科大公的神圣地位，宣称莫斯科是永存不朽的第三罗马。伊凡四世幼年登基，饱受皇后和权臣干政，这也造就了他暴躁多疑的性格。1547年伊凡四世亲政，东正教大主教为其戴上莫诺马赫王冠，宣称伊凡四世是上帝委派的君主。伊凡四世建立全俄缙绅会议，推行特辖制，不断削减大领主的司法、税收和管理方面的特权。①

16世纪的俄国人口不断增长，国家的税制也进一步得到发展。此时国家税制分为定额税和非定额税两类。定额税就是纳税人定期定额缴纳的国家税赋。为满足各项需求所征收的税为非定额税，这些税收没有明确的计划性，额度和税收标准也不固定，征收的时间也具有多变性的特征，非定额税或由整个群体来承担，或由个别人来承担。从征税形式上分，国家税赋可分为贡赋和代役租。② 此时的代役租具有三重意义。首先指个人使用公家耕地、经营性土地或从事副业而向国家缴纳的税。其次是居民为代替某种徭役而支付的货币税。最后，军政长官在辖区获得的部分贡赋、关税和司法税也被称为代役租。当时实行按村社分摊代役租的制度，③ 定额税中包括多种用于国家特别需求的专门税。例如，"驿务税"④"火炮税""赎俘税"⑤ "索哈税"⑥ 等。到目前为止有关这些税收的信息不多。16世纪，驿务税取代了驿站徭役，成为驿站经费的最主要的来源。城关区居民和农民按《索哈地亩册》缴纳驿务税。15世纪下半叶，驿务税的额度为每索哈20卢布。⑦ 16世纪中叶，火炮税取代了原来的实物贡赋。根据

---

① 张建华：《俄国史》，人民出版社，2014，第14~22页。
② Ключевский В. О. Русская история，С. 459，460.
③ Абашев А. О. Налоговая система России IX - XX в.，С. 24.
④ 驿务税（Ямские деньги 或 Ямские налоги）——这个术语最早出现在1500年前后，当时莫斯科公国建立了驿务农制度，一些农民被固定在驿站长期担任驿站马车夫，负责运送公家货物和公职人员。国家专门征税用于马车夫的开销，后来驿站维护也使用这笔税收。
⑤ 赎俘税（Полоняничные налоги）——16世纪中叶开始俄国为赎回俘虏而向居民征收的税，于1679年废除。
⑥ 索哈税（Посошные налоги）——用于丈量土地、确定城关区居民数量和制定《索哈地亩册》的费用。
⑦ Жуков Е. М. （Гла. ред.）Советская историческая энциклопедия：в 16 т. Т. 16：Чжан Вэнь - Тянь - Яштух. М.，Советская энциклопедия. 1976，С. 891.

1538年的资料，火炮税用于炮兵相关花销，课税单位也没有固定，有的地方按索哈，有的地方按奥布扎，额度从4杰尼卡到10阿尔腾不等。赎俘税用于赎买战俘，16世纪80年代前，赎俘税征收实行分摊制，80年代后开始转为定额税，每索哈2卢布。① 索哈税取代以前的索哈徭役。例如，1552年在瓦加县从城关区居民、教堂及小土地私有者征收索哈税，额度为每人2卢布。

  度量衡统一的时间要落后于国家的统一，这制约着国家经济和税制的发展。因此，国家统一之后，统一度量衡势在必行。16世纪，莫斯科公国为统一国家的度量衡做出了巨大的努力。16世纪40年代中叶，莫斯科公国在皇室领地内实行按索哈征税的试验，并取得了一定的经验，这奠定了国家土地改革的基础。1550～1551年，俄国政府对国家的土地进行了登记造册，将索哈定为征税的统一单位。按索哈征税要依据《索哈地亩册》，也就是用索哈这个单位对应该纳税的土地和宅院进行登记造册。索哈是个比较大的课税单位，包含一定数量的城关区农户或者一定面积的农民耕地。16世纪，城关区索哈并不是一个完全固定的税收单位，而是有一定的波动范围：40～80个殷实户、80～100个中等户和100～120个小户纳税单位为1索哈。计算农民耕地的索哈标准也要依据耕地的等级：在贵族土地上，1索哈为400俄顷的良田；在修道院的土地上，1索哈为300俄顷；而对于国家农民的土地，1索哈为250俄顷。实际上土地所有者的阶级和社会属性不同，他们的税收负担也就不同。一般而言，土地数量相同的情况下，国家农民所纳税额更大。② 根据上述内容可以看出，索哈是约定的税收单位，在一定时间内它的标准可以改变，比较常用的课税单位还有"切特维尔季"③。

---

① Жуков Е. М.（Гла. ред.）Советская историческая энциклопедия: в 16 т. Т. 11: Пергам - Ренувен. М., Советская энциклопедия. 1968, С. 199, 285.

② Зимин А. А. Реформы Ивана Грозного. М., Социально - экономическая литература. 1960, С. 392, 393.

③ 切特维尔季（четверть）——17世纪使用的最小的课税单位，在世袭领地上，1切特维尔季等于1/800索哈，在非世袭领地、教会和修道院的土地上，1切特维尔季等于1/600索哈。切特维尔季也是俄国以前衡量土地面积的单位，2切特维尔季等于1俄亩。16～17世纪，切特维尔季也表示播种粮食的土地面积，1切特维尔季等同于半俄亩，而1俄亩等于2400平方俄丈。

第二章 罗曼诺夫王朝之前的税赋

16世纪，贡赋仍是国库收入的一般来源。根据大公颁发的特权诏书，一些贡赋可以免除。例如，1548年，全罗斯大公伊万·瓦西里耶维奇的采邑管家杜洛夫提交呈文，向沙皇描绘自己庄园的艰难处境。呈文中写道："庄园一共有五个村子，一个被烧毁，另外几个已经荒芜。"管家认为造成这种悲惨境地的主要原因是赋税过重。沙皇同情杜洛夫的遭遇，于是签发特权诏书，免除庄园四年的贡赋、驿务税、牲畜交易税、户口税和索哈税。① 从1549年开始，停止签发减税的特权诏书，这样就削弱了教会的物质基础，巩固了中央政权。修道院失去了免税的特权，也要按规定纳税。在战争频发的年代，修道院还要缴纳赎俘税。② 但是国家的这种做法并没有常态化，所以一些修道院重新获得了特权诏书，在一定期限内获得免税的特权，并有权占用经营性用地和获得部分副业收入。

封建割据时期征收的关卡税和商业税到16世纪仍继续存在，其额度也被提高。此时主要的商业税是印章税，很多商品的价格只要达到1卢布就要支付印章税。需要称重和测量的销售商品应支付称重税和测量税，从仓库运出商品的商人要缴纳出门税，寄存的商品要缴纳仓库税，租用商铺要支付商铺税。此外，还有按人头收取的商品交验税等。下面以1551年别洛奥泽罗地区征收的关卡税和商业税为例，在该地区，出售小麦、黑麦、大麦等商品的卖家要支付称重税，标准为1俄担1杰尼卡。如果商人卖的是蜂蜜，出门税为每7普特1杰尼卡；如果卖鲱鱼，每桶1杰尼卡。印章税只从莫斯科、特维尔和诺夫哥罗德等城市的商人征收，商品价格每1卢布纳税1阿尔腾。根据1591年从波莫瑞乡索洛韦茨修道院征收交验税的信息可知，乘马通关商人的交验税为2杰尼卡，步行通关商人缴纳1杰尼卡，渔夫要交出1/10的鱼作为交验税。外国商人的商品价格达到1卢布要支付7杰尼卡的印章税，而波莫瑞乡商人的商品价格每卢布只缴纳2杰尼卡。1595年，在费多罗夫村向当地商人和从雅罗斯拉夫尔县来的商人征收的印章税相同，商品价格每卢布缴税1.5杰尼卡，其他地区的商人每卢布价格的商品要缴4杰尼卡。从这个税率不难看出，各地区都实行地

---

① Абашев А. О. Налоговая система России IX – XX в., С. 26 – 27.
② Заичкин И. А., Почкаев И. Н. Русская истори：популярный очерк. IX – середине XVIII в., С. 291.

方保护政策。最重要的通行税是在河流渡口征收的"摆渡税"。1597年建立了新的运输税征收体制。在所有的大河渡口设高级税收官的职位，由这些官员负责征收运输税。所得税款一半归官员自己所有，而另一半交给管辖渡口的世袭领地主、领主或修道院。例如，在乌斯丘克，每个行人支付0.5杰尼卡摆渡税，乘马的人支付1杰尼卡，每个大车需缴纳2杰尼卡，政府的公使和信差免缴摆渡税。① 16世纪的俄国还没有对外关税。外国商人与俄罗斯人一样要缴纳关税，只是数额会高一点。例如，1586年，国家颁发了关税公文，在大诺夫哥罗德，俄国商人要缴纳4杰尼卡的交验税，而外国公民要缴纳2阿尔腾。1588年3月29日沙皇颁发给德文斯克税收官的公文中指出，向外国商人征收轮船通行税，额度与俄国商人相同。1595年的海关公文规定，向科列门奇耶夫村、拉多涅日县居民和外国公民征收印章税，每卢布价格的商品要纳税1杰尼卡，此项收入划归特洛伊茨克－谢尔盖耶夫修道院。②

　　随着沙皇俄国疆域的扩大，一些发展水平处于低级阶段的民族也归入了俄国。与15世纪中叶相比，16世纪末的俄国领土几乎增加了一倍。开发南部蛮荒之地使俄国获得了广阔而肥沃的土地。与此同时，俄国尝试向波罗的海沿岸进发。1551～1557年，波罗的海沿岸的鞑靼人、楚瓦什人、马里人、莫尔多瓦人、巴什基尔人和乌德穆尔特人相继臣服俄国。16世纪的俄国是个多民族、多宗教信仰的国家。为稳定兼并土地上的居民，俄国在当地实行轻赋政策。

---

① Абашев А. О. Налоговая система России IX – XX в. , С. 27 – 28.
② Акты, собранные в библиотеках и архивах Российской империи археографической экспедицией Императорской академии наук：в 4 т. Т. 1. С. 401，410，447.

第二编
罗曼诺夫王朝前期的税制改革

伊凡四世的特辖制给民众造成深重的灾难，尤其是在动乱时期，俄国的税制几乎完全被摧毁。1613年，罗曼诺夫王朝建立。1613～1682年，俄国税制发展比较缓慢。一方面，俄国政府要采取措施恢复国家经济，为被战争破坏严重地区减免税赋，或者用实物税取代货币税；另一方面，俄国征讨流寇（罗曼诺夫王朝建立之后，一些哥萨克流寇不肯臣服，他们占据山林继续犯上作乱）、对外战争（1632～1634年，俄国与波兰立陶宛联邦为争夺斯摩棱斯克发生战争；1654～1667年，与土耳其争夺乌克兰；17世纪70年代，发动反对土耳其和克里木汗国的战争）和围剿农民起义军（1670～1671年的斯捷潘·拉辛起义）需款浩繁，迫使政府提高直接税标准，并不断增收特别税。这一时期，按户征税取代了按索哈征税的制度，间接税制度不断得到简化。同时，沉重的税收负担和不合理的货币改革也引发了民众暴动。

第三章

整顿税制

在罗曼诺夫王朝①的前期，俄国开始改革税收机关，统一课税单位，对直接税进行整顿。由于军费支出的增长，国家不得不调整间接税，征收特别税，居民的税负异常沉重。1598～1613年俄国君主频频更迭，政局动荡不安，饥荒连年，农民起义接二连三，在俄国历史上这一时期被称为"混乱时期"。在这样的时局下，国家税制一度失衡，很多农民沦为赤贫，根本无力纳税，国家税收大幅缩减，有的地区税收工作甚至都已停止。1613年，米哈伊尔·罗曼诺夫登基，俄国进入罗曼诺夫王朝时代。米哈伊尔用了十多年时间恢复国家经济，整顿税制。罗曼诺夫王朝前期，俄国的直接税得到整合，间接税得到发展。

第一节 税收衙门

国家政权的巩固要求建立高级管理机关，对国家疆域进行管理，负责各种经济的发展。16世纪，为管理国家事务，俄国开始建立衙门（приказы）管理体系，设置一些负责具体事务的职位。最早形成的职位是司库大臣（Казначей）（掌管国库钱财，也称官产总办）和掌玺大臣（Печатник）。最初，这些官员在没有辅助机关的条件下履行自己的职责。随着工作范围的扩大和强度的增加，政府为其增配了秘书官和书吏，并专

---

① 依据国家政治和社会经济发展情况，笔者将罗曼诺夫王朝划分为三个时期：1613年到彼得一世执政前属于王朝的前期；彼得一世执政到尼古拉二世执政前期（1900年前）属于王朝的中期；1900年至1917年为王朝的末期。

门为这些官员设立办公场所。这些场所在俄语中有不同的称呼（изба、двор、дворец、палата），这些称呼基本上相当于汉语中的"机关""部门""署""司"的意思，可以统一称之为"衙门"。负责征收驿务税和管理驿务事务的是驿务衙门，负责经济事务的管理机关称为"司"。沙皇俄国最早的国家机关之一是国库司，通常沙皇委任两名司库大臣，二者互相监督。国库司是中央财政机关，负责保管国家钱币、贵重的珠宝首饰、宝石、国家档案和国印。负责掌管国印的是司库大臣的助手，被称为"掌玺大臣"，国库司的日常工作由秘书官负责。国库司下设国务办公厅，负责外交和军事事务，保护领地贵族的土地。中央衙门隶属于沙皇或者大贵族杜马，在地方设有隶属于中央的地方管理机关。16世纪建立的衙门不但调节了社会生活的各个方面，同时也加强了中央集权的统治。负责管理国家税收进项的是度支衙门，始建于1554年。从16世纪下半叶开始，在诺夫哥罗德、弗拉基米尔、加利奇、科斯特罗马和乌斯丘克等地区设立了土地衙门，是中央下设的行政和财政管理机关。土地衙门的职责包括征收赋税和支付军人的给养费，也负责对纳赋税居民进行司法和行政管理。① 各个衙门之间借助公函相互联系，公函中通常包含沙皇对某一问题的命令或指示，也包括下级机关对上级机关所征询的意见，所有公函要寄发给沙皇本人一份。文牍处理经验丰富的秘书官和书吏负责解决衙门内的具体事务，这些官员经常会在处理公文时收受贿赂。衙门机关工作最大的问题就是缺少监督体系，擅自行事、侵吞公款和贪污受贿现象屡见不鲜。

  17世纪，俄国仍没有统一的中央税收管理机关，一些重要的税收仍归各个部门征缴。例如，驿务税由驿务衙门征收，教会领地上的各项税收由修道院衙门征收，射击军税归射击军衙门征收。此外，俄国在首都设衙门来征收司法税。此时俄国财政的专门管理机关仍是度支衙门，但该机关的权限很多划归给主管行政的土地衙门，各土地衙门辖区内的大部分税收都由其支配。17世纪俄国的中央财政机构是国库总衙门，该机关成立于1622年，负责国家经济事务。最初，该部门负责管理国家工商业及相关税收。1625年，铸币司归属国库总衙门管理。1680年开始，海关衙门、

---

① Зимин А. А. Реформы Ивана Грозного, С. 51, 179, 180.

度量衙门和关卡衙门归国库总衙门管理，酒馆税、牲畜交易税也由该衙门负责管理。这样，从前分散在各衙门的税收现在都由国库总衙门统一管理。1711年，国库司的职能转归国库总衙门。1699年1月30日，成立了领地事务署，在各个领地中任命总管，负责辖区的税收事务，各领地总管服从于领地事务署总管，而后者隶属于国库总衙门。领地事务署根据各衙门寄来的定额税册征收定额税，同时负责征收关税和酒馆税。俄国对税收事务机构的管理实行问责制，未足额征缴税款的领地总管，除在规定期限内缴清全部尾欠外，还要支付与尾欠等额的罚金。如果逾期仍不能缴纳税款，领地总管要额外支付15%的滞纳金。[1]

第二节　改革直接税

"混乱时期"给俄国的经济带来毁灭性打击。在这一时期国家的税制受到重创。伊凡四世的特辖制给居民带来了深重的灾难，繁重的税收负担导致农民大量逃亡，民众骚乱此起彼伏。1605年1月，诺夫哥罗德都主教伊西多尔曾这样描述："连年的内讧战争、外族的侵犯、饥饿和瘟疫的横行是动荡时期的典型现象。"[2]"混乱时期"结束后，国家管理也长期处于混乱，居民的支付能力下降，很多经营变得荒废。米哈伊尔·罗曼诺夫执政后，采取举措挽救危局，并积极整顿税制。首先，政府在被战争破坏严重地区或推行减税和免税政策，或用代役租取代国家税，或用实物税取代货币税。这些举措短时间内缓解了民众的税收压力，国家经济开始趋于好转。

为维系政府和军队的必要支出，政府采取特殊的政策。例如，1613年，政府向大商人斯特罗加诺夫家族索要"混乱时期"的税收尾欠。除尾欠之外，政府向该家族借用粮食、呢子、鱼、盐等物资。为支付士兵和公职人员的薪俸，1614年，沙皇向斯特罗加诺夫家族索要3000卢布。根据税收

---

[1] Полное собрание законов Российской империи. Собрание I：в 45 т. Т. 3. 1689 – 1699. СПБ.，1830，С. 482.
[2] Акты, собранные в библиотеках и архивах Российской империи археографической экспедицией Императорской академии наук：в 4 т. Т. 2. С. 83，88.

账簿的记载，1615年，在政府的逼迫下，该家族支付了13810卢布的尾欠。1616年，根据国民代表会议①决议，从斯特罗加诺夫家族索取16000卢布，用于支付军人的薪俸。同年，又命令该家族缴纳40000卢布用于军费支出。由于国家财政状况的窘迫，政府要求个别城市支付"混乱时期"的税收尾欠。例如，1614年，政府要求别洛奥泽罗县缴纳1614年前的税收尾欠和当年的税赋，时任该地区军政长官契哈切夫未能征收到足额的税款，于是开始使用强征手段。类似的情况在切尔登县上演，政府要求该地区支付总额为7083卢布的税款，该地区居民不但没有满足国家的要求，还将负责征税的尼基塔·萨哈夫斯基公爵杀死。② 由于俄国军需支出和官僚机关支出比较庞大，政府必须开辟新税源。政府往往巧立名目，甚至有时重复征收同一种税款。例如，征收火炮税的同时又开始征收射击军税，在保留驿务税的同时又征收驿站服役税。

　　1618～1620年，驿务衙门规定了驿务税的标准，城市居民每索哈纳税800卢布，农村每半俄顷耕地纳税1卢布。由于居民贫困，1621年降低了驿务税的额度，城市居民每索哈纳税458卢布，每半俄顷农村土地纳税24阿尔腾2杰尼卡。贵族庄园和修道院土地也要支付驿务税。只有莫斯科及全罗斯大牧首所属修道院、世袭大贵族孩子的庄园才获得免税的资格。1622年驿务税再次下调：每索哈纳税468卢布，农村每半俄顷耕地纳税19阿尔腾13杰尼卡。③ 为增加税收进项，俄国在征收火炮税的同时还征收射击军税。16世纪，射击军税属于实物税，而此时征收货币税。1615～1616年，射击军税额度为每索哈150～160卢布。随着俄国与土耳其和波兰关系的恶化，俄国开始修建别尔哥罗德防线和筹措战争军费。到1638年，射击军税达到每索哈240卢布。17世纪40年代，沉重的纳税负担引发居民的强烈反抗，俄国政府将射击军税的额度下调到每索哈168卢布。1654年，俄国与土耳其再次开战，射击军税的额度被提高到每索哈

---

① 16世纪至17世纪末俄国最高代表机构，由宗教、大贵族杜马、皇室成员、领地贵族等上层代表组成。
② Абашев А. О. Налоговая система России IX–XX в., С. 32–33.
③ Акты, собранные в библиотеках и архивах Российской империи археографической экспедицией Императорской академии наук: в 4 т. Т. 3. С. 168.

228卢布。① 为维持射击军的开销，整个17世纪俄国经常向纳税居民征收射击军粮草税，主要是黑麦和燕麦等谷类作物。对于那些不产粮地区和其他纳税阶层而言，粮草要折合成货币。征收军粮的单位为俄担，数额标准也不断变化。俄担这个税收单位是从1/4卡特②演化而来的，等于14普特。通过换算可以知道，最初的1俄担不足4普特。17世纪不断提高俄担的标准，1624年政府规定1俄担为6普特，1679年1俄担达到8普特。③ 1617年，射击军粮草税额度为每索哈80俄担黑麦和40俄担燕麦，1618年为每索哈200俄担黑麦和200俄担燕麦。17世纪20年代，在莫斯科1俄担黑麦的市场价格为50杰尼卡，1俄担燕麦为40杰尼卡。17世纪下半叶，除了粮食危机年代，全国粮食价格水平相对稳定，同一地区每俄担粮食价格的波动在12～40戈比，只是在不同地区价格差异才较大。那么，不产粮地区的射击军税标准是多少呢？以切尔登县为例，1623年之前，该县的射击军税为每索哈200卢布，1623年之后，为每索哈60卢布。④ 自1673年开始，莫斯科的射击军粮草税只能用货币来支付，每俄担黑麦和燕麦按2卢布征收。也就是说这个标准远远超过了市场上的粮食价格。在既可以用粮食又可以用货币支付射进军税的地方，军政长官都大发横财。他们要求纳税居民用货币纳税，再从有粮食的居民手中低价买进粮食，然后用粮食上缴，差价就成为军政长官的私利。用货币纳税的制度建立后，额外的收入都流入国库。

"混乱时期"过去之后，农村经济开始恢复，但仍有大面积可耕作的土地没人去经营。农民可耕种土地的面积有限，缴纳的国家税收自然也就有限。此时在农村，索哈是课税单位，这是个较大且粗放的课税单位，这种征税制度多多少少影响着农民耕作的积极性。17世纪30年代初，俄国深

---

① Милюков П. Н. Государственное хозяйство России в первой четверти XVIII столетия и реформа Петра Великого. СПБ., С. 45, 48, 57.
② 卡特是俄国原来计量散体物的单位，等于104.96升。
③ Каменцева Е. И., Устюгов Н. В. Русская метрология. М., Высшая школа. 1975, С. 105, 109.
④ Акты, собранные в библиотеках и архивах Российской империи археографической экспедицией Императорской академии наук: в 4 т. Т. 3. С. 127, 187.

化税制改革。在确定税收额度时,开始使用切特维尔季这个课税单位。根据换算,1 切特维尔季相当于 1/800 索哈世袭贵族土地的面积,是 1/600 索哈教会土地的面积。在世袭贵族的土地上,法律规定 1 切特维尔季为 8 户有地农民和 4 户无地农民;在教会土地上,1 切特维尔季为 6 户有地农民和 3 户无地农民;在国家农民耕作的土地上,将整个乡作为征税对象,不使用切特维尔季这个课税单位。① 无地农民早期向土地所有者支付代役租,后来无地农民也被列入纳税人的行列,只是他们的纳税额是有地农民的一半。为扩大税收来源,政府强迫农民耕种更多的土地。1646 年俄国进行了户口调查,一是出于军事需求考虑,即从农户中选拔差丁②服兵役。二是出于国库利益考虑,即增加税收。1649 年,户口调查完成之后,政府逐渐开始将征收直接税的依据从《索哈地亩册》转向户口簿。

第一个转向按户征收的税种是"赎俘税"。从 1649 年开始,赎俘税每年都由外交事务衙门征收,具体额度如下:城市和城关区居民、驿站马车夫、教会和修道院领地的农民每户 8 杰尼卡,皇室领地农民、国家农民、世袭贵族和领地贵族农民每户 4 杰尼卡,服役士兵每户 2 杰尼卡。根据 1678 年进行的户口调查结果,俄国共有 787351 户纳税居民。③ 此时,税收摊派制度没有什么变动:在每个地区按纳税户口分摊税收额度,然后由这个地区的征税负责人分摊给每户。由于此时是按户征税,而不是按耕种的土地面积,所以农民开始扩大耕种土地的面积,国库收入开始增长,当然税收负担也在逐年增加。为少缴纳赋税,农民家庭成员增多时也不分户,这在不同程度上影响了国库收入。1680 年,为支付城市驿站马车夫的薪金和赎买战俘,继续按 1679 年统计的户口簿征收驿务税和赎俘税,具体标准如下:牧首和修道院的农民每户纳税 1 格里夫纳;宫廷官员、世袭大贵族、侍从官、大贵族杜马成员和其他国家官员的农民每户 10 杰尼

---

① Жуков Е. М. (Гла. ред.) Советская историческая энциклопедия: в 16 т. Т. 5: Двинск - Индонезия. М., Советская энциклопедия. 1964, С. 548.
② 15～17 世纪,俄国从纳赋税居民中征集终身服兵役的人。
③ Полное собрание законов Российской империи. Собрание Ⅰ: в 45 т. Т. 5. 1713 - 1719. СПБ., 1830, С. 13, 99.

卡；从事非农业生产或经商的居民每户也是 10 杰尼卡。① 这些税收归驿务衙门征收，都主教、主教、在城关区为修道院服务的居民免缴驿务税和赎俘税。1679 年，俄国进行了税收改革试验，计划用统一的税收取代各种捐税，并积累了初步经验。1679 年 9 月 5 日的法令规定，县及其所辖城市居民免缴贡赋、赎俘税、土地丈量税、驿务税、火炮税及其他的小额捐税，取而代之的是射击军税。从 1680 年开始，射击军税征收的依据不再是《索哈地亩册》，而是户口簿。根据科拉县卡夫斯克乡税收登记簿记载，射击军的标准为每户 1 卢布，② 税收进项要交给射击军衙门。③

17 世纪的俄国仍没有统一的税收管理机关，导致征税工作十分混乱，最基层的征税单位一直是城市公社和农村公社。首先，国家规定每个县的税收总额，并制定税册，然后将税册下发到各县。每个县接着在工商区和各村社之间分摊。各地区税收分配没有法定的程序，完全依照以往的惯例。村社首先将总体承担的税额平均分成若干份额，然后依据纳税人家庭的财产和收入分摊份额，这是征税的总体原则。贫穷的纳税人只承担几个份额的纳税额度，而富有的要承担几十个份额。这种村社独创的分摊税收方式在当时起到重要的作用，也得到政府的默许。可以设想一下，如果按照等额分摊税收，经济条件差的农户就会无力承担，那么整个村社就无法履行征税义务。④ 俄国政府在村社实行连环保制度，如果村社欠税，政府会派警察催缴；如果村庄拒不缴税，政府就会派出军队，杖刑是最常使用的惩罚方式，也是最有效的征缴方式。如果有农民逃离村社，其他社员就要为其承担纳税义务，因此村社极力控制每个成员的离开。实行按户征税原则后，政府按照户口数量分配税收，但村社仍然沿用原有的分摊方式。

然而并不是所有纳税人都对公社的分摊方式表示满意。有些殷实的农

---

① Полное собрание законов Российской империи. Собрание Ⅰ: в 45 т. Т. 2. 1676 – 1688. СПБ., 1830, С. 808.

② Акты, собранные в библиотеках и архивах Российской империи археографической экспедицией Императорской академии наук: в 4 т. Т. 4. С. 243, 244, 345, 336.

③ Полное собрание законов Российской империи. Собрание Ⅰ: в 45 т. Т. 2. С. 220.

④ Захаров В. Н., Петров Ю. А., Шацилло М. К. История налогов в России. IX – начало XX века, С. 57 – 58.

民、工商业主经常控诉公社的分摊决议。他们坚决要求按税册中的单位和额度征税，指责公社下达的税收指标是不合法的，同时向政府控告公社领导的专横和滥用职权，政府对这些申诉往往给出模棱两可的回答。一方面，政府不得不承认，按政府制定的税册征税无可厚非；另一方面，政府也非常了解，公社这种按财产和副业收入征税的方式有很多好处，最主要的是一些经济条件好的纳税人可以承担穷人的纳税义务，使国家的税收有了一定的保障。尽管公社米尔大会在组织税收中的作用越来越重要，但公社不可能改变国家为其规定的税收额度。公社的义务就是保质保量地完成征税任务，没有莫斯科的批准，一戈比都不能少交。公社征税员的工作任务繁重，大量的税收工作经常导致他们没有时间管理自己的土地。国家不但不支付薪酬，他们还面临被杖责和破产的威胁。政府完全了解，如果没有公社，政府必须在地方建立负责税收工作的机关，而且所有人员的薪俸和其他经费都要由国库来承担。因此，除了在税收工作方面对公社比较苛刻之外，在其他方面政府还是对公社给予了大力支持，这也是公社制度能够延续几百年的重要原因。①

第三节 征收特别税

17世纪，仅凭射击军税无法弥补庞大的军需支出，政府开始从经商的居民中征收军需特别税，这些税被称为"伍一税""什一税"②"什伍一税"，税额分别为收入所得的20%、10%和6.7%。③ 由于是特别税，征税的时间并不固定。1614～1616年、1632年、1633年、1662年和1663年征收了伍一税。什一税征收的年代为1654年、1668年、1673年和

---

① 〔俄〕维·尼·扎哈洛夫、尤·亚·彼得罗夫、米·卡·萨茨洛：《俄国税收史（9～20世纪初）》，张广翔、梁红刚译，社会科学文献出版社，2021，第52～54页。
② 什一税（Десятина）——古罗斯时期王公和居民向教会支付的税收，俄国的什一税征收对象包括王公和所有的农业和城市居民，纳税额度为所有收入的1/10，属于固定税。金帐汗国统治的一段时期，俄国居民向蒙古人缴纳什一税。到17世纪俄国征收五次什一税，但此时的什一税被称为"Десятое"，属于非定额的实物税，主要是缴纳粮食和鱼。
③ 这里的比例通常对于商人阶层而言，对于农民阶层，这些特别税是按索哈征收（后来按户），由村社分摊。

1678～1680年。什伍一税只在1671年征收过。① 对于纳税人而言，这些税收的负担是相当沉重的。另一个负担比较沉重的特别税是征兵税，此项税收每十年征收一次。17世纪30年代，每户农民纳税总额为2～3卢布。② 此外，政府针对商人和工商区居民还征收专门的特别税，有的税收每户1卢布，有的税收每户50戈比，还有的税收每户25戈比。③ 西伯利亚地区销售毛皮的商人应缴纳什一税，贩马商人每卖掉一匹马要纳税8杰尼卡，鞑靼商人所卖商品价值每达到1卢布要纳税4杰尼卡。④

17世纪，最重要的特别税是军人薪俸税。1615年，军人薪俸税征收的对象包括皇室、地主和修道院的土地，税额为每索哈120卢布。不缴纳伍一税的商人每户支付1格里夫纳。1616年，《索哈地亩册》上的农民要支付军人薪俸税，每索哈120卢布。1637年，为修建抵御克里米亚汗国和诺盖帐汗国的工事，政府决定征收军人薪俸税附加税：城关区、皇室、地主及莫尔多瓦地区每俄亩土地纳税50戈比，担任军政长官的世袭贵族、侍从官和大贵族杜马成员、在衙门任职的官员每人20阿尔腾，服役的领地贵族和世袭贵族的孩子每人10阿尔腾。⑤ 为筹措军费，《1649年法典》规定继续征收军人薪俸税。为与克里米亚汗国作战，1651年向世袭大贵族、侍从官、大贵族杜马成员、御前侍膳官⑥、领地贵族、衙门官员所属的农户征收军人薪俸税，标准为每100户20卢布，莫斯科近郊庄园上的农户不在征税范围之内（这里的庄园属于皇室成员）。⑦

---

① 17世纪，俄国征收这些特别税主要用于斯摩棱斯克战争和与土耳其争夺乌克兰的战争支出，还包括征剿哥萨克流寇和斯捷潘·拉辛的农民起义军。
② Горская Н. А. Монастырские крестьяне Центральной России в 17 в. М., Наука. 1977, С. 328－329.
③ Захаров В. Н., Петров Ю. А., Шацилло М. К. История налогов в России. IX－начало XX века, С. 52－53.
④ Акты, собранные в библиотеках и архивах Российской империи археографической экспедицией Императорской академии наук: Т. 3. С. 174, 434.
⑤ Акты, собранные в библиотеках и архивах Российской империи археографической экспедицией Императорской академии наук: в 4 т. Т. 3. С. 107, 113, 411.
⑥ 13～17世纪，俄国宫廷官职，原为侍候宴席和出巡的臣仆，后为内廷近侍，有时外派担任军政要职。
⑦ Полное собрание законов Российской империи. Собрание Ⅰ: в 45 т. Т. 1. 1645－1675. СПБ., 1830. С. 9.

日益增长的巨额军费是纳税负担加重的首要原因。长期对外战争、保卫边防和内部维稳需要供养大量的军队。16世纪，俄国政府要求服役军官（主要是贵族和世袭大贵族子弟）自己带马、带兵、带武器为沙皇服役，为此他们会获得政府赏赐的庄园（非世袭），固定在庄园的农民负责供养这些服役贵族。地主保卫队和贵族骑兵大多数由农民组建。换言之，农民是当时国家武装力量的基础。17世纪，为扩充部队，俄国开始招募新兵，但是符合条件的并不多。17世纪中期开始，俄国从税丁中征集新兵，每20～25个农户中出一个士兵。彼得大帝的税民兵役制就是效仿这种征兵制度。很多应征入伍的差丁和平时期在家务农，战时被召回所在部队。①《1649年法典》规定，世袭大贵族、侍从官、大贵族杜马成员、御前侍膳官、领地贵族、衙门官员如不能按规定的人数提供服兵役的差丁，每差一名差丁缴税20卢布。②

1662年，军人薪俸税为每户50戈比，缴纳的截止日期为8月15日。1670年的税额与1662年相同。③，为征讨土耳其苏丹，1673年，俄国征收军人薪俸税，东正教牧首、高级僧正④、世袭大贵族、侍从官、大贵族杜马成员和其他官员所属的农户都要纳税，标准为每户50戈比。⑤ 1678年，属于牧首、地主和世袭领主的农户需缴纳军人薪俸税，每户50戈比。1679年法令规定，领地贵族、世袭贵族的农户和商人每户纳税50戈比，牧首和修道院农户、城关区居民和应缴纳雅萨克税的居民每户缴纳1卢布，纳税截止日期为3月9日。1680年的纳税额度与1678年相同，为每户50戈比，截止日期为3月末。对于那些没有按时纳税的人，税额增加一倍。1686年，领地贵族、世袭贵族的农户和商人每户纳税60戈比，城市和县里的官员每户纳税2卢布，缴税截止日期是12月25日。当时富甲

---

① 〔俄〕维·尼·扎哈洛夫、尤·亚·彼得罗夫、米·卡·萨茨洛：《俄国税收史（9～20世纪初）》，张广翔、梁红刚译，社会科学文献出版社，2021，第45～46页。
② Полное собрание законов Российской империи. Собрание Ⅰ: в 45 т. Т. 1. 1645 – 1675. СПБ. , 1830. С. 250.
③ Акты, собранные в библиотеках и архивах Российской империи археографической экспедицией Императорской академии наук: в 4 т. Т. 4. С. 186, 226.
④ 级别从高到低依次为牧首（патриарх）、都主教（митрополит）、大主教（архиепископ）、主教（епископ）。
⑤ Полное собрание законов Российской империи. Собрание Ⅰ: в 45 т. Т. 1. С. 930.

一方的大商人斯特罗加诺夫家族要支付20000卢布的军人薪俸税，应征服兵役的人免缴军人薪俸税。①

17世纪末，俄国再次开始征收军人薪俸税。1695年初，俄国颁发了关于征收军人薪俸税的法令。侍从官、大贵族杜马成员、莫斯科辖区城市里贵族所属的农户及城市居民需支付军人薪俸税，数额为每户70戈比，纳税截止日期为5月1日。未按期纳税者税额增加一倍。1695年末，领地贵族和世袭贵族所属农民每户要纳税70戈比，城里的军政长官及其他官员每户纳税2卢布，而参加远征作战的农民每户纳税50戈比。1696年2月，俄国提高军人薪俸税，御前侍膳官、宫廷侍卫和服役贵族所属农民每户纳税额达到1卢布，截止日期为5月1日。1697年，规定莫斯科衙门里的官员和军政长官所属农民每户纳税50戈比，信差、退役军人、贵族遗孀及贵族少年每户纳税30戈比，纳税截止日期为5月30日。1698年，城市、县辖区各衙门和法庭任职的人员需缴纳军人薪俸税，如果所属农户超过50户，则每户纳税50戈比，如果不足50户，纳税总额为50卢布。年老和因病不能服役的居民每户纳税2卢布。世袭领主如果不想服役，可以通过纳税手段来解决：50户以上的每户纳税2卢布，不足50户的纳税总额为100卢布。纳税截止日期为1698年5月1日，逾期不交者，面临失去世袭领地的威胁。1699年，从诺夫哥罗德地区的领地贵族征收军需税，所属农民低于10户的每人纳税1卢布50戈比，而且其所属的每户农民要支付25戈比。纳税截止日期为1699年7月1日，逾期不交者数额增加1.5倍。对于编入别尔哥罗德军团的人而言，如果不想服役，需要缴纳军人薪俸税：长矛兵和骑兵每人1卢布50戈比，他们的孩子每人70戈比，城市服役兵、射击兵、哥萨克和炮兵每人1卢布，他们的孩子每人50戈比。如果这些军人有所属的农民，则每户还要纳税25戈比。②

在征收军人薪俸税的同时，俄国政府还经常征收受伤军人薪俸税，这

---

① Полное собрание законов Российской империи. Собрание I：в 45 т. Т. 2. С. 818, 198, 236, 819.

② Полное собрание законов Российской империи. Собрание I：в 45 т. Т. 3. С. 198, 212, 213, 273, 274, 428, 610, 611, 656.

是一种特殊的实物税，纳税居民要向部队提供粮食。1654年政府颁布法令，规定所有城市和乡村都要缴纳储备粮，接下来几年居民也要继续上缴储备粮。在缴纳粮食的同时，每户还要缴纳半俄磅的黄油。对于欠税人，政府会向其追缴三倍的储备粮。在战争期间，这些附加的实物税并不局限于粮食，还包括各种物资。例如，扎奥涅日附近的村镇盛产铁矿，那里的冶铁业相对比较发达，1656～1657年，正值对波兰战争的关键时刻，政府要求扎奥涅日地区的居民提供铁锹、平头铁铲和斧子，此地区还要提供灯芯、焦油和桦树皮。①

整个17世纪，雅萨克税征收的范围在不断扩大。1607年维舍拉河畔的沃古尔人向沙皇递交呈文，请求用紫貂皮缴纳雅萨克税。沙皇下发谕旨，要求沃古尔人每人提供5张紫貂皮。②1621年和1622年，生活在瑟尔瓦和伊林河畔的鞑靼人要缴纳雅萨克税，后者通常用蜂蜜、石蜡、菫草、珍毛动物的毛皮等商品纳税。雅萨克税由居民选举的税收官负责征收，然后转交给军政长官。1639年9月19日沙皇颁布谕旨，通报切尔登县雅萨克征收官侵占毛皮和地方军政长官隐瞒事实的行为，命令今后征收的紫貂皮必须带有腹部毛皮和尾巴。1691年，沙皇命令喀山县雅萨克税居民缴纳货币税，标准为每人7阿尔腾2杰尼卡。③

---

① Богословский М. М. Земское самоуправление на русском севере. М., Синодальная типография, 1909. Т. 2. С. 110. 转引自〔俄〕维·尼·扎哈洛夫、尤·亚·彼得罗夫、米·卡·萨茨洛：《俄国税收史（9～20世纪初）》，张广翔、梁红刚译，社会科学文献出版社，2021，第48页。
② Акты, собранные в библиотеках и архивах Российской империи археографической экспедицией Императорской академии наук: в 4 т. Т. 2. С. 169.
③ Акты, собранные в библиотеках и архивах Российской империи археографической экспедицией Императорской академии наук: в 4 т. Т. 3. С. 174, 434.

第四章
间接税与货币改革

罗曼诺夫王朝前期,俄国对外用兵不断,军费支出异常庞大。直接税和特别税的收入无法满足国家支出的需求,迫使政府推动间接税改革,古罗斯时期的商业税开始演化为关税。为增加国库进项,政府对盐税进行改革。因改革主要出于狭隘的财政动机,并未考虑到居民的支付能力,民众骚乱频发。

第一节 商业税演化成关税

商业税起源于古罗斯时期,到 16 世纪时,俄国比较重要的商业税有印章税和过境税等,也包括称重税和测量税等小额税,其中印章税就是关税最早的称呼。到 17 世纪上半叶,商业税有 30 余种,也没有统一的征税原则,这种制度极大地阻碍了关税的统一,限制了国家内部统一市场的发展。1653 年,俄国颁布统一的海关章程,商业税改称为关税。此时的关税包括统一的商业税(又称卢布税)、摆渡税、过境税、转卖税、仓库税、称重税和测量税等。

《1649 年法典》规定了关税征收制度及违反该制度的惩罚措施。除以前获得沙皇免税特权诏书的领地和庄园之外,整个国家内禁止擅自征收过境税和摆渡税。

每个地区都有自己的商业税标准,对本地商人和外来商人按不同标准征税,这是典型的地方保护主义。例如,17 世纪 20 年代,在维亚特地区,本地商人销售商品时,商品价格每卢布纳税 0.5 戈比,而外来商人销售商品的价格每卢布要纳税 2.5 戈比；在佩烈斯拉夫尔地区，本地商人和外来商人销售商品的价格每卢布分别纳税 1 戈比和 3 戈比；在罗加乔夫，本地商人和外来商人销售商品的价格每卢布分别纳税 0.5 戈比和 1.5 戈比；在达奇马地区，本地商人和外来商人销售商品的价格每卢布分别纳税 1.5 戈比和 2 戈比。① 17 世纪中期开始，这种落后的制度极大地阻碍了关税的统一，限制了国家统一内部市场的发展，17 世纪中期，政府在这个领域进行了根本性的改革。

为了建立统一的关税区和减少贸易屏障，1653 年海关章程颁布后，俄国内部实行统一的关税制度。根据这个章程，废除印章税和奥西米纳税，取而代之的是征收统一的商业税，商品价格每卢布纳税 10 杰尼卡（等于商品价值的 5%）。章程规定，在伏尔加河和奥卡河这样的大河上，从春汛开始到春季的"圣尼古拉日"（5 月 22 日）和从"圣母帡幪日"（10 月 1 日）到上冻期间，外地运货的四轮马车经此应缴纳 10 杰尼卡的摆渡税，本县居民每辆运货马车缴纳 6 杰尼卡。乘马者缴纳摆渡税 3 杰尼卡，步行者付税 2 杰尼卡。夏季，外地运货的马车缴纳 6 杰尼卡的摆渡税，本地居民每辆马车支付 3 杰尼卡。乘马者和步行者的摆渡税分别为 2 杰尼卡和 1 杰尼卡。在小河流上，每辆运货马车支付 2 杰尼卡的摆渡税，空车和乘马的居民纳税 1 杰尼卡，步行者纳税 0.5 杰尼卡。②

在销售商品时征收"卢布税"、"转卖税"和"过境税"。卢布税征收制度如下：商品价格每达到 1 卢布的，卖家和买家分别支付 10 杰尼卡和 5 杰尼卡。在转卖商品的情况下，除了支付卢布税之外，商品价格每达到 1 卢布的卖家还要支付 5 杰尼卡的转卖税。当时，买卖食盐每卢布纳税 1 格里夫纳，销售希腊和波斯商品的俄国商人支付 2 杰尼卡的卢布税。外国人的商品每卢布纳税 2 阿尔腾。法令强调，商人一定要如实汇报所卖商品的实际价格，不许弄虚作假。负责征收卢布税的是海关关长及其管辖的

---

① Тихонов Ю. А. Таможенная политика Русского Государства // Исторические записки. Т. 53. М., 1955. С. 264. 转引自〔俄〕维·尼·扎哈洛夫、尤·亚·彼得罗夫、米·卡·萨茨洛：《俄国税收史（9~20 世纪初）》，张广翔、梁红刚译，社会科学文献出版社，2021，第 59~60 页。

② Полное собрание законов Российской империи. Собрание Ⅰ: в 45 т. Т. 1. С. 305.

税收官。如果他们擅自提高商品价格，或者征收规定之外的关税，按法令将对其予以惩罚。1652年开始征收转卖税，转卖外国商品每卢布纳税 2 杰尼卡，转卖俄国商品每卢布纳税 1.5 杰尼卡。1653 年，在莫斯科开始对从事木材、牲畜和小买卖的商人征收过境税，商品价格每卢布纳税 10 杰尼卡。在工商区继续征收仓库税、称重税和测量税。为更好地理解当时的货币价值，可以列举《1649 年法典》中规定的一些商品的价格。当时，一匹良马的价格为 8 卢布，牛 2 卢布，猪 20 阿尔腾，山羊 8 阿尔腾 2 杰尼卡，绵羊 6 阿尔腾 4 杰尼卡，野山羊 5 阿尔腾，鹅、鸭、鸡分别为 3 阿尔腾 2 杰尼卡、2 阿尔腾和 8 杰尼卡。[1]

为了保护俄国商人阶层的利益，政府针对外国商人的贸易出台了一些政策，首先就是通过提高税收标准来限制外国商品进入国内市场。根据 1653 年海关规约，如果外国商人的货物要运到莫斯科和其他城市，应支付商品价格 2% 的过境税，也就是每卢布支付 2 戈比。此外，在俄国市场销售商品时，商品价格每卢布要纳税 6 戈比，而俄国商人为销售商品的价格每卢布缴纳 5 戈比。1667 年，在俄国大贵族 А. Л. 奥尔金－纳晓金的坚决要求下，俄国颁布《诺夫哥罗德海关规约》，通过提高税收标准限制外国商品进口在这个规约中体现得更为突出。根据这个规约，外国商品进入俄国时，销售商品的价格每卢布要支付 10 戈比的过境税。外国商人在俄国市场销售商品时还要纳税，数额与 1653 年海关规约中的标准相同（商品价格每卢布纳税 6 戈比）。这样算来，外国商人在俄国纳税的总额达到商品价格的 16%。而同时期清朝外国商人的纳税额度只是商品价格的 5%。从 17 世纪下半叶开始，海关关税不仅是国库收入的重要来源，也是保护本国商业和国家财政利益的有效武器。[2]

1698 年，向商人继续征收过境税，商品价格每达到 1 卢布纳税 10 杰尼卡。如果商人是用大车运送过境货物，则每辆车要缴纳卢布税，还是商品价格每达到 1 卢布缴税 10 杰尼卡。换言之，用车装过境货物比不用车

---

[1] Полное собрание законов Российской империи. Собрание Ⅰ: в 45 т. Т. 1. С. 15, 304, 305, 157.

[2] 〔俄〕维·尼·扎哈洛夫、尤·亚·彼得罗夫、米·卡·萨茨洛:《俄国税收史（9～20 世纪初）》，张广翔、梁红刚译，社会科学文献出版社，2021，第 60～61 页。

的商人多交一倍的税。商人的货物如果在公家的仓库保管，需要支付仓库税，这些税收由关卡衙门负责征收。一般来讲，关卡衙门的总管负责统筹和组织征税，具体工作由其管辖的税收官完成。逃税商品每卢布征缴1格里夫纳的罚金。所有税款登记造册后要运抵国库总衙门。1653年章程简化了税收手续，促进了国家贸易的发展，关税成为国库收入的重要来源，也是调节贸易发展的重要手段。1679~1680年，全国的预算收入为122.04万卢布，关税和酒馆税占总收入的49%。①

第二节 失败的改革与民众骚乱

为增加国库收入，政府积极开辟新税源，并尝试在税收领域进行改革。政府税收改革都是以国库利益为动机，民众负担十分沉重。17世纪40年代，俄国盐税改革失败，莫斯科及整个俄国爆发了民众骚乱。60年代，货币改革和增加税收导致爆发"铜骚乱"和斯捷潘·拉辛农民起义。

1645年，罗曼诺夫王朝第一任沙皇米哈伊尔去世，接替王位的是阿列克谢·米哈伊洛维奇王子，他当时只有16岁。虽然新沙皇的性格比较冲动，脾气也很暴躁，但他仍被视为俄国战胜西方的伟大开拓者。阿列克谢·米哈伊洛维奇即位之初，俄国朝政松弛，民间盗贼横行，国家财政极度空虚。此外，整个国家粮食歉收，农民的牲畜因瘟疫大量死亡，农民和工商区居民开始变得越来越贫穷，各种副业经营也停滞不前。② 因沙皇年纪较轻，所以由宫廷显贵来辅政。其中，权倾朝野的是大贵族Б. И. 莫洛佐夫，国家财政和管理最重要的两个机关度支衙门和宫廷事务衙门都由其把持。执政最初几年，阿列克谢·米哈伊洛维奇致力于打造国家预算平衡。为削减国家支出，在莫洛佐夫的倡议下，俄国开始削减军人的薪俸，废除修道院的税收豁免权和缩减政府官员的编制，这些举措引起了军人和大贵族的强烈不满，这是1648年莫斯科民众骚乱的一个原因。政府节约开销的举措并没有取得良好的效果。于是，沙皇责令以莫洛佐夫为首的度

---

① Ключевский В. О. Русская история, С. 470.
② Смирнов П. П. Несколько документов к истории Соборного уложения и Земского собора 1648 – 1649 гг. Кн. 4. М., 1913, С. 18.

支院采取紧急措施增加国库税收。莫洛佐夫与度支院秘书官纳扎里·契斯托伊打算利用间接税取代直接税。不久，俄国推行了激进的盐税改革。①

政府决定，将食盐开采权和销售权交给一些包税商，政府只需从这些商人征税即可，这种征税制度不但好操控，还会减少很多不必要的支出。莫洛佐夫认为食盐是生活必需品，每个人都需要购买，自然也就要支付税收。1646年俄国盐税法令正式实行，政府规定盐税的标准为每普特2格里夫纳。盐税法令生效后，政府废除所有的直接税。国家从盐商征税看似很简单，但后者为攫取巨额利润一定会大幅提高食盐的售价，换言之，政府的税收和盐商的利润都转嫁给食盐消费者。盐税法令推行一年后，食盐销售量急剧下滑，盐税收入大幅缩减。加上废除所有直接税，国家预算收入蒙受了巨大的损失。1647年，政府废除盐税法令，并恢复所有直接税，而且在1648年民众必须补齐1646年和1647年两年的税收。普通民众根本无力承担这样沉重的税收负担，政府就接二连三出台催缴和惩罚的法令，社会局势异常紧张。②

政府盐税改革的失败引起社会强烈的不满，尤其是莫斯科民众的抱怨已达到顶点，1648年6月莫斯科居民公开暴动。俄国史学界对1648年的莫斯科暴动研究较少，此次暴动有着复杂的社会和政治原因。很多史学家认为暴动始发于6月2日，但根据《瑞典消息报》的主办人С. Ф. 普拉多诺夫的观点，暴动于6月1日就已经开始，而且此次暴动是早有预谋的。③ 根据普拉多诺夫的证实，5月17日，沙皇阿列克谢·米哈伊洛维奇离开莫斯科去特洛伊茨克-谢尔盖耶夫修道院祈祷。6月1日④返回莫斯科。民众在沙皇回城的路上用盐和面包迎接沙皇，他们首先祝愿沙皇一切顺遂，并提出惩治莫洛佐夫、契斯托夫等人的请求。射击军强制驱散人

---

① Бахрушин С. В. Московское восстание 1648 г. // Научные труды. Т. 2. М.，Академия наук СССР. 1954，С. 49.
② Захаров В. Н.，Петров Ю. А.，Шацилло М. К. История налогов в России. IX - начало XX века. С. 60.
③ Новый источник для истории московских волнений 1648 г. —Чтение ОИДР. 1893，Кн. 1. С. 1 - 19.
④ 这一日期在职官部中有着明确的记载，具体参见 Дворцовые разряды 1612 - 1700 гг. Т. Ⅲ. СПБ.，1853，С. 92。

群，并逮捕几名领头的民众。此时的民众仍然向沙皇鞠躬磕头，并紧紧跟着沙皇队伍达半个小时之久，随后民众与沙皇的护卫发生冲突，皇后的几名随从还受了伤。①

6月2日，暴动开始升级，暴动民众冲到皇宫门前，要求沙皇交出宠臣，推行合理的税收政策，废除政府的惩罚举措。度支院秘书官契斯托夫被打死，一些大贵族的府院被破坏。因政府未支付射击军的薪俸，后者隔岸观火，未对暴动居民进行武力镇压。6月3日，暴动队伍加入了新力量，民众在莫斯科到处放火，整个首都陷入一片恐慌。当天夜里，沙皇命令召回军政长官 П. Т. 塔拉哈尼奥特，试图从莫斯科救出莫洛佐夫。6月5日，当军政长官回到莫斯科时，沙皇已下令将莫洛佐夫流放到基里洛夫修道院，民众骚乱开始渐渐平息。但是，沙皇没有执行流放莫洛佐夫的命令，民众暴动开始升级，而且此时有很多军人抵达莫斯科准备参加暴动，商人阶层也开始强烈要求召开全俄缙绅会议，旨在降低政府税收标准。流放莫洛佐夫仍是暴动群众高呼的口号，暴动民众趁势对大贵族和富商进行了洗劫。11日深夜，在暴动的威胁下，莫洛佐夫被流放到别洛奥泽罗。很快，政府向射击军发放了拖欠的薪俸，后者立刻对暴动民众进行镇压，莫斯科的秩序得以恢复。

然而，受莫斯科暴动的影响，俄国很多地区也发生了民众暴动。6月5日，在塔里茨基和库尔斯克发生民众骚乱。6月9日，大乌斯丘克市爆发骚乱，该市的军政长官和税吏被打得半死。6月11日，科兹洛夫市发生民众暴动，并迅速蔓延到科兹洛夫全县。6月22日，索里-维切格达爆发反对税吏费多尔·普利科隆斯基的骚乱。6月26日，沃罗涅日的军政长官瓦西里·格里亚兹诺伊被赶走。8月初，服役的军人占领了丘古耶夫的所有工厂。9月14日，在鲁扎市城关区领导的挑唆下，工商区居民殴打了前来侦查情报的伊格纳特·卡尔萨科夫。在西伯利亚和纳雷姆服役军人也表现出不满情绪。在托木斯克，民众大规模骚乱的时间甚至比莫斯科还早。甚至到1650年，诺夫哥罗德和普斯科夫等地的民众暴动还在持续。总之，从1648年到1650年，俄国中部、东北部和西伯利亚都发生了

---

① Бахрушин С. В. Московское восстание 1648 г. // Научные труды. Т. 2. С. 50.

民众暴动。莫斯科民众暴动的参与者不仅是工商区的贫民和商人阶层，甚至包括服役的士兵和大贵族。这些不同阶层为自己的利益纷纷向政府提出要求。莫斯科和其他城市发生的暴动迫使政府降低税收标准，更换国家财政机关的领导，提高射击军的薪俸，并为大贵族的孩子发放补贴，政府的举措缓解了社会局势。① 然而，随着国家军费支出的增长，政府又开始增加税收。

莫斯科民众暴动与斯捷潘·拉辛农民起义间隔18年，这期间是俄国内部相对比较稳定的时期，但这一时期俄国的对外战争却从未间断。1654～1667年，为争夺乌克兰，俄国与波兰展开13年的战争。为弥补巨额军费支出，俄国开始提高直接税标准，并不断征收特别税。仅凭增加税收无法弥补巨额的军费支出，俄国开始在没有充分准备的情况下推行货币改革并垄断重要的生活用品，这些做法直接导致1662年的民众暴动。要了解货币改革的背景，必须阐述战争前俄国的经济和财政状况。在争夺乌克兰战争爆发前几年，阿列克谢·米哈伊洛维奇就为战争做着积极的准备，但此时国家的财政状况仍不乐观，直接税体制早在斯摩棱斯克战争时就表现出巨大的危机，整个国家的荒地面积逐年增长，税收尾欠居高不下。为推行侵略和殖民政策，俄国实行军事改革，建立了新式射击军、龙骑兵团、雇佣骑兵团和步兵团，并大量雇用瑞典、荷兰和英国的退役军官来训练士兵，大量购买武器和装备，军事改革需款浩繁。②

为弥补支出，政府决定改革税制和推行货币改革。1654年5月8日，俄国颁发铸造新银币的法令，决定用德国叶菲默克银币铸造89.362万银卢布。③ 不久，政府开始铸造面值为50戈比、25戈比和10戈比的铜币，铸币司铸造首批铜币需要1万普特的铜，每俄磅要铸造10卢布铜币。为

---

① Бахрушин С. В. Московское восстание 1648 г. // Научные труды. Т. 2. С. 51, 68, 75, 76.
② Базилевич К. В. Денежная реформа Алексея Михайлович и восстание в Москве в 1662. М - Л., Издательство Академии наук СССР. 1936, С. 4 – 5.
③ 俄国本国的银矿储备十分有限，且开采技术也相当落后，用白银制造银卢布的成本较高。根据当时的货币条例，俄国国库收购一枚德国叶菲默克币的花销是50戈比，用一枚叶菲默克币可以制造64戈比的银卢布，即用德国银币制造银卢布非常划算。

尽快增加收入，政府在铸造银币时在里边掺进杂质，而铸造的铜币又达不到标准的重量。市场上1俄磅的红铜大约是12戈比，这样算来，1卢布铜币中含铜的价值仅占面额的1.2%。① 市场上同时流通银卢布和铜卢布，政府规定银币与铜币的兑换按照1∶1的比例。② 为增加国库收入，政府不断从民众手中收回银币，并不断铸造铜币，通过这种方式榨取民众的血汗钱。市场上铜币不断增加自然导致铜币贬值。到民众暴动时，1卢布银币等于4卢布铜币，但政府规定的兑换比例仍是1∶1。③ 从1654年发行铜币到1662年民众暴动之间，俄国政府发行的铜币总额高达2000万卢布。④ 政府用铜币支付军人和官员的薪俸，而要求纳税人用银卢布支付税款，纳税人、军人和政府官员都感到十分不满。

1662年7月25日早上，莫斯科的卢比扬卡广场首先出现愤怒的人群，紧接着首都其他地方也聚集了骚动的队伍。莫斯科红场上聚集的民众最多，一时间到处都是宣传暴动的传单，上面罗列着政府的种种罪行，并将铸币司等国家机关领导定义为"叛国贼"。很多暴动的民众冲进商铺赶出店主和伙计，让其加入暴动队伍，不从者会受到死亡的威胁。浩浩荡荡的暴动队伍向沙皇的科洛缅斯基庄园奔去。根据卡塔什辛的证实。暴动民众请求沙皇处死货币改革的负责人，沙皇劝说他们回到城里，并允诺回到莫斯科立即展开调查，并签发惩治法令。前面的民众甚至抓住沙皇的大衣纽扣问道："我们如何才能相信您？"沙皇举起右手发誓，其中前排的一个民众甚至与沙皇击掌。⑤ 然而，沙皇并没有兑现自己的诺言，而是派遣军队残酷地镇压了此次暴动。

17世纪，俄国消灭了封建采邑制度的残余，政府用货币税取代实物税，商品货币关系得到发展，国家税制得到一定的发展，为彼得一世时期

---

① Базилевич К. В. Денежная реформа Алексея Михайлович и восстание в Москве в 1662, С. 5, 9.
② 1662年，民众暴动平息后，俄国恢复银币流通体系，此时1卢布铜币兑换1戈比银币。
③ Акты, собранные в библиотеках и архивах Россиискойимперии. Археографической экмпедией Императорской академии наук：Т. 4. С. 186 – 187.
④ Базилевич К. В. Денежная реформа Алексея Михайлович и восстание в Москве в 1662, С. 26.
⑤ Котошихин Г. О России в царствование Алексея Михайловича. СПБ., 1884, С. 102.

的税收改革奠定了基础。但此时的税收领域还存在诸多的问题：第一，国家没有统一掌管财政和税收的中央机关和地方机关；第二，苛捐杂税名目繁多；第三，国家针对各阶层没有清晰的税收政策；第四，税收权力分散在众多机关，导致责权不清；第五，税收负担过于沉重，导致民众暴动频发，阻碍了国家经济的发展。

第三编
罗曼诺夫王朝中期的税制改革

罗曼诺夫王朝中期是俄国历史上改革的时代，也是对外扩张的时代，而改革和战争都需要强有力的经济保障。在非税收进项相对较少的情况下，税收则具有非常重要的意义。这一时期俄国的税制发展经历了几个重要阶段，第一阶段是彼得一世执政时期，是直接税改革的重要阶段。为筹集北方战争军费，彼得一世推行人头税，扩大代役租的征收范围，不断征收种类繁多的需求税，制定保护民族工商业的关税政策。彼得一世的税收改革筹集了必要的军费支出，但给民众造成沉重的负担。第二阶段是1725~1762年，这一时期俄国直接税制度几乎没有变化，只是采取强硬措施追缴人头税的尾欠。在间接税领域，俄国对食盐和酒实行国家垄断销售政策，取消内部关税制度，实行保护关税政策。第三阶段是叶卡捷琳娜二世执政时期，这一时期，俄国不断提高人头税的标准，将商人定位为特殊的纳税群体，并向其征收入会申报资本比例税，这是俄国营业税的雏形。在间接税领域，女皇用包税制取代售酒国家垄断政策，推行温和保护关税政策。第四阶段是19世纪上半叶，这一时期，俄国人头税制度的危机越来越明显，政府开始提高商人入会资本比例税的标准，向商人征收入会的许可证税。在间接税领域，酒包税制被国家垄断取代，后来又实行混合制酒税征收制度，完成了从自由关税政策向禁止性关税政策的过渡。第五阶段是19世纪下半叶，这是俄国税收史中最重要的阶段。这一时期，俄国废除人头税，改革营业税，新征城市不动产税和国家房产税，不断提高保护关税级别，将制酒和售酒垄断在政府手中。这一时期税制典型特征是实行累进制的征税原则。

第五章
彼得一世时期的税制改革

从彼得一世执政到19世纪末是俄国罗曼诺夫王朝统治的鼎盛时期。在这一时期,俄国一直推行扩张的对外政策,导致财政常常捉襟见肘。为增加国库收入,政府屡次对直接税和间接税进行改革。俄国税收进项为对外战争提供了资金保障,但给农民阶层带来了巨大的经济负担。

第一节 彼得一世时期的对外政策与国家财政

彼得一世的统治开启了俄国历史的新时代,这个时代被称为"帝国时代""彼得堡时代",也有人称这个时代为"全俄罗斯时代"。无论怎么说,彼得一世时期是俄国剧变的时代,是理性和启蒙的时代,是社会、经济和文化进步的时代,同时也是专制集权和军事扩张的时代。[①] 1672年5月30日,彼得出生在莫斯科的克里姆林宫,是沙皇阿列克谢的第十四子。彼得一世于1682年即位,1689年亲政。他的一生都与改革和战争密不可分。他继承了前任沙皇的遗志,不遗余力地完成开疆拓土的任务。

彼得一世执政前,俄国就与瑞典争夺波罗的海的出海口,与克里米亚的土耳其人争夺黑海入海权。同时,俄国与其近邻波兰立陶宛王国之间也发生旷日持久的战争。不过,沙皇阿列克谢和彼得都十分清楚,俄国不可能与外敌三线作战。为此,俄国开始改善同波兰立陶宛王国的关系,由敌

---

① 〔美〕尼古拉·梁赞诺夫斯基、马克·斯坦伯格:《俄罗斯史》,杨烨译,上海人民出版社,2013,第225页。

对国变成同盟国。彼得一世执政后，继续与波兰立陶宛王国等邻邦维持同盟关系，并把军事重心转移到南方，以确保黑海和亚速海海岸的安全。1699年签订的《卡尔洛维茨和约》满足了威尼斯人和奥地利人的利益，但俄国投入巨大财力和物力却收获甚微，夺取刻赤和巩固克里米亚的愿望化为泡影。此时，彼得的军事任务开始从南方转向北方，着手组织反对瑞典的波罗的海联盟。在西方的法国、北方的瑞典和南方的土耳其之外，俄国成为欧洲大陆一股强大的力量。①

俄国在没有充分准备的情况下就开始了北方战争，对战争的艰难程度估计不足，再加上盟军都是弱旅，所以战争初期俄国被瑞典打得落花流水。1700年，俄军在纳尔瓦遭到重创。1705年夏天，阿斯特拉罕发生的叛乱对于战争失败的俄国无疑是雪上加霜。1706年9月，战争失利的波兰国王奥古斯都二世被迫与瑞典国王查理十二世签订《阿尔特兰斯塔特条约》，奥古斯都放弃波兰王位。由于瑞典军队远离本土作战，给养供应存在很大问题，而且瑞典在军事和外交上也未能有突破，不甘心撤退的查理十二世被俄军包围在波尔塔瓦。1709年7月，瑞典军队在波尔塔瓦战役中被歼灭，北方战争局势开始对俄国有利。② 然而，彼得一世却分兵解救南方的小俄罗斯。1711年夏天，俄军贸然进攻土耳其帝国，结果在普鲁特河被土耳其大军包围。俄国被迫与土耳其签订条约，将亚速海岸的全部要塞割让给土耳其，俄国16年来付出努力和牺牲取得的成就丧失殆尽。南方战线的失利迫使彼得一世加紧北方战争的步伐。1714年，在干古特附近俄国波罗的海舰队击败瑞典舰队，并用两年时间夺取波兰湾。③ 本来俄国可以给瑞典致命一击，彻底拿下波罗的海的出海权。然而，彼得一世为了进一步扩大在欧洲的影响力，希望通过政治联姻来干预德国事务，结果本来9年就可以完成的战争又被拖长了12年。④ 1718年，查理十二世

---

① Ключевский. В. О. Русская история：Полный курс лекций. Т. 2. М.，Харвест. 2002，С. 563 - 565.

② 〔美〕尼古拉·梁赞诺夫斯基、马克·斯坦伯格：《俄罗斯史》，杨烨译，上海人民出版社，2013，第217~218页。

③ 〔俄〕瓦·奥·克柳切夫斯基：《俄国史教程》（第四卷），张咏白等译，商务印书馆，2013，第47页。

④ Ключевский. В. О. Русская история：Полный курс лекций. Т. 2. С. 572.

第五章 彼得一世时期的税制改革

中弹身亡，俄国分别于1719年和1720年两次大败瑞典军队，1721年签订的《尼斯塔特和约》结束了持续20余年的北方战争。

北方战争导致俄国的军费支出十分庞大。1699~1700年，俄国招募新兵的支出达到47.8万卢布。1702年，俄国招募新兵9000人，1703年近臣会议颁布公告，俄国又招募9个军团，俄国军团总数达到40个。① 1701~1708年俄国预算总收入和军费支出的相关数据可见表5-1。

表5-1 1701~1708年俄国预算总收入与军费支出的统计

单位：卢布，%

年份	预算总收入	军费支出	占比
1701	2856539	1839567	64.4
1702	3147556	1885443	59.9
1703	2732496	2572147	94.1
1704	2485996	2685701	108.0
1705	2641405	3204550	121.3
1706	2521781	2187964	86.8
1707	2413845	1997677	82.8
1708	2015794	1822716	90.4

资料来源：Милюков П. Н. Государственное хозяйство России в первой четверти XVIII столетия и реформа Петра Великого, С. 178-183。

通过表5-1的数据不难看出，在北方战争的前十年，俄国的军费支出几乎鲸吞了全部的国家预算收入。1704年和1705年，俄国仅军费支出就超过国家预算总和。如果计算其他全部支出，俄国预算赤字将十分惊人。据统计，1705~1707年，俄国每年预算赤字达50万卢布。② 到1720年，俄国的预算总收入达到386.1万卢布，而主要支出项仍是军费支出。③ 在战争年代，俄国的财政压力非常大。

---

① Милюков П. Н. Государственное хозяйство России в первой четверти XVIII столетия и реформа Петра Великого, С. 133.
② 〔俄〕瓦·奥·克柳切夫斯基：《俄国史》（第四卷），张咏白等译，商务印书馆，2013，第105~106页。
③ Милюков П. Н. Государственное хозяйство России в первой четверти XVIII столетия и реформа Петра Великого, С. 486.

第二节　税收关机改革

　　为加强管理和划定各部门职能，1715 年，彼得一世按照瑞典模式创建院制中央管理机关。1718 年制定了中央各院的组织计划，确定了人员编制。根据 1718 年 12 月 12 日的谕旨，俄国共设九个院级中央管理机关（后来增加 3 个）取代以前的各衙门。① 管理国家财政事务的是国库院（Штатс - контор коллегия），国库院最高长官被称为"总管"（президент），隶属参政院。1722 年 1 月 11 日，俄国颁布法令，规定在参政院设总监职位，在各院设监察官职位，旨在监督所有院的工作活动，监察官隶属于总监的领导。② 1718 年，国库院取代国库总衙门，行使保管国家财富的职能，同时负责管理国家的支出直到 1731 年。1719 年 2 月 13 日，国库院章程获得批准。为接收和管理国库钱财，国库院在各省设地方金库，委派地方司库官负责管理。司库官将国库收入放在上锁和盖有政府官印的箱子里，并派卫队看管。每年 12 月份国家委派官员对地方金库进行检查。如果侵吞公款，司库官面临失去财产和官阶的处罚，情节严重者可判处死刑。③ 为管理国家收入，1718 年设立了度支院（Камер - коллегия），其章程于 1719 年 12 月 11 日获批。此后，政府又对该部门的章程和职责进行多次修改，实际上到 1721 年度支院才开始正式行使自己的职能。俄国在各省设地方办事处，由度支院委派税监负责管理。税监负责税收监督、保障部队粮食供应、监督国有资产、审核地方政府的财务决算。地方司库官、军需官、地方税收专员都要按期向税监提交工作报告，并受其监督。根据上级工作指令，税监还要记录和保管好涉及地方经济事务的四本账簿，包括征税调查册、收支册、尾欠登记册和总账簿。征税调查册记录着辖区所有村庄的规模、居民人数、土地经营状况，这是政府征税的依据。

---

① 〔俄〕瓦·奥·克柳切夫斯基：《俄国史》（第四卷），张咏白等译，商务印书馆，2013，第 141 页。
② Полное собрание законов Российской империи. Собрание Ⅰ：в 45 т. Т. 6. 1720 - 1722. СПБ.，1830，С. 479.
③ Абашев А. О. Налоговая система России Ⅸ - ⅩⅩ в. С. 55.

收支册里记录地方税收专员审核过的税款收支明细表。尾欠登记册是记录欠缴税款方面的事宜。总账簿记录着地区所有的定额税和非定额税的收入。根据上述的登记册和账簿，税监拟定该地区总体的财政报告，并将其呈交给相应的中央机关。作为国有资产的管理者，税监负责监管地方金库和军粮储备库，防止承包和运送粮草过程中国库利益受损，负责组织和监督政府招标事宜。税监要向司库官和军需官开具钱财和粮草收支凭据。按职位等级，税监是仅次于军政长官的地方官员。税监通常是独立解决日常事务，解决更重要的问题时，税监须征求军政长官的意见。在所有递交各院的财政事务公文以及下发给税收专员的指令性文件上，都要有军政长官和税监的签字。根据法令要求，军政长官办公厅和度支院的地方办事处在一处办公。① 在实际工作中，这样的办公机制往往会出现很多违规操作和滥用职权的行为。

　　毫无疑问，彼得一世的改革使国家中央管理机关发生了重大变化，中央的管理权更为集中，院体制是俄国中央管理机关改革进程中的重要一步。院体制有很多优势，如合理划定各部门的职能、明确官僚工作体系等。但在实践工作中该体制还是未能打破传统的束缚，根据 Н. П. 耶洛什金的观点，1719 年政府对财政、经济和司法机关的改革多此一举，各部门为履行和完成自己本职工作仍要寻求总督、军政长官和地方征税专员的帮助，也就是说这些地方机关没有独立决定事务的权力。院体制还掩盖了各院总监独断专行和麻木不仁的官僚形式主义。有些院级机关的事务管理权或征税权都集中在一人之手。各院官员及其办事处遍布全国，不仅造成官员编制的紧张，也给居民带来的沉重的经济负担。认识到许多地方机关存在的问题，1726 年俄国恢复了县级建制。1727 年，地方金库和税监办事处被解散。这些机关的职能转交给省和区军政长官办公厅，这些办公厅分别由总督、区军政长官和县军政长官负责管理，是中央设在地方的行政、税收和司法机关。②

---

① Полное собрание законов Российской империи. Собрание Ⅰ: в 45 т. Т. 5. С. 762, 770, 638, 661.

② Ерошкин Н. П. История государственных учреждений дореволюционной России. М., Высшая школа. 1968, С. 120.

第三节　北方战争时期的税制

在整个北方战争期间，俄国仍使用 17 世纪的按户征税制度。为增加国库收入，俄国政府同时采用铸造金属币、提高直接税和间接税标准的手段。提高直接税是国库增收的重要途径，在这方面，政府要么提高原有税收的标准，要么开辟新税源。18 世纪的前 25 年，俄国税收种类有三四十种，而且各省的税种分类还不统一。例如，在下诺夫哥罗德省的税收一览表中，1714～1717 年将所有税收分为三类，即定额税、非定额税和需求税。1714～1716 年，基辅省将 40 余种税收划分为定额税和需求税两类。所谓的定额税就是在一定时期内额度都相对不变的税种。1710 年，所有的定额税都被列入国家预算表，其他未列入国家预算表的税收为非定额税。需要强调的是，非定额税中又分固定税和特加税两部分，二者的区别是固定税每年重复征收，而特加税要依据国家状况或需求来征收，其标准并不固定，特加税又被称为临时需求税。①

北方战争时期的税种可谓五花八门，可以将固定税概括为四类。第一类为定额税，包括衙门税、驿务税、赎俘税等。地主农民和宫廷农民每户分别要支付 5 戈比的驿务税和赎俘税，教会修道院农民每户分别要支付 10 戈比。1705 年，政府开始征收征兵税。衙门税的称谓存在于 1679～1724 年，实际上只在北方战争的最初十年征收，然后就被废除，但直到 1724 年仍保留这个称谓。在 18 世纪初，也就是北方战争初期，衙门税收入增长很快。为创建新式陆军和海军，政府征收军事衙门税和海军衙门造舰税，前一项收入用于支付龙骑军的薪俸，教会修道院农民每户纳税 25 戈比，其他农民为每户 20 戈比。② 后一项收入用于建造海军舰船，教会修道院农民每户纳税 12.5 戈比，其他农民为每户 10 戈比。在 18 世纪初，

---

① Анисимов Е. В. Податная реформа Петра I. введение подушной подати в России. 1719 – 1728，С. 21 – 22.
② Анисимов Е. В. Податная реформа Петра I. введение подушной подати в России. 1719 – 1728，С. 23.

海军衙门造舰税进项约为 14 万卢布。①

第二类固定税是彼得格勒建设税，标准为每户 30 戈比。第三类固定税具有阶层性特征，即从个别阶层（地主农民除外）征收的税。1707 年，教会修道院农民要向修道院衙门支付龙骑军薪俸税以取代军需实物税，标准为每户 35 戈比。这些农民还要向宫廷衙门纳税，用于后者购买马匹，标准为每户 10 戈比。工商区居民要支付什一税，用于莫斯科省招募新兵。1709 年，向工商区居民征收射击军税，此项税收没有固定的标准，要依据工商区的经济情况分摊。北方地区有土地的农民支付的射击军税为每户 60 戈比到 1 卢布不等。南方草原地区的独户农要支付 1~3 卢布的户口税，同时每户要支付 1 戈比的驿务税和赎俘税。第四类固定税是地方税，每个省、区和县的需求不同，地方税的种类、标准和用途也就不同。有的地区用于地方行政机关的支出，有的地方用于供养卫戍部队，还有的地方用于交通线建设与维修。②

现在来阐述特加税，也被称为需求税，特加税分三类。第一类为各种军需粮草税，主要根据各省的军队布置情况来征收，此项税收主要有彼得格勒粮草税、里加粮草税、波莫瑞粮草税、亚速粮草税和沃罗涅日粮草税。每个地区缴纳的粮草税不同，有的地区缴纳实物税，有的地区支付货币税，有的地区一部分人要缴纳实物税，另一部分人要支付货币税。距离驻兵区较近的地区通常缴纳实物税，而距离较远的地区支付货币税。例如，莫斯科省的 2 个县支付波莫瑞粮草实物税，因为这些县距离波莫瑞比较近，其他县要支付货币税。1711 年，喀山省 60% 的纳税户要支付粮草货币税，标准为每户 1.2 卢布，13% 的纳税户要向雅罗斯拉夫尔支付粮草税，标准为每户 80 戈比，27% 的纳税户要缴纳实物税（后来改为货币税），标准为每户 90 戈比。尽管北方战争期间几乎年年征收军需粮草税，但这项税收也不属于定额税，因为同一个地区每年的标准都不一样。例如，乌斯丘克省每年支付的彼得堡粮草税都不同：1711 年为每户 1.41 卢

---

① Захаров В. Н., Петров Ю. А., Шацилло М. К. История налогов в России IX – начало XX века., С. 74 – 75.

② Анисимов Е. В. Податная реформа Петра I. введение подушной подати в России. 1719 – 1728, С. 24 – 25.

布，接下来三年分别为 84.5 戈比、1 卢布和 1.27 卢布。① 第二类特加税是兵役税和战马税，纳税居民还要负担新兵制服、伙食和运送士兵的相关支出。据统计，每个新兵的支出基本超过 100 卢布，这些税收是纳税居民的巨大负担。如果不承担纳税义务，纳税居民要缴纳巨额罚金。据统计，在 1719 年这种罚金达到 93.9 万卢布。②

第三类特加税是徭役及相关的货币税。从 1702 年开始，数以万计的农民被派到涅瓦河畔服徭役，纳税居民每户纳税 3 卢布，用于承担这些人的伙食和必要支出，纳税居民还要负责这些人的路上开销。1716 年，每个服徭役的人全部花销为 20 卢布，其中必要生活支出 8 卢布，伙食支出 7 卢布，路上开销 5 卢布。③ 为修建拉多加运河（从拉多加到施吕瑟尔堡），政府规定征收特别税。1719 年 3 月前，每户农民应纳税 23 阿尔腾 2 杰尼卡，基辅、亚速省独户农的税额为 1 卢布 13 阿尔腾 2 杰尼卡，是地主农民的一倍。与以往一样，商品价格每达到 1 卢布，商人纳税 10 杰尼卡。1720 年 10 月前，农民（包括独户农）、平民知识分子④、应缴纳雅萨克税居民每户要缴纳 6 阿尔腾 4 杰尼卡的运河建造税，商人阶层纳税额度与以往一样。⑤ 1721～1722 年的运河建造税与 1720 年相同，缴税的期限仍是每年 10 月前。⑥ 为向圣彼得堡、里加和其他城市运送军粮，1720 年 9 月 5 日颁布法令，规定从每户农民征税 1 卢布，商品价格每达到 1 卢布，商人要纳税 10 杰尼卡。一半税款必须于 1720 年 12 月运抵国库院，另一半要在 1721 年 3 月运到。1721 年此项税收额度与 1720 年相同，税款仍分两批运抵国库院，时间分别为 1721 年 12 月和 1722 年 3 月。⑦

---

① Анисимов Е. В. Податная реформа Петра I. введение подушной подати в России. 1719 - 1728，С. 25 - 26.
② Полное собрание законов Российской империи. Собрание Ⅰ：в 45 т. Т. 5. № 2025.
③ Полное собрание законов Российской империи. Собрание Ⅰ：в 45 т. Т. 4. 1713 - 1719，СПБ．，1830，№ 2632.
④ 18～19 世纪，俄国出身于商人、小市民、教会人士、农民、小官吏的一个跨阶层的居民群体。
⑤ Полное собрание законов Российской империи. Собрание Ⅰ：в 45 т. Т. 6. С. 123，124.
⑥ Полное собрание законов Российской империи. Собрание Ⅰ：в 45 т. Т. 5. С. 761.
⑦ Полное собрание законов Российской империи. Собрание Ⅰ：в 45 т. Т. 6. С. 237，436，813.

第五章 彼得一世时期的税制改革

此外，因国家支出非常庞大，在北方战争期间，彼得一世政府不断开辟新税源。这些税有的属于固定税，有的属于特加税。1700年，政府规定，不想参加战争的贵族要纳税。所属农民超过50户的贵族，每户纳税2卢布50戈比；不足50户的，纳税125卢布。然后，贵族们开始在自己的农户中分摊。1701年，因年龄和疾病不能服兵役的领地贵族和世袭贵族，其所属农民每户纳税1卢布。1706年招募新兵时，所属农民低于20户的贵族可通过纳税方式代替服兵役，具体数额为：服役官员每户2阿尔腾2杰尼卡，其余人每户6阿尔腾4杰尼卡。1710年，为制作和购买部队和舰船的装备，命令每户农民纳税4阿尔腾。1711年，为支付建造舰船工匠的报酬，所属农民少于100户的贵族，每户纳税5阿尔腾。商品价格每达到1卢布的商人纳税10杰尼卡。[①] 根据1714年1月13日法令，驿站马车夫因承担驿站徭役而免缴各种赋税，但他们也不会获得薪酬，只是根据规定的运价制度为其发放一些服役补贴，数额也仅能够养活自己和维持马匹的草料。从1715年开始，被委任的衙门官员，每人纳税100卢布，这笔收入划归军医院使用。[②] 1719年，成立矿务署来管理采矿业务。为维系这个机构的开销，规定从采矿厂征税，税额为冶炼金属的1/10。在采矿厂亏损的情况下，可以为其提供几年的免税政策。[③]

在定期开辟新税源的同时，俄国政府却很少提供税收优惠的政策。即使有免税政策，大多数也具有政治目的或是宗教色彩。例如，1720年俄国颁布法令，新受洗的其他外族居民可以享受3年的免税政策。为维系医院开销和增加医疗资金，1721年开始向军官、文官和教会官员征税，官员的薪俸为征税的依据，薪俸收入每达到1卢布纳税1戈比。为增加国库收入，彼得一世的聚敛官们可谓绞尽脑汁，于1700年开辟了一系列新税种。居民递交报官呈文要纳税，每份呈文4杰尼卡；出租马车夫要纳税，载货量大的马车每年每辆缴税1卢布，其他马车每年每辆半卢布；金银物品盖印要缴纳过磅税（фунтовая пошлина）。1705年，公家酒坊里的主

---

① Абашев А. О. Налоговая система России IX - XX в., С. 44.
② Полное собрание законов Российской империи. Собрание I : в 45 т. Т. 5. С. 77, 158.
③ Полное собрание законов Российской империи. Собрание I : в 45 т. Т. 5. С. 761.

管开始从贩酒商征税：1 维德罗①或半维德罗纳税 2 杰尼卡；1/4 维德罗纳税 1 杰尼卡。按重量销售的商品，每普特②征税 1 杰尼卡，食盐和大麻每 10 普特征税 2 杰尼卡。③ 从 1705 年开始，留胡须要缴税。政府官员每人每年缴纳胡须税 60 卢布，一等商人每人每年纳税 100 卢布。二、三等商人和城关区居民每人每年 60 卢布，其他人每人每年 30 卢布。缴纳胡须税要获得专门的凭证，纳税人要随身携带并妥善保管，一旦丢失还要缴税。农民免缴胡须税，但他们进出城门每次要纳税 2 杰尼卡。④

随着国家经济的发展，行政管理任务也划分为几个不同范畴，文牍处理工作开始发展。在衙门的公文处理工作中原来全部使用专门的"长卷"。⑤ 长卷是由羊皮纸黏合而成的绦带状的稿卷，绦带窄而长（16～18 厘米），不是折叠起来，而是卷成卷，有的展开长度达到十几米。这种长卷使用起来极为不便，寻找必要信息时需要将其展开和整平，这会花费很长时间。而且长卷的黏合也不结实，经常会破损。为开辟新税源，国家对印花纸、烟草、食盐、焦油、树脂、食用油等商品实行垄断。1699 年 1 月 23 日彼得一世签署法令，规定对印花纸实行国家垄断。印花纸分为三种，纳税以张为单位。使用大印章的印花纸每张缴税 3 阿尔腾 2 杰尼卡，使用中小印章的印花纸每张分别纳税 2 杰尼卡和 1 杰尼卡。⑥ 数额在 50 卢布以上的合同和契约要求使用大印章的印花纸，低于 50 卢布的使用中号印章的印花纸，衙门各种公文及一般用纸使用小号印章的印花纸。印花纸的印刷和销售由兵器署⑦负责。契约类的文件不能再使用普通纸，否则会被处以罚金。1701 年开始，与公家签订承包合同的承包人要纳税，承包合同总价格作为征税的依据，标准为每卢布纳税 3 杰尼卡。随着副业经营范围的扩大，俄国开始征收养蜂税、酒馆税、澡堂税、磨坊税、捕鱼税。

---

① 维德罗（ведро）——俄国盛装液体的桶，也被用作容积单位，1 维德罗约为 12.3 升。
② 普特（пуд）——俄国实行米制前的重量单位，等于 16.38 千克。
③ Абашев А. О. Налоговая система России IX - XX в. С. 46 - 47.
④ Полное собрание законов Российской империи. Собрание Ⅰ: в 45 т. Т. 4. С. 282, 283.
⑤ Заичкин И. А., Почкаев И. Н. Русская истори: популярный очерк. IX - середине XVIII в., С. 566, 354.
⑥ Полное собрание законов Российской империи. Собрание Ⅰ: в 45 т. Т. 3. С. 597, 598.
⑦ 兵器署（Оружейная палата）——俄国兵器制造与管理机关，18 世纪负责销售印花纸和征收印花税。

第四节 推行人头税

实行人头税之前，国库的总体收入并不为人所知，因种类繁多的苛捐杂税及税制的不完善，政府不可能对税收状况进行详细统计。北方战争即将结束，彼得一世非常清楚，战时建立的常备军在和平时代仍需保留。1720年，俄国政府每年的军费支出为400万卢布，按户征税制度无法满足这笔庞大的支出，供养部队迫使政府要改革过时的按户征税制度。在整个战争期间，政府一直在开辟新税源，同时不断提高原有税种的标准。为扩大税收，政府只能寄希望于纳税人户数的增长。1710年，政府组织户口调查，结果发现俄国共有637005户纳税人，而1678年俄国纳税人总户数为791018户，与1678年相比，1710年纳税人的户数反而减少了19.5%。[①] 人口流失一方面证明农民的破产与逃亡现象十分严重，另一方面说明税制还存在很大的弊端。人口流失的原因很复杂，在户口登记时，地主会将几个有亲属关系或者无任何关系的家庭整合成一户，这种做法的唯一动机就是逃税。北方战争期间，俄国的徭役十分沉重，这也是人口流失的原因。政府认为户数减少是居民逃避登记的结果，调查人员的玩忽职守和滥用职权也是重要的原因。为掌握和更新户口的准确信息，1716年和1717年俄国又分别进行户口调查，但结果显示居民户数仍在缩减。[②] 显然，按新的户口调查分摊赋税是对国家不利的，而且按户征税的原则存在很大的弊端：第一，农户数量相同的村社承担的纳税义务是一样的，有的村社人口稠密，自然每户的人数就较多，而有的村社情况正好相反；第二，很多情况下很难界定一个农户的标准，当时农村有独立的农户，也有一个围墙内住着几户的现象。此外，彼得一世清楚战争即将结束，再也没有理由继续征收名目繁多的特加税。

改革并非一朝一夕之事，改革方针确定之后，政府开始研究和制定改革方案。彼得一世时期的税收改革主要有三种提案：第一种提案主张依靠

[①] Милюков П. Н. Государственное хозяйство России в первой четверти XVIII столетия и реформа Петра Великого. С. 202.

[②] Ключевский В. О. Русская история. С. 613.

铸币特权（降低金属币中金属的比重、铸造更多数量的铜币）、扩大贸易流通额和垄断必要商品等手段增加国家预算收入；第二种提案主张削减国家支出；第三种提案主张彻底改革税制。① 俄国政府对最后一种提案比较感兴趣。所有的方案制定者几乎都强烈批评户口调查和按户征税的制度，并在自己的提案中提出预防纳税人逃避调查和调查官员滥用职权的行为。1714年，在总监察官A.涅斯托夫的呈文中，提出了用按人头征税的制度取代按户征税，总监察官提出重新挨家挨户进行人头统计，然后制定人口清册，并将此作为征税的依据。涅斯托夫主张的人口调查包括对女性居民的统计。1717年，法国人富尼埃提出税改方案，富尼埃建议进行人口调查，制定人口清册，并将其下发各地。富尼埃主张所有人都在征税范围，而且对特权阶层（贵族和神职人员）和下层居民（农民）实行不同征税标准。他在提案中指出，下层居民每人纳税50戈比。特权阶层被分成13类，并向其征收什一税，也就是这些人的纳税标准为其纯收入的1/10。②

彼得一世一直主张用直接税来供养军队，这是俄国实行税收改革的初衷。所以，在研究上述提案的同时，彼得一世重点研究了按地区派驻军团和按人头征税的制度。1718年11月26日，俄国颁布法令，规定所有地主要按规定的期限向政府提交男性农奴的花名册。③ 1719年1月22日，俄国再次颁布法令，对纳税居民人数进行统计。根据法令，所有男性居民不分年龄都应该登记。独户农应该自行申报家庭男性成员的信息，与自己生活在一起的男性亲属也在登记范围之内。政府专门委派警察、官员核实登记农民的数量。俄国将1719年的人口调查称为"丁籍调查"④，从1719年到1857年，俄国共进行了10次丁籍调查，具体数据见表5-2。

---

① Милюков П. Н. Государственное хозяйство России в первой четверти XVIII столетия и реформа Петра Великого，С. 414 – 420.

② Анисимов Е. В. Податная реформа Петра I. введение подушной подати в России. 1719 – 1728，С. 48 – 49.

③ Анисимов Е. В. Податная реформа Петра I. введение подушной подати в России. 1719 – 1728，С. 59.

④ 俄国于18世纪至19世纪上半叶进行的人口调查，主要是对有纳税义务的男性居民进行登记造册，并以此作为征税的重要文件。

第五章 彼得一世时期的税制改革

表 5-2 1719~1857 年俄国丁籍调查信息

单位：万人

丁籍调查次数	法令规定的调查日期	实际开始调查的年份	调查持续年份	居民人数
第一次	1718年11月26日	1719	1719~1724	1400
第二次	1743年12月16日	1744	1744~1747	1600
第三次	1761年11月28日	1762	1762~1767	1900
第四次	1781年11月16日	1782	1782~1787	2800
第五次	1794年6月23日	1794	1794~1808	3600
第六次	1811年5月18日	1811	1811~1812	4100
第七次	1815年6月2日	1815	1815~1825	4500
第八次	1833年6月16日	1833	1833~1835	6000
第九次	1850年1月11日	1850	1850	6900
第十次	1856年8月26日	1857	1857~1859	7400

资料来源：История переписей населения в России. М., 2013. Голден-би. С. 36。

根据1722年5月7日法令，只有独户农才支付供养地方骑兵团的代役租。1722年还没有实行人头税时，地主农民要缴纳16格里夫纳的税收，其中8格里夫纳是国家税，另外8格里夫纳是地主的代役租。自1723年起，亚速省和基辅省的乌克兰人已经开始缴纳8格里夫纳的人头税和4格里夫纳的代役租。国家农民也要缴纳4格里夫纳，用于供养地方骑兵团。[①] 在调查纳税居民的同时，政府着手税收改革。1724年2月，政府命令地主选任自己庄园的税收专员，负责征收人头税。1724年5月，税收改革得以完成。人头税法令从1725年开始实行，税收所得将用于军队的开销。法令规定，地方税收专员负责向所辖地区所有男性居民征税，数额为每人每年74戈比，其他的货币税和实物税全部停止征收。[②] 人头税是定额税，不可以实行四舍五入的征收方式。据统计，1725年全国统计的男性纳税居民约为540万人，征收的人头税总额近400万卢布，基本

---

① Абашев А. О. Налоговая система России IX–XX в. С. 50–51.
② Полное собрание законов Российской империи. Собрание I : в 45 т. Т. 7. 1723–1727. СПБ., 1830. С. 250, 282, 311.

全部用于军事支出。① 特别应该强调的是，早在 1716 年政府就颁布法令，规定旧礼仪派教徒的纳税额度是农民的一倍。人头税实行之后，旧礼仪派教徒仍要支付双倍的人头税。②

  人头税征收制度与以往相比有创新之处。地方税收专员根据上级下发的税收指令及细则，分三期征收总额为 74 戈比的人头税：1 月到 2 月间征收 25 戈比，3 月到 4 月间征收 25 戈比，10 月到 11 月间征缴剩下的 24 戈比。从国家农民征收的 4 格里夫纳的代役租同样分三期征收，期限与征收人头税的相同，只是数额要低于人头税：前两期征收都是 13 戈比，第三期征缴剩下的 14 戈比。这样的税制可以确保农民顺利完成土地耕作和田间管理，分期纳税也缓解了农民的税收压力。每笔税收进项都要在入账簿中进行单独的登记，税收专员与纳税人必须都签字。如果纳税人不会写字，可以由其委托人代签。入账簿必须装订成册并完好保存在度支院，防止偷换和撕毁现象发生。在征收税款的 3 天内，税收专员必须为纳税人发放缴纳人头税的凭证。为统计人头税，军团长官会委派普通士兵帮助税收专员计数。每数完 100 卢布，士兵们会得到 1 格里夫纳的酬劳。由部队士兵帮忙计数人头税的政策一直持续到 1731 年，后来发现大部分账目对不上，因为这些士兵经常接受农民的贿赂，在纳税时帮助农民偷税。后来，委托衙门中的书吏帮忙计数，每 100 卢布书吏得到的酬劳也是 1 格里夫纳。③

  地方税收专员要在每年的 2 月、4 月和 12 月将税款交给军团指挥部的长官。每次税款流动都要在税收专员的支出簿和军团长官的入账簿上做好登记。每名税收专员领导一名录事官和两个书吏。他们的薪俸和工作必要支出从税款中抽取，具体标准是每征收 1 卢布的税款抽取 1 杰尼卡。每年 12 月，地主们要对其选任的税收专员进行考核。如果后者多次违反规定，会受到经济惩罚。如果税收专员能够改正错误，可以继续履行征税的职务，必要时地主们可选任新的税收专员。从 1725 年开始，男性城市居

---

① Заичкин И. А., Почкаев И. Н. Русская истори: популярный очерк. IX – середине XVIII в. С. 567.
② Полное собрание законов Российской империи. Собрание I : в 45 т. Т. 7. С. 300.
③ Полное собрание законов Российской империи. Собрание I в 45 т. Т. 7. С. 311, 316, 318, 319, 381.

民的人头税为每人每年1卢布20戈比。退役士兵和水兵出具军事院的退役证则免缴人头税。登记在城关工商区的农民缴纳的人头税与城市居民相同。①

城市居民的人头税由市政官负责征收。如果没有市政官，则委托地方总管负责该事务，此时这些总管要依据颁发的《税民登记册》来收税。从城市居民征收的人头税交给地方国库司，上交税款的时间同样是每年的2月、4月和12月。每月和年末负责税收的官员都要向主管部门提交工作报告：市政官或地方总管的报告要提交给总政官，地方税收专员的报告要提交给度支院和国库院。1724年，俄国计划征收的人头税总额为4614638卢布，实际征缴3215982卢布（70%），比预计少1398656卢布。营业税、代役租、包销税、关税等间接税计划征收2628747卢布，实际征收1925949卢布（73%），也就是说，近1/3的税款未能收齐。这说明税收纪律还存在问题，同时也证明税收负担的沉重。1725年2月8日，俄国颁布法令，将1725年和接下来几年的人头税下调至每人70戈比。征税仍然分三期：1月至2月和3月至4月各征收23戈比，剩余24戈比10月至11月间征收。应该指出，在实行人头税初期，税收尾欠就逐渐增多。②

实行人头税和丁籍调查将纳税居民固定在登记的地区。丁籍调查花名册成为农民依附地主的证明文件，人头税制度进一步巩固了俄国的农奴制。税制改革之后，政府法定划分了免税特权阶层（贵族和神职人员）和纳税阶层（农民、小市民、商人等）。随着人头税的实施，国库中直接税的进项超过了间接税，国家预算收入大幅攀升。根据统计资料，1734年俄国人头税的总进项为460万卢布。П. Н. 米留科夫认为，实行人头税后，国家税收增长超过了40%。尽管法令上要求按人头征税，但城市公社和农村公社仍是根据每个家庭的经济状况来分摊，政府也十分赞同这种方式，按支付能力分摊税收不仅可以保证国家收入，在某种程度上也体现了税收的均衡。③

---

① Кулишер И. М. История русской торговли и промышленности. С. 304.
② Абашев А. О. Налоговая система России IX – XX в. С. 53.
③ Захаров В. Н., Петров Ю. А., Шацилло М. К. История налогов в России. IX – начало XX века. С. 90 – 94.

彼得一世执政时期，税制的发展可以划分为两个阶段。第一阶段从彼得一世亲政的1689年至1718年。这一时期，新建海军、发动北方战争、修建新都使国家付出了昂贵的经济代价。因此，政府开始征收名目繁多的特别税，并千方百计通过各种手段增加国库收入，所有这些都没有明确的制度，唯一目的就是尽快弥补日益增长的预算缺口。第二阶段从1719年到1725年。在这一时期，彼得一世政府进行了大刀阔斧的税制改革，取消很多特加税，废除过时的征税原则。彼得一世通过改革实现了富国强兵的目的，但沉重的税收让民众苦不堪言。此时俄国的军事力量虽然十分强大，但社会经济仍比较落后，社会矛盾比较尖锐。克柳切夫斯基曾这样表述当时俄国社会的复杂局势："国库利益最大的敌人就是贵族，他们正是政权扶持下的产物。贵族们并不关心真理与平等，唯一锲而不舍追求的是如何免除自己的赋税。这并不是为减轻农民的负担，而是为了增加自己的财富。为增加国库收入，彼得一世不断增加税收负担。在征税过程中，就连小官吏也横征暴敛。贵族们的压迫使农民丧失了劳动的热情，精神和肉体备受折磨使农民不敢幻想自己的个人利益，每日思考的也仅仅是糊口之粮。在自己的财政政策中，彼得一世好比马车夫，一面竭尽全力地催促着瘦马前行，一面牢牢地控制着手中的缰绳。"[①]

---

① Ключевский В. О. Русская история. С. 623，624.

第六章
1725～1762年的税制改革

彼得一世去世到叶卡捷琳娜二世登基之间的俄国历史常被忽视。一些史学家认为这一时期是一个混乱和腐朽的时代，也有一些史学家认为这是一个政治进步和精神成长的时代。在这30多年内，俄国内政不稳，对外用兵也未间断。由于彼得一世时期的重税政策，农民阶层已经沦为赤贫阶层。所以，在直接税领域，俄国政府并没有提高人头税的标准，只是千方百计追缴税收尾欠。因国库的入不敷出，政府被迫改革间接税。

第一节 1725～1762年的国家与社会

作为一个专制政权的国家，俄国皇位继承人的命运对于国家的发展起着至关重要的作用。1725～1762年，俄国共有六个君主。人们总用嘲弄的语气来描述这段历史。的确，这个时期俄国没有什么震惊世界的大事件，而宫廷政变却接二连三地上演。弗洛林斯基的评价虽有些讽刺，却不无道理。他说："在这短短的30多年中，俄国出了六个专制君主，包括三个女人，一个12岁的男孩、一个婴儿及一个低能的蠢货。"[①] 1725～1762年，虽然皇位更迭频繁，但俄国的外交政策中贯穿着几条明确的主线。彼得一世使俄国以强国的身份屹立于欧洲，此时的俄国不再仅仅关注土耳其、波兰和瑞典这些邻邦，而是开始关注整个欧洲大陆的局势，与各

---

① 〔美〕尼古拉·梁赞诺夫斯基、马克·斯坦伯格：《俄罗斯史》，杨烨译，上海人民出版社，2013，第236页。

国互派常驻外交代表成为常态。彼得一世去世后，俄国仍然奉行远交近攻的政策，将邻国作为自己的敌人，而将邻国的邻国视为朋友，这种模式影响了俄国外交的其他方面。

为维持自身利益及履行盟国义务，1725~1762年，俄国参加了多次对外战争。1733~1735年，因波兰王位继承问题，俄奥发动对法国的战争，挫败法国染指波兰王位的计划，并将奥古斯都二世的儿子推举为波兰国王。1736~1739年，俄奥联军又对法国支持的土耳其发动战争，虽然俄国取得了胜利，但由于奥地利的军事失败和法国的调停，俄国与土耳其签订《贝尔格莱德条约》。根据该条约，俄国获得了顿涅茨河与布格拉河之间的草原地带，并重新占领亚速夫；作为条件，俄国摧毁了亚速夫的所有军事要塞，并承诺不得在黑海拥有舰队。1741~1743年，在法国的支持下，瑞典对俄发动报复战争，俄国获得战争的胜利。根据《阿伯条约》，俄国获得瑞典在芬兰湾的一些领土。1756~1763年，俄国参加"七年战争"，俄国军队连战告捷，还攻入柏林。由于伊丽莎白女皇的去世，继承皇位的彼得二世在没有索要战争赔款的条件下退出战争。很多人都批评俄国干涉欧洲事务的外交政策，认为不值得牺牲国家利益去支持奥地利。当时的俄国在欧洲扮演重要的角色，使其不能对欧洲事务袖手旁观。[①] 当然，俄国的对外用兵为其带来了很多政治资本，为叶卡捷琳娜二世继续开疆拓土奠定了基础。

俄国对外作战的胜利并不能掩盖政府的软弱无力。对于是否坚持彼得一世的改革，俄国政府没有明确的决定，只是根据每个国君的需要和偶然的想法来处理内部事务。叶卡捷琳娜一世承认军政长官制度的腐朽，却仍然让军政长官管理市政厅，并负责司法和税收等重要事务。连年对外战争导致国库空虚，严重破坏了国家的经济，农民阶层支付能力低得可怜，税收尾欠与日俱增。很多农民不堪重负纷纷逃跑，有的地方甚至是整个村庄的农民都逃亡了。根据官方统计数据，1719~1727年，俄国逃亡农民的数量约为20万人，相信实际的数量比官方统计的还要多。[②] 起初，农民

---

① 〔美〕尼古拉·梁赞诺夫斯基、马克·斯坦伯格：《俄罗斯史》，杨烨译，上海人民出版社，2013，第244~245页。

② Ключевский. В. О. Русская история: Полный курс лекций. Т. 3. М., Харвест. 2002, С. 239.

是从一个地主家跑到另一个地主家，后来农民逃向顿河和遥远的西伯利亚地区，甚至有的逃亡到波兰、摩尔达维亚和小俄罗斯西部。除了逃跑以外，有的地方的农民甚至发动起义，杀死地主及其专横的管家。动用警察手段有时对此也无济于事。波索什科夫认为农民是国家的农民，他们只是被地主临时占有，政府要颁布法令来规范地主与农民的依附关系。① 在这种情况下，政府本应该减轻税收负担，实行休养生息的经济政策。但俄国政府担心的是农民逃跑之后，国家就无处征税和征兵。所以，政府一方面被迫减免人头税，另一方面严厉追罚逃亡的农民。

彼得一世去世后，俄国财政收入每况愈下，税收统计工作杂乱无章，侵吞税款司空见惯。几届政府无暇顾及根本问题，只能勉强应付眼前遇到的困难。为平衡预算，政府提高税收额度，并采用暴力手段追缴尾欠，这种做法迫使农民逃亡异乡，国家预算赤字进一步增长。1748年参政院费尽力气才弄到度支院1742年国家收支一览表，此表中的数据与参政院统计数据出入很大，有些支出项目的差额竟达百万卢布。一言以蔽之，政府不知道自己每年收入是多少，也不知道这些钱流向何处。由于国家税收严重不足，政府又没有其他收入来源，各省也都是入不敷出。

第二节　追缴尾欠制度

彼得一世时期，俄国实行人头税。在聚敛官的帮助下，政府开始征收名目繁杂的军需特别税、代役租和其他苛捐杂税。彼得一世去世后，最高参政院也采取了一系列举措缓解民众的税收压力，但并未解决实质性问题。在安娜一世执政时期（1730~1740年），俄国仍然不断对外用兵，巨额军费和庞大的宫廷支出需款浩繁。由于繁重的税收负担，很多农民被迫逃亡。因俄国按区派驻军团，所以人头税还是以区为单位征收。1728年9月12日，在给总督和军政长官的训令中，政府扩大了地方管理机关的权力。地方税收专员隶属于军政长官，继续按定额税册征

---

① 〔俄〕瓦·奥·克柳切夫斯基：《俄国史》（第四卷），张咏白等译，商务印书馆，2013，第263~264页。

收人头税，并负责将所得税款转交给县军政长官，后者再将税款交给区军政长官，区军政长官将税款转交给总督，总督再交给军事院派来的官员，后者再根据军事院命令将税款运抵某处。这些官员定期要向上级提交工作报告。总督和军事院委派的官员每月要向军事院和度支院汇报征税工作。总督根据度支院下发的定额税册监督征税，产生的尾欠由军政长官负责追缴。①

征税制度改革意味着国家官僚机关管理权的进一步集中。但无论是税收改革，还是机关改革都没有改善涣散的税收纪律和滥用职权的现象。整个18世纪，税收领域最主要的问题就是尾欠的额度每年都在增长。1729年3月28日签发的法令中有这样的信息："根据1724年到1728年的税收统计数据，人头税、关税、酒馆税、办公厅税和其他税收的尾欠十分庞大。"为解决尾欠问题，俄国政府向各省区委派钦差，专门督促总督和军政长官征缴尾欠。同时规定，欠缴的人头税必须在1729年的8月、9月和1730年2月分三批清缴完毕，其他税种的尾欠应该在1729年末征齐。为让欠税人支付税款，俄国政府轮番使用"胡萝卜加大棒"的政策。为不激化社会矛盾，国家定期免除税收尾欠和释放被羁押的欠税人。1730年6月20日政府通报规定，免除商人阶层1696年以来积累的关税尾欠。与此同时，国家又采取强制性措施惩治欠税人。1727年2月24日，为征缴尾欠和罚金成立了索债办公厅。在规定的时间内不能缴清尾欠者，会招致残酷的体罚，并被没收财产。1730年设立了罚没办公厅，专门负责出售欠税人的财产。② 即便如此，1731年俄国的人头税尾欠仍有84.6万卢布。③

安娜一世登基之后，实行残暴的抓捕逃亡农民和追缴尾欠的政策。1731年，政府出台法令，派遣部队进驻欠税的村庄，并对欠税人实行残酷的杖刑，欠税人会被羁押，直到缴清尾欠才能被释放。如果欠税人在规

---

① Полное собрание законов Российской империи. Собрание Ⅰ: в 45 т. Т. 8. 1728－1732. СПБ., 1830, С. 101, 102.

② Полное собрание законов Российской империи. Собрание Ⅰ: в 45 т. Т. 8. С. 138, 295, 305.

③ Троицкий С. М. Финансовая политика русского абсолютизма в ⅩⅧ веке. М., Наука. 1966, С. 126.

第六章 1725~1762年的税制改革

定的时间内仍未缴齐尾欠，政府的讨伐队就会强行变卖其财产。欠税的村庄每天要向军官、士官和普通士兵分别支付15戈比、5戈比和3戈比的伙食税。① 从1732年开始，俄国解除地方税收专员的职务，人头税缴纳期限从三期改为两期，一半税额要在每年的1~3月缴纳，余下一半的缴纳时间为9~12月。人头税征收的职责交给地主或其委托人，所征收的税款转交给军政长官。商人阶层的人头税继续由市政公署或市政厅负责征收。1732年开始，为追缴尾欠再次动用部队的军官。政府制定了详细的工作程序和制度，这些军官要严格遵守这些制度，并如实填写收支账簿。派遣多少军官和士兵要根据欠款的额度：如果一个村子尾欠超过500卢布，那么要派1个尉官、2个士官和5~6个普通士兵；如果尾欠在100~500卢布，派1个士官和2~3名士兵；如果尾欠低于100卢布，派1个士官和1~2名士兵。②

军官滥用职权的现象当然也不可能杜绝。根据史料记载，有两个尉官在其驻地征缴人头税时，对当地居民进行欺侮和压榨。很多无辜的居民被卫兵羁押，尉官对其索贿。后来此事被当地居民揭发，军事法庭对违反纪律的两名尉官进行审判。其中一个尉官一审被判处死刑，另一个被判处鞭刑和挖鼻，并发配奥伦堡服徭役；但考虑到军功，终审对他们量刑处理，死刑的改为鞭刑，流放西伯利亚，另一个处以鞭刑，两位尉官的官阶被剥夺，索贿所得归还原主。政府将处罚结果公布于众，以儆效尤。③ 另一个案例发生在钾碱厂。在征收人头税时，军官故意驱赶在工厂打零工的农民，并以此向其索贿。事情败露后，政府从当地贵族中选出征税官取代征税的军人。④

对欠税人实施惩罚的措施也未能减少尾欠的增长。在1733年组建的"索债衙门"的条例中写道："1720~1732年，全国关税、酒馆税、办公

---

① Бондаренко В. Н. Очерки финансовой политики Кабинета министров Анны Иоанновны. С. 92.
② Абашев А. О. Налоговая система России X–XX в. С. 58–59.
③ Полное собрание законов Российской империи. Собрание Ⅰ: в 45 т. Т. 10. 1737–1739. СПБ., 1830, С. 258.
④ Полное собрание законов Российской империи. Собрание Ⅰ: в 45 т. Т. 11. 1740–1743. СПБ., 1830, С. 297.

厅税和其他税收的尾欠总计达到了 700 万卢布。"① 一方面，在法令上强调不缴纳欠款就会被没收财产或者危及生命；另一方面，在实践中又不得不免除居民的一些尾欠。1735 年 1 月 23 日，政府颁布法令，规定征税军官不得向农民收取伙食费，更不能以各种名义敲诈欠税人。② 接下来监督人头税征收的职责转交给了军事院。从 1736 年开始，税收监督权交给军事院的"军事办"（Генерал‐Кригс‐Комисариатская контора），从 1742 年开始，该项权力转交给军事院的"军需处"（Главный комиссариат）。军事院的花销逐渐成为国家单独的预算，从国库院的总体预算中分离出来。从 1736 年开始，地方直接负责征收人头税的不再是现役军官，而是从各区驻扎部队中调来的退役军官。在省里负责征税的是上校和中校军衔的退役军官，在各区是少校和大尉军衔，在县城是尉官。在人员不足时，也委派退役的士兵协助征税。负责征税的军官、士兵和书吏的薪资额外从纳税人收取。人头税每达到 1 卢布，纳税人需补交 14 杰尼卡，这些收税的军官经常向农民索贿，没钱的可用伙食代替。如果把钱财和伙食加在一起的话，每人所支付的额外税款也不少于 10 戈比。政府的残酷刑罚并没有减少尾欠的产生。③ 国家规定地主替农民缴纳人头税，保障了国库利益，而地主把损失转嫁给农民，地主的利益得到了保障。沉重的代役租使农民牢牢被固定在地主的土地上，俄国的农奴制进一步得到巩固。

  1740 年 10 月 23 日的政府通报规定，因安娜女皇逝世，免除欠税人 1719 年前产生的所有尾欠和罚金，赦免其他罪犯和流放者。到伊丽莎白女皇执政时期，国家战争也是连年不断，宫廷生活挥霍无度，国家支出居高不下。沉重的税收负担使农民生活异常困苦。在伊丽莎白执政之初，瑞典发动对俄战争，后来又爆发了"七年之战"。到 18 世纪 40 年代初，俄国的税收尾欠达到 500 万卢布，征收人头税所遇到的难题越来越多。女皇和达官显贵们不得不承认，前几届政府积累下来的尾欠很难追缴。1741 年，因新女皇伊丽莎白·彼得罗夫娜登基，政府于 1741 年 12 月 15 日颁

---

  ① Полное собрание законов Российской империи. Собрание Ⅰ: в 45 т. Т. 9. 1733－1736. СПБ., 1830, С. 138.
  ② Полное собрание законов Российской империи. Собрание Ⅰ: в 45 т. Т. 9. № 6674.
  ③ Абашев А. О. Налоговая система России Х－ХХ в., С. 60－61.

布赦令，免除欠税人1719~1730年的税收尾欠，释放在押的欠税人、玩忽职守的征税官、挪用公款的官员和其他罪犯，免除索欠不力的总督、军政长官、录事及其他职员的罚金，解冻他们的财产。从1742年开始，俄国又加大了追缴税款尾欠的力度。人头税征收不足和延迟交付的官员，按职务征缴罚金：总督、副总督每人100卢布，区军政长官每人50卢布，县军政长官每人25卢布。① 1742年12月政府再次出台法令，要求在1742年四个月内缴清全部尾欠。如果在规定的期限内无法完成任务，要扣发地方负责征税的人员的薪酬。此外，每卢布尾欠还要支付10戈比的罚金。因税收负担过重，一些农民提出免除死亡或离开家庭的男性成员的尾欠，政府满足了这项请求，但要求新出生的男性居民必须缴纳人头税。政府认为，对于体弱多病的居民而言，税收负担比较沉重，而对于那些做大买卖和从事副业经营的人来讲，税收压力根本不存在，所以在政府法令中有措辞强硬的表述："你们要凭良心纳税，如果你们的过分行为引起龙颜不悦，将会受到严酷的惩戒，甚至会付出破产的代价。"②

尽管俄国政府投入巨大的努力，但减少税收尾欠的目的仍没有达到。沉重的税收负担、内部移民、征兵、庄稼歉收和其他一些因素导致土地荒芜。税收官们有时候既收不到人头税也收不到尾欠，因为欠税村子已荒无人烟。据不完全统计，1719~1742年，俄国逃跑的农民多达50万人。③ 1745年开始，政府不再任用军官和士兵征收商人阶层的人头税，而改为由市政公署征收，后者要将所征税款交给军政长官委派的军官。在征收1746年头一半人头税时，规定地主农民每人还要补缴10戈比的附加税，国家农民每人要补缴15戈比。④ 1752年，政府免除1725~1746年总额为250万卢布的尾欠。⑤ 18世纪中叶，俄国的税收尾欠仍居高不下。据统

---

① Полное собрание законов Российской империи. Собрание Ⅰ：в 45 т. Т. 11. С. 649，650.
② Полное собрание законов Российской империи. Собрание Ⅰ：в 45 т. Т. 11. С. 735，736，737.
③ Заичкин И. А.，Почкаев И. Н. Русская истори：популярный очерк. IX - середине XVIII в. С. 680.
④ Полное собрание законов Российской империи. Собрание Ⅰ：в 45 т. Т. 12. 1744 - 1748，СПБ.，1830，С. 373，500.
⑤ Троицкий С. М. Финансовая политика русского абсолютизма в XVIII веке. С. 141 - 142.

计，1747～1756年人头税尾欠达到5582441卢布48.75戈比，1730～1756年酒馆税和其他税收尾欠为3268297卢布57.5戈比。国家免除的税收尾欠为1144975卢布25戈比。①

第三节　舒瓦洛夫的间接税改革

伊丽莎白女皇执政之前，俄国已经积累了巨额的尾欠，虽然女皇登基后减免了很多税收尾欠，但农民的支付能力仍十分有限，直接税的尾欠还在逐年增长。伊丽莎白女皇统治时期，著名的大贵族П.И舒瓦洛夫伯爵总揽国家财政大权，制定国家税收政策也由舒瓦洛夫负责。需要强调的是，女皇和伯爵都意识到农民阶层的贫苦，因此长期没有提高人头税的标准。巨额的军费开销和宫廷支出迫使政府积极开辟新税源，而改革间接税正是增加国库收入的重要手段。

舒瓦洛夫首先关注到的是盐税。在舒瓦洛夫的倡议下，俄国政府规定了统一的食盐销售价格，最初销售食盐的价格为每普特21戈比，紧接着这个价格被提高到35戈比。② 提高售盐价格使国库收入大幅攀升。据统计，1749年和1750年，俄国食盐为国库带来的收入分别为80.1万卢布和122.3万卢布。18世纪中叶，食盐销售获取了巨额的收入，所以从1751年开始，扣除必要数额之外，食盐销售所得的部分利润计入人头税。1750年，食盐销售所得扣除必要利润外还有210577卢布53戈比。因此，政府决定1751年居民的人头税标准下调3戈比。1752年，人头税下调3.25戈比。由于食盐销售利润稳定增长，接下来三年人头税标准分别下调5戈比、6戈比和5戈比。1752年12月15日，俄国颁布通告，免除所有欠税人1724～1747年总计达到2534008卢布的人头税尾欠，归还地主因征缴尾欠不力被没收的庄园，但归还的庄园不允许出售和赠予他人。③ 1756年，为筹集"七年战争"的军费，食盐售价被提高到每普特50戈比。1757年售盐收

---

① Абашев А. О. Налоговая система России IX – XX в. С. 66.
② Троицкий С. М. Финансовая политика русского абсолютизма в XVIII веке. С. 166.
③ Полное собрание законов Российской империи. Собрание I : в 45 т. Т. 13. 1749 – 1753. СПБ. , 1830, С. 440, 685, 839, 184, 756, 737.

入为140.4万卢布，接下来几年，此项收入都超过200万卢布。①

为增加国库收入，俄国对烟草销售实行垄断，并推行包税制的原则。首先，政府通过招标形式选择包税商，后者有权从事烟草销售。在18世纪的俄国，包税制是比较受政府青睐的征税方式，因包税商要提前向政府支付包销税，政府就可以提前获得收入，而且包税制最大的优点是政府省去很多中间环节的开销。不言而喻，为获得高额利润，包税商自然会提高这些商品的售价，下层民众仍是被盘剥的主要对象。售酒收入是俄国重要的间接税，在几个世纪内，酒税征收制度发生多次变革，但每次变革的直接动机都是增加国库收入。农民改革之前，俄国售酒主要实行包税制，该制度是实行消费税制度前俄国经济关系中的典型制度，也是国库收入的重要来源。虽然俄国政府多次打算废除这种制度，但迫于财政压力，政府最终都放弃了这种想法。从19世纪40年代开始，俄国的酒收入超过人头税和国家农民代役租的总和，占国库总收入的46%。② 同期，英国的酒收入不超过国家预算收入的24%，法国和普鲁士的酒收入分别仅占预算收入的9%和6%。③ 包税制存在的一个多世纪，俄国酒收入增长了335倍。④ 早在16世纪末至17世纪初，文件中就有酒包税制的记载。例如，文献中记载，特洛伊茨克-谢尔盖耶夫修道院的总管、著名宗教活动家阿富拉米亚·巴利岑拥有一个包税酒馆。当时，俄国酒馆分为公家酒馆和包税酒馆两类，开设这两类酒馆均要得到地方长官的许可。公家酒馆要选任政府信任的税收官，这些人要亲吻十字架，要宣誓效忠沙皇，也就是说这些税收官要诚实履行义务。包税酒馆由自愿包税的商人经营，两类酒馆所销售的酒均要由公家提供。最初的时候，包税酒馆数量很少，公家酒馆占绝对优势。1652年，尼康牧首请求沙皇阿列克谢·米哈伊洛维奇取缔包税酒馆，牧首的请求获得沙皇的批准，此举导致国家失去巨额收入。在包税商的鼓动下，恢复包税制的呼声不断传达到宫廷。为增加国库收入，沙皇又恢复包税酒馆的经营。1681年7月17日，俄国颁布法令，决定再一次取缔包

---

① Троицкий С. М. Финансовая политика русского абсолютизма в XVIII веке. C. 169.
② Министерство финансов 1802-1902. Т. 1. СПБ., 1902, C. 626.
③ Сведения о питейных сборах в России. Ч. 3. СПБ., 1860, C. 179.
④ Киттары М. Я. Публичный курс винокурения. Вып. 1. Лекция 1. СПБ., 1860, C. 3.

税酒馆，因沙皇费多尔·阿列克谢耶维奇的死亡，该法令并未付诸实行。彼得一世时期，酒包税制得到发展。1712 年 12 月 15 日俄国颁布法令，规定包税商要与政府签订书面包税协议，从法律上确定了包税制的地位。彼得一世执政后期，国家酒收入为 119.5 万卢布，占俄罗斯帝国税收进项的 20%，这个比例保持到 1765 年叶卡捷琳娜二世酒税改革之前。①

18 世纪，贵族地主酿酒十分普遍。他们有很多优越的条件：第一，酿酒可以在自己的庄园进行，不用专门租用场地；第二，可以使用免费的农民劳动，节约大量的雇工成本；第三，自己庄园生产的粮食即可作为酿酒的原料；第四，酿造伏特加酒的工艺十分简单，贵族地主及其农民完全可以操控。在国家收购任务无法满足的情况下，政府会允许一些商人酿酒。1742 年 10 月 20 日，俄国参政院颁布的法令成为酒包税制发展的重要文件，该法令将保证金制度融入酒包税制。根据这个法令，商人如果打算包销售酒，首先要支付包税协议总额 1/3 的保证金。如果包税商未按协议条款支付包销税，政府不但取消其包税权，而且会没收保证金。② 由于售酒可以获得高额利润，很多贵族和商人开始私自酿酒和贩酒，这严重损害了国家利益。1753 年，为控制走私贩酒，俄国成立了隶属于度支院的贩酒缉私处。根据地方领导的批示，包税商有权成立缉私队，在与相邻包税商的分界处设立哨卡。为在国家供酒业务中获得更高的利润，贵族地主纷纷向政府施压，要求收回商人的酿酒权。1754 年，政府颁布命令，取缔所有商人的酿酒厂，国家只接受贵族地主的供酒。由于对酒需求量的不断增长，政府决定提高官家企业的酿酒产量。不言而喻，这损害了拥有酿酒厂的达官显贵的利益。这些人都与宫廷保持密切的关系，不但身居要职，而且在自己的庄园从事企业经营。在这些达官显贵的施压下，政府被迫取消官家企业提高酿酒产量的命令。除了官家企业生产的酒之外，外部供酒都被一些达官显贵们垄断。③ 酒包税制为国库带来了高额收入，政府

---

① Гавлин М. Л. Вопрос о винных откупах в истории законодательства Российской империи. XVIII – XIX вв. // Экономическая история. Ежегодник 2002. М., 2003, С. 127 – 128.

② Полное собрание законов Российской империи. Собрание I: в 45 т. Т. 13. № 8646.

③ Захаров В. Н., Петров Ю. А., Шацилло М. К. История налогов в России. IX – начало XX века. С. 104.

和包税商为达到双赢，不断提高售酒的价格。1749年，每维德罗酒的售价是1卢布88戈比。1751年国家售酒收入为227.3万卢布，比1749年多出100多万卢布。18世纪50年代末60年代初，国家每年售酒收入都超过300万卢布。①

另一个重要的间接税是海关关税。早在17世纪中叶，关税制度就得到简化，但仍然保留了很多小额税。彼得一世之后，政府时不时也规定向生意人征收小额税。到18世纪中叶，小额税名目繁多，数不胜数。在历史文献中，经常出现很多种类的小额税，但是未能找到相关的官方法令。原来，很多小额税都是根据地方省长的决议征收的。人头税推行后，政府取消了商业税中一些小额税和其他间接税，作为国库增收和调节商品流通重要手段的关税得以保存。1724年，俄国颁布第一个海关税率。对本国能生产的一些商品征收高额关税，税率达到其自身价格的75%。而其他进口商品，税率为其自身价格的25%或50%，出口商品俄国仅征3%的关税，对进口的奢侈品征收的关税是其自身价值格的100%。新税率政策触动了贵族阶层和外国商人的利益，他们不断对政府施压，要求降低关税的保护级别。1731年俄国颁布新海关税率，下调部分商品的进口税率。②

舒瓦洛夫建议政府采取果断措施取缔所有的小额税和取消所有的内部关税。舒瓦洛夫的提议得到一些政府要员的支持，不言而喻，这些都是商人阶层的代表。取消内部关税和小额税势必损害国库的利益，因此舒瓦洛夫提出通过提高对外贸易的税率来弥补国库的损失。1753年政府颁布法令，取消内部关税，并取缔内部关卡。1757年俄国颁布海关新税率，进出口商品的税率被总体提高13%。对于能够冲击俄国工业进口商品，设置高关税壁垒，税率提高的比例远远超过13%。③ 1757年税率是俄国历史上一个保护级别相当高的税率。政府在关税领域实行包税制。众所周知，将国家关税的征收权交给包税人是极为不恰当的做法。保护本国工业不受外国商品的冲击、鼓励本国商品出口创汇是政府出台税率的主要意

---

① Троицкий С. М. Финансовая политика русского абсолютизма в XVIII веке. С. 157, 160.
② Захаров В. Н., Петров Ю. А., Шацилло М. К. История налогов в России. IX – начало XX века. С. 95.
③ Лодыженский К. История русского таможенного тарифа. СПБ., 1886, С. 91.

图，而增加国库收入并非最主要的动机。包税制的原则与税率制定者的思想存在很多矛盾。包税人关注的往往只是自己的利益，为此他们不惜损害国家利益。在征税过程中，包税人经常不以国家制定的税率为标准，而是根据自己的决定来行事。为了攫取更大的利润，他们降低税率标准，大量的外国商品涌入俄国，导致俄国的工商业蒙受巨大的损失。①

  国家和贵族地主之间的交易体现了俄国政治制度的特征，国君对其政治支柱往往采取妥协的政策。同时他们之间为了利益也存在诸多明争暗斗，双方都希望掌控农民劳动创造的剩余产品。政府凭借间接税改革达到了增加国库收入的目的，同时政府的税收改革也满足了贵族阶层的利益。正是依靠这些间接税的收入，政府在很长时间内没有提高人头税的纳税标准。

---

① Лодыженский К. История русского таможенного тарифа. С. 121 – 122.

第七章
叶卡捷琳娜二世时期的税制改革

叶卡捷琳娜二世执政时期,俄国仍然奉行扩张的对外政策,两次对土耳其战争、瓜分波兰的军事行动、建立大规模装备精良的军队、行政大改革、开发新地区等一系列举措都需要巨额资本。受国家内政外交方针的影响,女皇的新思想很多都未能实现。为解决财政难题,俄国不得不依靠超常规手段,并多次提高人头税标准和改革间接税。在叶卡捷琳娜二世执政期间,开启了向资本征税的历史,规范了非俄罗斯族和异教徒的税收政策。

第一节 叶卡捷琳娜二世时期的对外政策与社会经济

1762年6月28日,叶卡捷琳娜二世发动宫廷政变,杀死彼得三世登上皇位。这场政变不仅得到近卫军的援助,而且赢得首都民众的同情和支持。叶卡捷琳娜二世登上王位之后,效仿西方实行"开明君主专制",并继续推行彼得一世的改革措施。1767年,为全面改革国家的政治制度,女皇成立立法委员会。该委员会有564名代表,其中28人由政府任命,536人由选举产生,代表包含社会不同阶层,其中贵族161人、市民208人、国家农民79人、哥萨克和少数民族88人。立法委员会存在一年半期间,共举行会议203次。在给立法委员会的《训谕》中,女皇大量引用启蒙思想的言论,但她始终把君主的专制权力放在首位。贵族代表与农民代表在农奴制这个关键问题上爆发冲突,就自由雇工问题贵族代表与工商业代表也是争论不休。这些冲突和争论说明当时的社会危机十分严重,各阶层都处于对立的状态。① 1768 年,女皇以俄土战争为借口解散立法委员会,俄国政治上的"开明专制"到此宣告结束。

扩大俄罗斯帝国疆域、提升帝国在欧洲大陆的地位是叶卡捷琳娜二世毕生的追求。在潘宁、波将金、鲁缅采夫和苏沃洛夫这些政治家和将军的辅佐下,女皇在国际政治和军事舞台上赢得了一个接一个的胜利,俄罗斯帝国的疆域迅速扩大,居民增加了数百万人,俄国在欧洲作为显赫的大国而崛起。在18世纪,俄国的外交政策面临三大问题,即解决同瑞典、土耳其和波兰的问题。在21年艰难的北方战争中,彼得一世打败瑞典,解决了第一个难题。1768年,俄国武装入侵波兰,土耳其在法、奥的支持下对俄宣战。1770年,俄国在亚速海击败土耳其舰队,占领克里米亚地区。1772年,土耳其被迫与俄国签订停战协议,克里米亚成为俄国的保护国。1773年,俄土在巴尔干再次开战,次年,俄军越过巴尔干大败土耳其,最终拿下黑海的出海权。1787~1792年,土耳其开始复仇之战,又被俄国打败,俄国正式兼并克里米亚和格鲁吉亚,实现了称霸黑海的野心。② 早在 1772 年,俄国实施了第一次瓜分波兰。1793 年和 1795 年,俄国第二次和第三次瓜分波兰。

叶卡捷琳娜二世的对外战争取得了重大的成就:巩固了第聂伯河到库班河之间的黑海北岸;南部草原地区归入俄国版图,此地的游牧民族开始了定居的农耕生活,出现了很多新兴的城市;为俄国商船打开了黑海自由航行之路,俄国在黑海的贸易额从 1776 年的 400 卢布猛增到 1796 年的 200 万卢布;整个西部被重新划分成 10 个省。③ 虽然俄国的对外政策取得很大的政治利益,但经济上却付出了巨大的损失。1763 年,俄国的军费支出为 811.7 万卢布。④ 1764 年和 1794 年,国家全部支出分别为 1940 万卢布和 4910 万卢布,其中军费支出分别为 872 万卢布和 2468

---

① 〔美〕尼古拉·梁赞诺夫斯基、马克·斯坦伯格:《俄罗斯史》,杨烨译,上海人民出版社,2013,第251~252页。
② 任思源:《欧洲史》,中国华侨出版社,2014,第205页。
③ 〔俄〕瓦·奥·克柳切夫斯基:《俄国史》(第五卷),刘祖熙等译,商务印书馆,2013,第46页。
④ Беляев. С. Г. Управление финансами в России XVII в—1917 г.). М., Институт публично-прововых исследований, 2016, С. 16.

万卢布，分别占全部支出的44.9%和50.2%。① 为解决这些尖锐的财政问题，1769年，叶卡捷琳娜二世发行纸币，这是俄国有史以来第一次发行纸币。这些纸币与银币同时在市场上流通，可以自由兑换。为弥补日益增长的预算支出，政府一批批发行纸币，导致纸币牌价迅速下跌。政府另一个增加预算的手段是对外举债。在叶卡捷琳娜二世执政时期，俄国开启了对外举债的历史。随着国家支出的不断增长，政府开始不断提高人头税的标准。

为巩固自己的统治地位，叶卡捷琳娜二世于1785年颁布《特权诏书》，强化贵族地主在俄国的地位和作用。各省贵族可以组成贵族会议，并根据自身利益和需求直接向国君请愿，并免除贵族个人服役和纳税义务。贵族地位的上升意味着农奴制的强化。根据1794～1796年的丁籍调查资料，俄国地主农民占农民总数的53.1%，占全国人口的49%。18世纪的俄国是不折不扣的农业国。1724年，97%的人口居住在农村。到1796年，农村人口仍占95.9%。② 叶卡捷琳娜二世执政期间，颁布多项法令限制农民的自由。1763年的敕令规定，农民只有在获得地主准假后方能离开。1765年的法令赋予地主流放农奴服苦役的权利。1770年的敕令规定，地主可以随意审判和惩罚农民。1771年，颁布制止公开买卖或拍卖农民的法令。1792年，政府出台法令，恢复地主买卖农奴的权利，只是不能使用拍卖形式罢了。③ 可见，政府是竭尽所能地支持地主控制和压榨农民。农奴制对地主经济产生了重要的影响。贵族摆脱服役义务后，本应该成为农业主宰者和俄国国民经济的领导者，但由于农奴制的强化，贵族地主没有成为前者也没有成为后者，而是成为土地和农民的占有者，他们更加关心剥削农民劳动和管理农民的制度。农奴制对整个国民经济也产生了极大的危害，妨碍了俄国城市化的发展，阻碍了工业和手工业的进步，制约了国家经济的发展。

---

① Троицкий С. М. Финансовая политика русского абсолютизма в XVIII веке. С. 243.
② 〔美〕尼古拉·梁赞诺夫斯基、马克·斯坦伯格：《俄罗斯史》，杨烨译，上海人民出版社，2013，第255、271页。
③ Ключевский. В. О. Русская история: Полный курс лекций. Т. 3. С. 420-422.

第二节　叶卡捷琳娜二世的直接税改革

　　为获得国家收入的准确资料和对国家财政进行有效管理，叶卡捷琳娜二世政府认为必须改革财政管理制度，于是决定加强度支院的作用。根据1764年3月30日的上谕，度支院负责对国家所有定额税和非定额税进行管理和监督，收集所有税收资料，并将其列入统一的税册。① 因度支院没有足够的编制，也没有足够的能力制定长期的财政纲领和合理化的税收政策，俄国仍缺少统一的中央财政管理机关。叶卡捷琳娜二世的开明思想很多只是空谈，在众多尖锐问题面前，这些思想也只能被迫放弃。到18世纪60年代末，改革度支院的尝试仍在进行。而此时正在准备对土耳其开战，国家的财政问题又变得异常尖锐，叶卡捷琳娜二世政府也只能采取最稳妥的手段解决这些问题，即提高现有税种的标准和开辟新税源。叶卡捷琳娜二世政府对财政机关改革举棋不定，在尝试加强度支院权力的同时，又赋予参政院较大的财政管理权。实际上，这种举措进一步削弱了度支院的权力。1773年，在参政院第一司中设立国家收入管理处，该部门由维亚泽姆斯基担任主管。1780年，政府对这个部门进行改组，将国家支出事务、核算业务和尾欠事务管理并入该部门。这样，维亚泽姆斯基的部门就变成一个重要的财政管理机关。18世纪70年代，度支院的权力仅剩管理酒类包销事务，1780年，度支院被取缔。1775年，叶卡捷琳娜二世政府进行地方行政区域改革，将全国划分成近50个省，每各省又划分成若干个县。根据1775年改革法令的规定，每个省设立地方财政管理部门，负责省内所有税收管理工作，这个部门被称为"省财政厅"。② 这样，中央和地方财政管理机关之间就建立了联系。

　　叶卡捷琳娜二世时期，俄国的财政经常捉襟见肘。尽管当时出现一些新的增加税收的方式，但俄国仍通过提高人头税标准的手段增加国库收

---

① Полное собрание законов Российской империи. Собрание Ⅰ：в 45 т. Т. 16. 28 июня 1762 – 1765. СПБ. , 1830, № 12118.
② Чечулин Н. Д. Очерки по истории русских финансов в царствование Екатерины Ⅱ. СПБ. , Сенатская типография. 1906, С. 85.

入。在伊丽莎白女皇去世前夕，俄国将国家农民人头税的代役租从 40 戈比提高到 1 卢布，国家农民人头税达到每人 1 卢布 70 戈比。① 女皇认为人头税征收制度存在一定的弊端。各省、区的军政长官办公厅每年多次派专差向居民征缴尾欠，农民要负责专差的伙食费，对于农民而言，这些额外的花销势必增加他们的经济负担。专差抵达各县拘捕欠税农民，并将其带到办公厅监禁，这样农民就失去了农业耕作和田间管理的时间，也就失去了收入来源，这就严重阻碍了税收制度的发展。1762 年，政府对人头税征收制度进行了一些修改。此时，人头税征收由地主选任的管家和乡长负责，农民不再负担税收人员的伙食费，税款征缴不足要杖责征税的管家和乡长。

1762 年，彼得三世颁布修道院和教会土地国有化的上谕，引起教会的强烈不满。叶卡捷琳娜二世即位后，为获得教会的支持，女皇决定废除彼得三世的改革。在叶卡捷琳娜二世稳固了自己的统治地位后，1764 年，她立刻颁布修道院和教会土地国有化的法令，将原来的教会修道院农民纳入国家农民之列。这些农民也被称为"国有经济农"。与国家农民一样，这些农民现在要支付 70 戈比的人头税和 1 卢布的代役租。很快政府将代役租提高到 1 卢布 50 戈比，所有依附国家的农民需要缴纳人头税总额达到 2 卢布 20 戈比。与此同时，俄国完成第三次丁籍调查工作，具有纳税义务的男性居民总计为 7363948 人。② 1764 年，开始根据身份证的期限征收身份证税，一年期限的每本缴税 10 戈比，两年期限的每本 50 戈比，三年期限的每本 1 卢布。身份证税与人头税一起缴纳。发放各种军衔的证书要缴税：连级军衔证书要纳税 25 卢布，大尉和二级少校军衔证书纳税 1 卢布，一级少校和中校军衔证书纳税 3 卢布，上校军衔证书纳税 5 卢布，准将军衔证书纳税 20 卢布，少将军衔证书纳税 30 卢布，中将军衔证书纳税 40 卢布，上将军衔证书纳税 50 卢布，元帅军衔证书纳税 100 卢布。文官获得相应官阶证书的纳税额度比武官多一倍。皇帝赏赐的土地和农民也

---

① Полное собрание законов Российской империи. Собрание Ⅰ: в 45 т. Т. 15. 1758 – 28 июня 1762. СПБ., 1830, № 11120.
② Ден В. Э. Население России по пятой ревизии. Т. l. М., Университетская типография. 1902, С. 82, 91.

要缴税，赏赐土地每卡克①贵族要纳税 5 卢布，赏赐每名男性农民贵族要纳税 25 戈比。人头税征收官员的薪俸仍由纳税人负担，纳税额度每达到 1 卢布，纳税人要补缴 2 戈比。② 1765 年，对征缴尾欠的制度进行了修改。此时，如果地主追缴尾欠不力，可以将其庄园和村子没收充公，其所属的农民每人还要支付 2 卢布的罚金。在偿清尾欠后，这些庄园和村子归还给地主。③

根据军事院通告，1747～1766 年俄国人头税尾欠总额为 1586156 卢布。征缴尾欠不利的责任归咎给总督和军政长官。一般来讲，总督要亲自与欠债地主研究尾欠产生的原因，决定是否延长征缴期限或者没收地主庄园。④ 1766 年，地主从独户农手中购买的土地也要缴税，数额为每俄亩 5 戈比，所得款项用于供养地方骑兵团。⑤ 1768 年，俄国发动对土耳其的战争，国家农民的代役租被提高到 2 卢布，人头税总额达到 2 卢布 70 戈比。1783 年，国家农民的代役租再次被提高到 3 卢布，人头税总额达到 3 卢布 70 戈比。⑥ 1794 年，政府决定在原来基础上将人头税的额度再提高 30 戈比，这样人头税总额达到 4 卢布。保罗一世效仿叶卡捷琳娜二世，于 1798 年将人头税提高到 4 卢布 26 戈比。⑦

1769 年 5 月 19 日，俄国颁布法令，对征缴人头税尾欠制度进行了改革。首先改变的是人头税缴纳的期限。头一半税款缴纳的时间为 1 月初至 3 月初，剩余一半应在 10 月至 12 月中旬支付。为缩短办公厅接收人头税的时间和减少开销，在各办公厅设立专门的接待处，大大提高了办公效率。如果未按规定期限纳税，办公厅会派专差前往督促。法令规定，欠税人在每次缴纳人头税时要支付 10 戈比的尾欠。如果农民逃离居住地，根据法令要予以惩治。瘟疫和农民出逃导致荒芜的土地必须出

---

① 俄国以前的土地面积单位，约等于 10 公顷。
② Полное собрание законов Российской империи. Собрание Ⅰ: в 45 т. Т. 16. С. 461，462.
③ Полное собрание законов Российской империи. Собрание Ⅰ: в 45 т. Т. 17. 1765 – 1766. СПБ.，1830，С. 460，461.
④ Полное собрание законов Российской империи. Собрание Ⅰ: в 45 т. Т. 17. С. 852，853.
⑤ Полное собрание законов Российской империи. Собрание Ⅰ: в 45 т. Т. 17. С. 765.
⑥ Полное собрание законов Российской империи. Собрание Ⅰ: в 45 т. Т. 21. 1781 – 1783，СПБ.，1830，№ 15723.
⑦ Чечулин Н. Д. Очерки по истории русских финансов в царствование Екатерины Ⅱ. С. 129.

租。因追缴尾欠不利，地主的庄园将被查封，置于军政长官的监管之下。地主收取的代役租将会用于支付农民欠缴的人头税；如果地主拒绝支付，会变卖其粮食及储藏的食品。如果地主正在部队服役或担任文职官员，政府会从其薪俸中扣除一部分用于偿还尾欠，但最多不能超过薪俸的一半。① 根据新规定，出售农民的地主不再承担其人头税和其他国家税赋，这部分税收由买主承担。从1769年开始，国家农民如果被列入商人或神职人员阶层，每人每年纳税2卢布70戈比，同时还要补缴50戈比的登记税。②

  1794年，政府提高了包括人头税在内的各种税收的额度，征税的标准按省来划分：莫斯科、诺夫哥罗德、普斯科夫、波洛茨克、里加、雷瓦尔、维堡、奥洛涅茨、阿尔汉格尔斯克、沃洛格达、雅罗斯拉夫尔、科斯特罗马、弗拉基米尔、彼尔姆、科雷万、伊尔库茨克等省地主农民的人头税从70戈比增加到1卢布。圣彼得堡省地主农民的人头税为1卢布30戈比。③ 对于奥廖尔、库尔斯克、沃罗涅日、梁赞、坦波夫、奔萨、萨拉托夫、高加索、辛比尔斯克、乌法、下诺夫哥罗德、喀山、维亚特卡、托博尔斯克、图拉、卡卢加、斯摩棱斯克和莫吉廖夫等土地面积辽阔和水运交通发达的省份，地主农民的人头税从70戈比提高到85戈比。④ 自1794年下半年以来，小市民人头税从每年1卢布20戈比提高到2卢布。1797年12月18日，政府颁布法令，免除1797年1月1日前小市民和所有农民人头税的尾欠，总计700多万卢布。1797年12月18日颁布法令规定，地主农民人头税提高到1卢布26戈比。1782年，官衔达到校官、尉官的独户农免缴人头税。为庆祝叶卡捷琳娜二世执政25周年，1787年6月28日，俄国颁布公告，宣布1776年1月1日前国家农民的人头税和代役租尾欠及地主农民的人头税尾欠一律免除。上述农民1776年至1786年的尾

---

① Абашев А. О. Налоговая система России X – XX в. С. 70.
② Полное собрание законов Российской империи. Собрание I : в 45 т. Т. 18. 1767 – 1769. СПБ. , 1830, С. 929.
③ Полное собрание законов Российской империи. Собрание I : в 45 т. Т. 23. 1789 – 6 ноября 1796. СПБ. , 1830, С. 529.
④ Полное собрание законов Российской империи. Собрание I : в 45 т. Т. 24. 6 ноября 1796 – 1798. СПБ. , 1830, С. 226.

欠从1788年开始分20年偿清。① 此时，允许用粮食偿还部分税收尾欠。整个18世纪下半叶，人头税的额度不断被提高，但是不同纳税阶层的税收负担并不平衡。1760～1798年，国家农民的人头税从1卢布20戈比提高到4卢布26戈比，即提高了2.5倍。地主农民的固定人头税（不包括向地主缴纳的代役租）从70戈比提高到1卢布26戈比。如果只计算向国家缴纳的人头税，国家农民承受的负担更重。18世纪下半叶，俄国的商品货币关系、工商业企业经营和交通都有长足的发展。因此，农民外出打短工也成为一种比较典型的现象。在国家土地上，农民外出打短工由村社负责，外出打工农民的纳税义务要由村社承担。在外出打工时间较长的情况下，村社要求打工者委托某人代其纳税。②

在叶卡捷琳娜二世女皇执政期间，俄国开启了向资本征税的历史，虽然制度不够完善，但毕竟开创了历史先河。女皇将商人和企业主从城市公社中划分出来，组成一个特殊的纳税群体。根据1775年3月17日的公告，商人不再缴纳人头税，而要支付一种新的直接税，税额为其申报资本的1%。政府根据申报资本的额度将商人划分为三个等级，并将其列入相应的商人公会，也称基尔特。列入一等基尔特的商人申报资本不能低于10000卢布，列入二、三等基尔特的申报资本分别不得低于1000卢布和500卢布。一等商人有权从事对外贸易，二等商人可以在全国范围内从事商业经营，三等商人仅限在自己所在的城市和县里从事经营。资本低于500卢布的工商区居民统统被列入小市民阶层，与以往一样支付人头税。③ 为达到少纳税的目的，商人们都只按最低标准来申报资本。这些商人实际上拥有的资本比其申报资本要多得多。商人纳税之后，其家庭男性成员就不再额外纳人头税，商人申报资本比例税是营业税的雏形。

1785年，女皇颁布《特权诏书》，将商人税收改革以法令的形式固定下来，并将二等和三等商人的入会申报资本分别提高到5000卢布和1000

---

① Полное собрание законов Российской империи. Собрание Ⅰ: в 45 т. Т. 22. 1784－1788. СПБ., 1830, С. 861.
② Захаров В. Н., Петров Ю. А., Шацилло М. К. История налогов в России. Ⅸ－начало ⅩⅩ века. С. 109－110.
③ Полное собрание законов Российской империи. Собрание Ⅰ: в 45 т. Т. 20. 1775－1780. СПБ., 1830, № 14275, §47; № 14327.

第七章 叶卡捷琳娜二世时期的税制改革

卢布。根据诏书规定，资本超过 5 万卢布的富商和工业主、资本超过 10 万卢布的银行家被列入单独的一个市民阶层，被称为"高贵市民"。① 这些高贵市民同样要缴纳申报资本 1% 的比例税。因为各等级商人都是按最低标准申报资本，而并非其真正拥有的资本，1794 年商人入会的门槛再次被提高，一等商人申报资本达到 1.6 万卢布，二等和三等商人申报资本分别为 8000 卢布和 2000 卢布。② 农民也有权登记在各个等级的商人基尔特，他们需要申报的资本甚至超过商人。国家农民即使加入商人基尔特，也不能与自己的公社断绝关系。地主农民如果加入商人基尔特，也不能脱离他的主人。农民阶层加入商人基尔特之后，要同时支付人头税和申报资本 1% 的比例税。18 世纪，与工商业企业经营相关的税收标准不断被提高。根据 1763 年叶卡捷琳娜二世颁布的上谕，铜铁冶炼厂每个高炉每年缴税 100 卢布，每个热风炉每年缴税 5 卢布，纺织厂每台纺织机每年缴税 1 卢布。对于那些没有机械装置的手工作坊，从其固定资本征收 1% 的比例税。18 世纪 60 年代，因为与土耳其开战，很多与企业经营相关的税收额度被提高。酿酒厂的蒸馏器打印税从每维德罗纳税 25 戈比提高到 40 戈比。1769 年，除锅炉税之外，冶铁厂熔炼生铁每普特要纳税 4 戈比，炼铜厂要上缴炼铜产量的 1/10。③ 自 1794 年下半年开始，私营冶铁厂的税额从每普特 4 戈比提高到 6 戈比，有官资参与建造的冶铁厂税额从每普特 4 戈比提高到 8 戈比。私营炼铜厂在原来的纳税基础上（上缴产量的 1/10），炼铜每 100 普特还要上缴 5 普特，而官资参与建造的炼铜厂每 100 普特要上缴 10 普特，如果用货币支付，则每普特为 5 卢布 50 戈比。从 1797 年开始，炼铜厂的实物税下调至原来的标准。此时规定，一半的税收用冶炼的金属代替，另一半用货币支付，标准从原来的 5 卢布 50 戈比提高到 7 卢布。④ 从 1799 年下半年开始，冶铁厂的纳税额度也开始提高。私营冶铁厂冶炼金属每普特纳税从 6 戈比增加到 8 戈比，有官资参与的冶

---

① Полное собрание законов Российской империи. Собрание Ⅰ: в 45 т. Т. 22. № 16187.
② Полное собрание законов Российской империи. Собрание Ⅰ: в 45 т. Т. 23. № 17233.
③ Захаров В. Н., Петров Ю. А., Шацилло М. К. История налогов в России. IX – начало XX века. С. 112 – 113.
④ Абашев А. О. Налоговая система России IX – XX в. С. 82.

铁厂每普特从 8 戈比提高到 12 戈比。①

18 世纪末，俄罗斯帝国共有 126 个税种。纳税人或者其委托人按序将税款交给县司库官。接收税款时，司库官要给纳税人开具有自己签字的收据，允许纳税人提前缴纳税款。征税截止后，司库官要将欠税人信息及欠款额度的清单交付县地方自治法院。收到欠税清单后，法院会向欠税人下发催缴通知单，责令在四周内偿清尾欠。如规定时间内欠税人未能交齐尾欠，法院会派出地方自治警察负责追缴，有时也会派法院的陪审员带两名士兵处理此事。②

第三节　叶卡捷琳娜二世的间接税改革

叶卡捷琳娜二世政府不断开疆拓土，军费支出异常庞大。在直接税领域，女皇不断提高人头税标准，但税收进项仍然无法满足国家需求，于是政府将改革间接税和征收特别税作为增加国家预算收入的重要手段。早在伊丽莎白女皇时期，俄国有的地区实行酒包税制，有的地区又实行代卖制。因只有贵族才有权酿酒，国家酿酒量根本无法满足需求，随着市场需求不断增长，私人贩酒活动异常猖獗，国库利益受到严重威胁。据统计，1754 年，俄国私人贩酒量高达 200 万维德罗，远远超出公家垄断售酒的数量。③ 叶卡捷琳娜二世执政后，对现存的包税制做了认真的研究，在其执政期间，酒包税制有了长足的发展。1765 年，俄国颁布酿酒条例，该条例是调节俄罗斯帝国产销酒类产品的重要文件，同时该条例也确定了新式的酒包税制。根据条例规定，酿酒权是贵族阶层的特权，其他阶层不能染指。同时，条例规定只有包税商和公家才有售酒的权利。在条例中包税商、酿酒的贵族地主和国家三者的关系得到立法上的确定，贵族地主酿造的酒必须按与包税商或政府的协议提供给公家

---

① Абашев А. О. Налоговая система России IX – XX в. С. 87.
② Полное собрание законов Российской империи. Собрание I : в 45 т. Т. 21. С. 508, 509, 510.
③ Чечулин Н. Д. Очерки по истории русских финансов в царствование Екатерины II. С. 154 – 155.

酒铺，自己不得私自截留或销售。①

条例规定售酒所得的收入由国家垄断，因此对包税商规定了一系列售酒的限制条件：第一，包税商必须按照国家规定的价格售酒，售酒价格的标签要贴在盛酒容器上；第二，不得以任何理由动用售酒的收入；第三，不得向酒中掺水和其他任何物质；第四，不得私自运输和销售走私的白酒、啤酒和蜜酒；第五，售酒时不得缺斤短两；第六，不允许以抵押物品或赊账的方式售酒。② 政府认为售酒属于政府和包税商共同的事业。在1766年8月1日的公告中，政府强调售酒的种类、价格与数量由公家决定，包税商必须通过招标才能获得酒包税权。获得酒包税权的商人将获得很多特权，其地位在某种程度上已接近贵族阶层。他们可以像贵族一样佩戴长剑，也不用承担为部队提供宿营的义务。③

1767年，俄国颁布了酒类包销合同的签订条例，条例中确定了包税商的特别地位和签订包税协议的相关规定，此时的包税商正式被称为政府的代理人。政府与包税商的协议每四年签订一次，协议期满前几个月，政府要举行招标。参与竞标的商人要交纳高额的保证金，竞标获胜者将与政府签订包税协议。从1771年1月1日起，根据参政院颁布的法令，酒类包销合同的签订事宜由度支院负责。标准合同共计44个条款。1771～1775年，根据政府与包税商的协议，公家酒铺售酒的价格为每维德罗3卢布，其中采购酒的价格为每维德罗85戈比，2.15卢布是公家的利润，包税商必须按照政府的定价售酒，政府也不会向其发放薪酬。④

那包税商是如何获得高额利润的呢？原来，在包税协议中，政府为包税商提供了很多财政收入的来源。根据法令规定，包税商可获得如下特权。

（1）在按每维德罗3卢布的价格提前卖完规定数量的酒之后，包税

---

① Полное собрание законов Российской империи. Собрание Ⅰ: в 45 т. Т. 17. № 12448. С. 208.
② Полное собрание законов Российской империи. Собрание Ⅰ: в 45 т. Т. 17. № 12448. С. 211-212.
③ 彼得一世推行人头税后，颁布按省分配军团的命令，最早军团安置在农村，由于管理问题和农民负担过重，1727年俄国颁布命令，规定军团必须安置在城市。城市非特权居民要承担安置士兵的义务。
④ Гавлин М. Л. Вопрос о винных откупах в истории законодательства Российской империи. ⅩⅧ－ⅩⅨ вв. С. 131.

商有权在余下时间按自己的价格（高于每维德罗 3 卢布）售酒，超出规定价格那部分收入归包税商所有。

（2）如果包税商能够以低于国家采购价（85 戈比）的价格购酒，那么采购价之差归其所有。

（3）根据包税协议，在酒铺的酒不够卖时，包税商可以按自由价格购酒和售酒。

（4）包税商最大的收入来源是销售各种伏特加酒。当时伏特加酒是比较普通的粮食酒，酒精度数为 40 度。包税商通常用各种香料对伏特加酒进行提纯，在这种情况下，售价会提高一倍，即每维德罗 6 卢布，差价售酒所得归包税商所有。

（5）包税商有权销售自酿的啤酒和蜜酒。

（6）包税商管辖的酒铺可以卖各种下酒菜，此项收入也非常丰厚。

（7）包税商还有权查抄走私的酒，卖掉这些酒的收入归其所有。在获得包税权期间，包税商及其家人免缴国家其他税赋，他们还享有一定的司法权。①

如果包税商未能按协议规定支付包销税，其委托人或酒铺接管人要履行其未完成的义务。包税商每年要向度支院提交工作报告。可见，在叶卡捷琳娜二世执政时期，俄国政府对酒包税制进行了重大改革，这种贵族垄断酿酒和包税商垄断售酒的模式规避了很多弊端，国家酒收入逐年攀升。1767 年和 1770 年，酒收入分别为 508.5 万卢布和 576.7 万卢布。1771～1774 年，平均每年为 664.4 万卢布，1775～1778 年，平均每年为 688.7 万卢布，1779～1783 年，平均每年为 925.8 万卢布，1794 年酒收入为 1517.7 万卢布。到叶卡捷琳娜二世执政后期，酒收入占国家税收进项的 30.4%。② 酒收入不断提高还有一个原因，那就是政府不断提高售酒价格。据统计，1765 年，售酒价格为每维德罗 2 卢布 54 戈比，1769 年和

---

① Полное собрание законов Российской империи. Собрание I : в 45 т. Т. 17. № 12448. С. 130 – 133，137.

② Гавлин М. Л. Вопрос о винных откупах в истории законодательства Российской империи. XVIII – XIX вв. С. 133.

1794年价格分别提高到3卢布和4卢布。① 新包税制度看上去是将很多开销转嫁给了包税人，实际上税收负担都集中在普通民众的身上。

伊丽莎白女皇执政时期，政府推行保护关税政策，导致走私现象十分猖獗。1766年，俄国实行差别关税政策，政府将所有商品划分为19类，并总体下调商品的进口税率。一般商品的税率都不超过自身价格的30%。此时，俄国对个别商品征收高额关税，其中生铁、铁制品和奢侈品的进口税率高达自身价格的200%。② 1782年俄国颁布新税率，很多进口商品的税率被下调到10%，只有个别商品的进口税率达到自身价格的40%。③ 18世纪90年代，因西欧革命形势的影响，俄国开始提高保护关税的级别，并禁止进口法国的商品。④ 叶卡捷琳娜二世执政时期，俄国商品贸易额不断增长，关税收入大幅攀升。18世纪60年代，关税收入每年平均为250万卢布。到90年代初，关税收入每年能达到700万卢布。⑤ 叶卡捷琳娜二世政府对食盐实行垄断政策，但不断下调食盐的销售价格。1762年食盐销售价格为每普特40戈比，1775年，食盐价格为每普特35戈比。随着食盐销售量的提高，盐税收入也不断增长。政府完全将食盐销售权掌握在自己手中，私人盐业主将开采的食盐运到官家商店，统计好数量后按各省需求分发，各省在官家店铺进行销售。私人也可以卖盐，但必须从政府手中按规定的价格购买，销售价也由政府规定。1781年，俄国颁布《售盐条例》，对食盐销售做出了严格的规定。到90年代初，因食盐开采地都位于偏远地区，食盐运输和保管支出庞大，盐税收入开始下滑。

为增加国库收入，除间接税改革之外，叶卡捷琳娜二世政府还多次增收特别税。1764年，报官呈文每份要纳税25戈比，诉讼呈文每份纳税3

---

① Сведения о питейных сборах в России. Ч. I. СПБ., 1860, С. 34, 38, 61.
② Захаров В. Н., Петров Ю. А., Шацилло М. К. История налогов в России. IX – начало XX века. С. 116 – 117.
③ Лодыженский К. История русского таможенного тарифа. С. 140.
④ Захаров В. Н., Петров Ю. А., Шацилло М. К. История налогов в России. IX – начало XX века. С. 117.
⑤ Чечулин Н. Д. Очерки по истории русских финансов в царствование Екатерины II. С. 217 – 218.

卢布，不服判决的二审上诉呈文每份纳税 6 卢布，发放呈文的机关即纳税地点。刑事案件和公家事务的呈文不在征税范围之内。① 1769 年与土耳其作战，俄国从利夫兰区每年征税 10 万塔列尔②，从爱斯特兰区每年征税 5 万卢布，从纳尔瓦市每年征税 3000 卢布。上述这些税款分两期等额支付，分别为库帕拉节③前和新年前。④

根据 1782 年 5 月 26 日法令，除了一般国家税收之外，波罗的海东部沿海地区的各省还要支付一些特别税。

（1）地方捐税、租赁税、驿务税；

（2）酿造啤酒和蒸馏白酒税；

（3）消费税；

（4）司法税；

（5）教育税；

（6）土地测量税；

（7）地方特别税；

（8）烤炉税；

（9）牲畜交易税。⑤

1797 年规定，每年从所有贵族的领地征收 164 万卢布，用于供养各省的司法机关。这笔税收按省分摊，但不是均摊，而是根据各省领地的大小及其条件分配。例如，莫斯科省分摊 5.1 万卢布的税额、圣彼得堡省 1.1 万卢布、立陶宛省 10.4 万卢布、小俄罗斯省 8 万卢布、基辅省 7.2 万卢布、辛比尔斯克省 4 万卢布、诺夫哥罗德省 2.8 万卢布、维堡省 5000 卢布、阿斯特拉罕省 1000 卢布，等等。⑥ 这笔税款由省、县首席贵族负责征收。

---

① Полное собрание законов Российской империи. Собрание Ⅰ: в 45 т. Т. 16. С. 458, 460.
② 一种金属货币，分金币和银币两种。最初于 16 世纪在波亚米亚用白银铸造，后来在德国、斯堪的纳维亚各国和荷兰等地流通，等于当时德国的 3 马克。
③ 东正教节日，时间为俄历 6 月 24 日的夏至。
④ Абашев А. О. Налоговая система России Ⅸ - ⅩⅩ в. С. 71.
⑤ Полное собрание законов Российской империи. Собрание Ⅰ: в 45 т. Т. 21. С. 508, 509, 510.
⑥ Полное собрание законов Российской империи. Собрание Ⅰ. С 1649 по 12 декабря 1825 года: в 45 т. Т. 25. 1798 - 1799. СПБ., 1830, С. 832.

第七章 叶卡捷琳娜二世时期的税制改革

随着国家兼并土地的增多，很多外族人和其他宗教信仰的人被纳入俄国政府的管辖范围。叶卡捷琳娜二世执政期间，还存在一些比较特殊的税种，纳税主体就是外族人和信仰其他宗教的居民。外国商人在俄国经商受到严格的限制，而消除这些限制的条件是加入俄国国籍。1783年，爱斯特兰省和利夫兰省的农民开始向国家缴纳人头税，并向地主支付代役租。商人和小市民要根据申报的资本被登记在相应的基尔特，并按基尔特登记缴纳1%的比例税。资本达不到要求的被列入小市民阶层，他们需要缴纳人头税。这样的制度还推广到白俄罗斯、小俄罗斯和维堡等省。这样，18世纪80年代，也就是叶卡捷琳娜二世统治时期，俄国基本完成税制的统一。还有一些税是根据民族属性和宗教信仰征收，这些税收往往有严格的限制，具有不平等的特征。例如，1783年，犹太人要根据阶层属性进行纳税，根据申报资本，犹太人被列入相应等级的基尔特，资本达不到要求的被列入小市民阶层。随着新罗西亚的开发，政府允许犹太人定居在那里，他们缴纳的税收要比正教徒多一倍。①

---

① Захаров В. Н., Петров Ю. А., Шацилло М. К. История налогов в России. IX – начало XX века. С. 120 – 121.

第八章
19 世纪上半叶俄国的税制改革

19 世纪初，税收管理机关的结构发生了重大变革。然而，征税的制度，尤其是直接税的征收制度没有任何变化。与 18 世纪一样，19 世纪俄国的大多数居民要缴纳人头税，这项税收是帝国收入最主要的来源。亚历山大一世执政时期，国务秘书 М. М. 斯佩兰斯基的财政改革未能使俄国摆脱财政窘境，接下来财政大臣 Д. А. 古利耶夫的税收政策导致国家财政状况进一步恶化。尼古拉一世时期，财政大臣 Е. Ф. 康克林实行"与民休息"的税收政策，国家财政状况趋于好转。19 世纪上半叶，税收进项仍是国家预算的基础。

第一节　19 世纪上半叶俄国的内政外交与财政状况

由于叶卡捷琳娜二世执政时期较长，保罗一世即位时已经 42 岁，与叶卡捷琳娜二世的政策背道而驰成为他短暂统治时期的一个突出特点。一方面，保罗一世继续推行农奴制，粗暴地镇压农民骚乱；另一方面，他不向母亲那样信赖和宠爱贵族。1797 年保罗一世颁布法令，将农民对地主的劳役地租改为三天，并限制贵族阶层的选举权，废除贵族免于刑罚的特权。在国家和地方管理方面，保罗一世更依赖于政府委派的官僚集团。① 这代表俄国政府对农奴制态度的一个转折，同时也意味着贵族阶

---

① 〔俄〕瓦·奥·克柳切夫斯基：《俄国史教程》（第五卷），刘祖熙等译，商务印书馆，2013，第 141 页。

层地位的下降。从保罗一世到尼古拉一世时期，是俄国官僚制度急剧发展的时期。

保罗一世对前朝政策的厌恶导致其改革活动失去连续性和稳定性，政府推行的政策往往自相矛盾。1801年3月，近卫军发动宫廷政变，亚历山大一世取代保罗一世登上王位。在登基的公告中，亚历山大一世宣布继续推行叶卡捷琳娜二世女皇的方针。亚历山大一世执政初期的表现，让民众感到俄国社会将发生巨大的变革。执政早期的亚历山大一世力图推行自由主义改革。即位之初，他特赦保罗一世统治时期被贬黜的近1.2万人，取消出国旅行的限制，放宽书刊检查制度，恢复贵族特权。① 为解决农民问题，亚历山大一世于1803年2月20日颁布法令，规定农民可以赎买自己的自由，前提条件是与地主签订合法协议。

为推行改革，亚历山大一世成立了"非正式委员会"，负责研究国家政治和经济制度的改革，但委员会工作很快就陷入困境。农奴制对俄国有着深远的影响，废除农奴制会从根本上触动俄国的政治和经济制度。这样的改革不但会招致贵族地主的强烈反对，而且亚历山大一世本人更是极力反对实行共和制或立宪制。1805年，委员会被取缔，标志着亚历山大一世自由主义改革计划的终结。亚历山大一世执政时期，对国家机关的体制进行改革。1802年，俄国建立部体制中央管理机关。最早建立的八个部级机关为外交部、陆军部、海军部、内务部、财政部、司法部、商业部和国民教育部。② 为再一次尝试推行自由主义改革，亚历山大一世委托斯佩兰斯基制定国家改革总体纲领。斯佩兰斯基提倡国家机关应由立法、行政和司法机构组成，主张制定统一的国家法典，提出不带土地解放农民。不言而喻，这些改革与君主专制制度格格不入，自然也就不能实现。③

亚历山大一世执政的后半期，除实行军屯制，几乎没有出台任何改革法令。在维也纳会议上，亚历山大一世要求在管辖的波兰王国实行立宪

---

① 〔美〕尼古拉·梁赞诺夫斯基、马克·斯坦伯格：《俄罗斯史》，杨烨译，上海人民出版社，2013，第291页。
② Министерская система в Российской импереии: К 200 – летию министерств в России. М., РОССПЭН. 2007, С. 14.
③ Ключевский. В. О. Сочинения в девяти томах. Т. 5. М., Мысль., 1989, С. 200 – 202..

制，1815年他批准波兰王国宪法。法令规定波兰由总督治理，立法权归上议院和下议院。打败拿破仑之后，亚历山大一世固执于整顿军队纪律，力求无限扩大君主的权力，并按照土耳其的模式建立军屯制，将服兵役与农业耕作结合起来。1816～1821年，军屯制达到顶峰，这种制度安置了俄国近三分之一没有作战任务的士兵。① 在亚历山大一世执政的最后岁月，他对自己的执政之路与前期工作失去信心，开始笃信宗教，完全陷入神秘主义。

19世纪初，欧洲大陆掀起血雨腥风。亚历山大一世登基后，本打算推行中立的政策。然而，俄国不可能置身于欧洲冲突之外。为巩固帝国西部边界和推行大国沙文主义，俄国于1805年与英国、奥地利、瑞典组成第三次反法同盟。12月，拿破仑在奥斯特里茨战役中大败俄奥联军。1806年，俄国与普鲁士结成新的联盟继续与法国交战。在耶拿和奥尔斯塔特，法国消灭了普鲁士军队，并在弗里德兰重创俄军。1807年7月，法国与普鲁士和俄国签订《提尔西特条约》，普鲁士沦为二流国家，俄国被迫接受拿破仑提出的重新瓜分欧洲领土的决议，并参与对英国的大陆封锁。到19世纪初，英国一直是俄国最重要的贸易伙伴。1802～1806年，俄国91%的亚麻、77%的食盐、73%的大麻、84%的鬃毛及71%的铁都出口英国。② 根据俄国史学家的观点，大陆封锁对俄国的经济带来了致命的后果，动摇了俄国的地主经济，使俄国的粮食出口商失去国外市场，进而导致粮食出口受到严重的制约。根据波克罗夫斯基的统计，1801～1806年，俄国年均出口粮食221.8万俄担，1806～1810年，平均每年粮食出口只有59.6万俄担，缩减到了原来的约四分之一。③

与法国媾和使俄国有机会腾出手来继续扩张领土，1810年，格鲁吉亚西部地区成为俄国领土。俄国兼并格鲁吉亚地区招致波斯的不满，俄国与波斯随即开战，波斯战败后，与俄国签订《古利斯坦条约》，俄国获得

---

① 〔美〕尼古拉·梁赞诺夫斯基、马克·斯坦伯格：《俄罗斯史》，杨烨译，上海人民出版社，2013，第305页。
② Казаков Н. И. Внешняя политика России перед войной 1812 года. // К стопятидесятилетию Отечественной войны. М., Академия наук СССР. С. 18.
③ Покровский В. И. Сборник сведений по истории и статистическе внешней торговли России. Т. 1. СПБ., 1902, С. 3－4.

高加索达吉斯坦地区和舍马赫地区。入侵格鲁吉亚同时也引发了俄土之战，俄国再一次打败土耳其，获得了比萨拉比亚。1809~1810年，俄国打败瑞典，收获芬兰，后者沦为俄国一个自治的公国。亚历山大一世担心拿破仑在欧洲称霸会导致俄国利益受损，参与对英国封锁后，俄国的经济贸易受到巨额损失，俄国开始背离条约同英国恢复贸易。1812年6月，拿破仑入侵俄国。由于法国外交和军事准备充分，法国在俄作战势如破竹，俄军损失惨重。在波罗金诺一战中，双方共损失近10万人，阵亡的将军数量达到几十名。在战争危局时刻，俄国启用骁勇善战的库图佐夫将军。拿破仑攻入莫斯科后，俄国实行坚壁清野的政策，法军深入俄国腹地，在孤立无援和给养不足的情况下，最后被俄国打败。1814年3月，俄奥普联军攻入巴黎，拿破仑退位。1815年3月，拿破仑复辟，6月"滑铁卢之战"拿破仑惨败，"百日王朝"宣告结束。①

　　1825年，亚历山大一世的弟弟尼古拉登基即位，成为新的沙皇。在其执政初期，社会面貌有了很多变化，人们普遍将其视为第二个彼得一世。但是，尼古拉一世并不是一个灵活的政治家，他童年所接受的保守主义思想影响了他的一生。在国家事务中，他坚持保守主义方针，拒绝从根本上改变政治制度，而是对其进行适当的调整。沙皇本人经常说的词就是"义务"和"责任"，在他执政时期，俄国君主专制达到顶峰。为调整国家的管理制度，尼古拉一世要求编撰新法典。为此，他重新启用斯佩兰斯基。1830年，在斯佩兰斯基的领导下，庞大的《俄罗斯帝国法典》编撰工作得以完成，该法典共45卷，包含30920条。② 在执政的30年里，尼古拉一世始终关注农民的问题。在这方面，他的一项重要举措就是1837~1841年的国家农村改革，该改革催生了一系列有关农民问题的立法。尼古拉一世时期，俄国农奴制立法有了新基础，农奴不是地主的私有财产得到默认。1842年法律更是具有进步意义，虽然这项法令只是农民法权方面的改变，并不意味着农民地位得到彻底改变，却为1861年农民改革奠

---

① 〔美〕尼古拉·梁赞诺夫斯基、马克·斯坦伯格：《俄罗斯史》，杨烨译，上海人民出版社，2013，第296~301页。
② 〔俄〕瓦·奥·克柳切夫斯基：《俄国史教程》（第五卷），刘祖熙等译，商务印书馆，2013，第197页。

定了法律基础。1843年法令禁止无地贵族获得农民,根据地主与农奴的自愿协议,农民有权长期使用地主土地,从此农民不再依附于地主,地主也摆脱了因占有农民所承担的义务。[①]

对外政策方面,尼古拉一世力求维护欧洲秩序,进而为俄国谋求最大的利益。1826~1828年,俄国发动对波斯的战争,战胜的俄国获得包括埃里温在内的亚美尼亚,并有权在里海拥有舰队。与波斯战争结束后不久,俄国对土耳其宣战,1828年4月,俄国重创土耳其,迫使土耳其签订《阿德里安堡条约》,俄国获得了多瑙河入海口及高加索大片土地,俄国商船有权自由通往黑海海峡。1830年,俄国用一年时间镇压了波兰起义。1848年法国爆发革命后,尼古拉一世极力扮演欧洲捍卫者的角色,开始疯狂镇压欧洲革命,同时不惜斥巨资帮助其他国家镇压革命。此时拥有"欧洲宪兵"之称的俄国已是外强中干。在随后爆发的1853~1855年的克里米亚战争中,俄国遭到重创,失去了欧洲霸主的地位。19世纪上半叶的俄国对外战争不断,导致国家财政捉襟见肘,军费支出居高不下,国家预算赤字严重(见表8-1)。

表8-1 19世纪上半叶俄国的国家收入与支出统计

单位:百万卢布

年份	预算收入	预算支出	预算赤字
1802	84.5	90.1	5.6
1805	107.0	125.4	18.4
1810	212.3	279.0	66.7
1815	375.9	391.3	15.4
1820	475.5	499.8	24.3
1825	405.8	413.5	7.7
1835	534.3	587.1	52.8
1845	201.8	224.1	22.3
1850	223.3	287.2	63.9
1854	283.5	383.8	100.3

资料来源:Беляев. С. Г. Упраление финансами в России (XVII в – 1917 г.). С. 47 – 48。

---

① Ключевский. В. О. Русская история:Полный курс лекций. Т. 3. С. 550,552.

19 世纪上半叶，俄国政府力求平衡国家的收入与支出，同时借助削减支出来减少预算赤字。需要重点指出的是军费支出，俄国每年军费预算均在 2000 万卢布以上。财政大臣康克林曾指出："鉴于俄国在欧洲市场借贷存在一定困难，因此俄国必须预先储备好军费开销。虽然这些资本闲置有很多的不妥之处，但是我们必须这么做。因为一旦战争爆发，依靠对外举债和税收弥补军费支出会十分仓促。"[①] 军费支出庞大和各部门预算超标是 19 世纪上半叶俄国最典型的特征，也是俄国预算赤字不能消除的主要原因。政府试图通过削减支出来解决赤字，然而，这种措施无法达到预算平衡。

第二节　税收机关的改组

到 18 世纪末，俄国仍没有统一的中央财政和税收管理机关。1801 年，县级城市的市政公署和市政厅隶属于省公署[②]和省政厅[③]。省政厅隶属于参政院，其经费由商人、小市民和同业公会人员的纳税来负担。省政厅下设解决民事和刑事案件的司法审判司及主管经济业务的财经司。省政厅必须对省内收支了如指掌，对居民、房屋、土地、经营性场所的数量要有准确的概念，其职责还包括平衡居民的赋税。亚历山大一世执政后，于 1802 年 9 月 8 日颁布中央机关改革法令，俄国建立了部级管理机关。主管财政的中央机关为财政部，俄国还设立了国库总署，该机关具有部级机关的地位。1821 年，国库总署更名为"国库司"，划归财政部管辖。1810 年取缔商务部，该部原管辖事务转交给财政部的对外贸易司。至此，税收事务的总体管理权都集中在财政部。财政大臣在每年年底要制定下一年的收支一览表，该表须皇帝批准后交由国库司执行。没有国君和财政大臣的

[①] Печерин Я. И. Исторический обзор росписей государственных доходов и расходов. с 1803 по 1843 год включительно. С. 98.

[②] 省公署（Губернское городское правление）——省里最高的行政管理机关，主要职责包括负责公布皇帝上谕、参政院法令和政府各种指令性文件、对省里违纪的公职人员提起公诉、行使地方最高警察权力、解决所辖区行政机关及官员的争议和纠纷问题。

[③] 省政厅（Ратгауз）——第一个省政厅根据保罗一世的命令于 1798 年在圣彼得堡成立，负责税收和司法业务。19 世纪初国家机关改革后，各省均设立省政厅。

许可，国库司无权自行支出钱款。各省的国家税收仍由省财政厅负责征收。

1808年，皇室领地管理局被取缔，皇室领地征税的业务由皇室领地办事处（Удельная контора）负责。在税丁超过1万人的皇室领地所在省份设立皇室领地办事处，其他省份设办事处分部，各乡公所也归办事处管理。此时，乡公所里的工作人员包括一个主管领导和两个农民代表。主管领导由皇室领地管理司批准任命，而农民代表由皇室领地办事处挑选。如果主管领导能力出众且得到大家认可，他可以无限期任职。农民代表则需每三年选举一次。为处理文书事务，根据乡公所决定可以任命录事职位。乡公所内职员的薪酬由村社的村民承担，前提条件是他们要认真地履行自己的职责。此外，可以在某些方面为这些职员提供优先权和奖励。乡公所的职责是负责征税并将税款转交给上级国库。米尔公社根据其承担的税赋、徭役和公村社需求自行处理分摊事务。皇室领地办事处要公平、公正地监督税收的分配，并将这些信息通报给皇室领地管理司。因皇室领地管理部门正处于改革时期，所以1809年前产生的尾欠分10年等额偿还。①

1811年，财政部设立几个重要的司级机关，其中一个是税收司，负责管辖三个处室：税收管理处、酒税管理处和印花纸管理处。税收管理处负责如下业务。

（1）征收人头税和土地税；

（2）向小市民和居住在首都的手工业者征税；

（3）向自由民②征税；

（4）向商人征收申报资本比例税和商铺税；

（5）统计上述人员并确定其阶层范畴，审核从一个阶层转入另一个阶层或从一个省到另一个省的手续；

（6）负责征兵及征收代替服兵役而缴纳的国家税；

---

① Полное собрание законов Российской империи. Собрание I : в 45 т. Т. 30. 1808 – 1809. СПБ. ,1830, С. 152, 198, 230, 231.

② 自由民（вольные люди）——产生于18世纪末的国家区域改革时期，是俄国一个特殊的社会阶层，这些居民主要集中在波罗的海沿岸和西南各省。他们不属于某个同业公会，也不属于商人阶层，更有别于农民。他们有人身自由，需要缴纳特殊的人头税，与1861年获得自由的地主农民不能混淆。

（7）征收水运交通税；

（8）征收陆路交通税；

（9）管理邮政收入；

（10）征收首都房产税；

（11）征收办公厅税（不动产契约和其他证书税、各类罚金及扣款）；

（12）管理城市收入；

（13）征收地方税；

（14）负责学校经费的筹集和征收地产收益税。

酒税管理处负责与包税商结算、管理售酒商店和酒消费税，最重要的职责是管理售酒和各种酒精饮料的收入。印花纸管理处负责生产和销售各种印花纸。①

根据1821年2月3日法令，在圣彼得堡建立中央国库（Главное казначейство），取代了莫斯科和圣彼得堡的结余资产管理司。中央国库职能包括接收、保管和划拨国家行政管理机关的支出，并负责支出的簿记业务。根据1821年2月2日法令，在财政部设立国库司（Департамент Государственного Казначейства），负责管辖中央国库、省国库、县国库和省财政厅。国库司的主要工作是核算国家所有国库收支。负责管理采矿场、采盐场及监督私营工业发展的是矿务和盐务司。负责地方征税、酒类包销和国有资产管理工作的是各省财政厅和县国库。财政厅下设酒税管理科，负责管理和监督酒类包销、发放酿酒许可证、监督公家酒坊的经营业务。财政厅经济管理科在1838年前负责管理国有资产和保管所有丁籍调查资料。国家农民和国有资产的管理职权划归国有资产部后，财政厅的经济管理科只负责丁籍调查事务。县国库由财政厅负责管理，主要负责接收和保管税款。1810年前，盐务署隶属于内务部管辖，盐务划归财政部管理后，在财政部的矿务与盐务司设立国有盐供应委员会。1818年，在财政厅专门设立了盐务管理科。② 1820年和1821年，俄国多个省份出现灾

---

① Полное собрание законов Российской империи. Собрание Ⅰ：в 45 т. Т. 31. 1810 – 1811. СПБ., 1830, С. 728, 741, 742.

② Захаров В. Н., Петров Ю. А., Шацилло М. К. История налогов в России. Ⅸ – начало ⅩⅩ века. С. 137 – 138.

荒，国家储备的粮食不足，而且当时的补给措施也不健全。1822年7月，在每个省建立粮食应急委员会，主要职责是监督各省粮食的保障问题。为此，政府规定征收粮食实物税和货币税，为确保万无一失，政府规定每个税丁每年向国家交粮4俄升①，上交的粮食以谷物为主。征收的粮食放在村庄的粮库。粮食的保管因粮库所在地而定：地主农庄的粮库由地主负责，自由农村庄的粮库由村社负责，国有农庄的由省财政厅负责，皇室领地农庄的粮库由皇室领地管理处负责。城市居民要缴纳粮食货币税，数额相当于农民上交粮食的价格，最初政府规定城市居民每人缴纳25戈比，此项税收属于集体所有。②

第三节 亚历山大一世时期的税制

18~19世纪之交，俄国专制王权达到顶峰，西欧启蒙运动和法国大革命的思潮也影响了俄国。亚历山大一世即位之初，成立秘密委员会，积极推行国家机关改革，废除原来的院体制，进而实行部体制。在文化教育领域，亚历山大一世的改革卓有成效。但在财政和税收领域，俄国仍没有出台良好的举措。因亚历山大一世积极干预欧洲大陆的事务，所以国家军费支出也十分庞大。在他执政的最初十年，俄国在税收领域内的政策就是开辟新税源和提高原有税种的标准。另一方面，俄国政府又被迫通过减免税收来缓解社会矛盾。

为庆祝亚历山大一世加冕礼，1802年，俄国将人头税下调25戈比，同时减免一些税收尾欠。下列人员获得赦免：第一，因公差和刑事案件所欠债务10年未偿清而被羁押的欠债人；第二，因官家债务被收监超过5年且无偿还能力的欠债人。如果欠债人死亡，他的继承人不再承担其债务。③ 由于城市税收不足，1804年5月31日，开始提高沃罗涅日城市居

---

① 俄升（гарнец）——俄国以前的体积单位，约等于328升。
② Полное собрание законов Российской империи. Собрание Ⅰ：в 45 т. Т. 38. 1822－1823. СПБ.，1830，С. 147－149.
③ Полное собрание законов Российской империи. Собрание Ⅰ：в 45 т. Т. 26. 1800－1801. СПБ.，1830，С. 788，789.

民的土地税，地面有建筑设施的土地每平方俄丈①从5戈比增至8戈比，地面没有建筑设施的土地每平方俄丈从0.5戈比提高到1.5戈比。② 政府认为地方税征收的状况也很糟糕，并对其予以改革。1805年5月2日，俄国出台了地方自治税试行条例。根据该条例，地方自治税征收方式分为两类，第一类是按年征收的地方自治税，主要用于邮政业务、军营、取暖、照明和其他需求的开销。第二类是临时征收的地方自治税，作为地方自治机关建造和维修公共设施的支出。按年征收的地方税每三年规定一次，此项工作由总督、副总督与省首席贵族共同完成，并选出贵族代表负责各县的税收分摊工作。由于驿务繁忙，驿站马车夫整天都在奔波，根本没有从事农业耕作的时间。1805年，政府免除驿站马车夫所有国家税和地方自治税。为负担办公机关和官员们的开销，1807年决定向地主农民、国家农民和移民每人每年征税18戈比，商人和小市民免缴此项税收。③ 到1808年，圣彼得堡和莫斯科两大首都税收的尾欠分别为63.4万卢布和46万卢布。为追缴尾欠，政府规定两大首都所有欠债人必须在三个月内缴清尾欠。如果未按规定期限完成纳税，欠债人所属财产的收入将用于抵债，直到交清尾欠为止，接下来这项举措在其他省份也开始实行。

在亚历山大一世的政府中，国家财政改革的实践者并不是财政大臣，而是国务秘书斯佩兰斯基。1810年，斯佩兰斯基获得"御前大臣"的称号，亚历山大一世对斯佩兰斯基言听计从，并委托其制定国家财政改革纲领。1809年，《财政纲领》制定完毕，纲领的中心思想分三个部分：第一部分是禁止发行纸币，稳定国家的货币流通体系；第二部分是削减国家支出；第三部分是提高税收标准和开辟新税源。斯佩兰斯基财政改革纲领的实质是牺牲民众利益来保障国家利益，甚至不惜牺牲贵族阶层的经济利益。1810年2月2日，俄国颁布公告，宣布对税制进行改革。公告规定，国家农民、皇室领地农民和地主农民的人头税提高到2卢布。属于第一和第二等级省份的国家农民代役租分别调整为每人3卢布和2卢布50戈比，

---

① 平方俄丈（квадратная сажень）——俄国以前的面积单位，约等于4.554平方米。
② Полное собрание законов Российской империи. Собрание Ⅰ：в 45 т. Т. 28. 1804 – 1805. СПБ.，1830，С. 219，353.
③ Абашев А. О. Налоговая система России Ⅸ – ⅩⅩ в. С. 89.

属于第三和第四等级省份的国家农民代役租均为 2 卢布。此外，外国手工业者也需要纳税，具体规定如下：工匠每人 100 卢布，学徒每人 20 卢布。炼铜厂除缴纳产量 1/10 的实物税外，炼铜每普特还要纳税 3 卢布。1810 年，向地主农民和皇室领地农民征收特别税，每人 50 戈比，此项税收缴纳时间仅为 1810 年一年。从 1810 年 9 月 1 日起，提高军衔证书税的额度。获得中尉、少尉和准尉军衔证书纳税 1 卢布，获得大尉和上尉军衔证书纳税 2 卢布，获得少校和中校军衔证书纳税 6 卢布，获得上校军衔证书纳税 10 卢布，获得少将军衔证书纳税 60 卢布，获得中将军衔证书纳税 80 卢布，获得上将军衔证书纳税 100 卢布，获得陆军元帅军衔证书纳税 200 卢布。①

1811 年，对伏特加酒和酒精征收消费税。新罗西斯克省生产的酒精每维德罗纳税 4 卢布，每方瓶②纳税 50 戈比。其他地区生产的酒精每维德罗 2 卢布，每方瓶 25 戈比。蜜酒、香水和糖浆也征收消费税。每细颈玻璃瓶③纳税 20 戈比，每平口玻璃瓶④纳税 10 戈比。消费税在提交检验和盖公章时缴纳，省城征税单位是省财政厅，县城征税单位为县法院。1810 年公告规定，向领地贵族（非世袭）征税，这是俄国史无前例的创举。公告规定，除世袭和皇室领地外，其他领地贵族庄园要一次性支付直接税，标准为每个税丁 50 戈比，一次性直接税的征收期限为 1 年。⑤ 从 1812 年开始，根据第六次丁籍调查的结果征收人头税和代役租。1812 年的另一个重要创举就是纸币开始流通，而且可以用纸币纳税。由于以前用银币纳税，当纸币流通后，就要确定纸币的牌价。于是，政府出台法令，规定在纳税时，2 卢布纸币等于 1 卢布银币。⑥ 如果用纸币支付税款，就意味着税收的额度增长了一倍。国有土地和庄园的地租和代役租按 3∶1

---

① Полное собрание законов Российской империи. Собрание Ⅰ: в 45 т. Т. 31. С. 55 – 57, 59, 58, 342.
② 方瓶（штоф）——一种容器，1 方瓶约能盛 1.229 升。
③ 细颈玻璃瓶（бутылка）——一种容器，1 细颈玻璃瓶约能盛 0.6 升。
④ 平口玻璃瓶（банка）——一种圆柱形大口容器，1 平口玻璃瓶约能盛 0.25 升。
⑤ Полное собрание законов Российской империи. Собрание Ⅰ: в 45 т. Т. 31. № 24.
⑥ Полное собрание законов Российской империи. Собрание Ⅰ: в 45 т. Т. 32. 1812 – 1814. СПБ., 1830, С. 281.

的比例征收。换言之，如果用纸币付税，以前1卢布银币的税款现在要支付3卢布纸币。1812年2月11日，政府发布公告，规定所有国家债务转交国债委员会管理。此时，国家的对外举债及国家征购的财产都被列入国家债务。为尽快偿清国债，政府决定临时提高一些税收的额度并出台一些新税种，这些额外的收入只能用于偿还债务。政府允诺，随着国家债务的削减，政府会将税收标准恢复到以前，并废除新增加的税种。根据公告，人头税在以前的基础上每人再提高1卢布，所有省农民的代役租每人增加2卢布。①

斯佩兰斯基的税收改革增加了民众的负担，1810年税收总额达到1.7亿卢布。因俄国仍积极干预欧洲事务，国家支出仍高出预算收入，国家预算赤字达到3000万卢布。为弥补赤字，俄国又发行4300万卢布的纸币。② 换言之，斯佩兰斯基财政改革的两个主要任务（禁止发行纸币和削减国家支出）都化为泡影。在实际征税过程中，工作人员的税收纪律十分松散。政府认为税收尾欠增长的原因有两个，一是征税原则不够健全，二是地方官员的失职。为追缴尾欠，政府出台新举措，规定省公署和总督本人对追缴尾欠负主要责任。尾欠缴纳最终期限结束后，如果在两周内欠税人仍未付清尾欠，县司库官要在7天内向省财政厅和地方自治法院递交欠税单。收到单据之后，地方自治法院会向欠税人派出陪审员。除了缴纳尾欠之外，欠税人还要缴纳滞纳金，数额为欠税总额的1%，滞纳金按月征收。如果一个村庄未完成国家税的缴纳任务，该村集体负责偿还。政府认为出售农民财产会导致其沦为赤贫，为偿清尾欠，村庄可以派欠税人去工厂或手工作坊做工，直至缴清尾欠。对于欠债的地主庄园而言，不应将其查封，而由国家监管其经营，所得收入代缴尾欠，直至偿清。③

1811年，俄国将领地贵族的一次性直接税变成长期固定税。公告规定，领地贵族不再为自己的农民缴纳每人50戈比的一次性税收，而是要

---

① Абашев А. О. Налоговая система России IX – XX в. С. 96.
② Печерин Я. И. Исторический обзор росписей государственных доходов и расходов с 1803 по 1843 год включительно. С. 19 – 21.
③ Полное собрание законов Российской империи. Собрание I : в 45 т. Т. 31. С. 649, 650, 651.

根据自己的财产收入纳税。领地贵族要自愿申报自己的财产收入，否则国家将采取强制措施核查其财产收入。申报完成时间为1812年5月1日前，财产收入包括代役租、农民做工、磨坊、耕地和经营性土地的收入。在随后的几年中，领地贵族申报收入的时间为每年的11月15日前。逾期不申报者，缴纳双倍的税款。申报收入的真实性由总督和贵族代表会议负责核查，同时要有申报者周边领地贵族的证明。年收入低于500卢布的领地贵族免税。值得注意的是，此时从领地贵族征收财产收入的比例税实行了累进制原则。领地贵族财产收入的比例税分两期支付。1812年，头一半税款的支付期限是5月1日到9月1日，另一半要在9月1日到第二年的1月1日间付清。在随后的几年中，两次缴税的期限分别为1月1日到7月1日间和7月1日到第二年1月1日。具体纳税信息见表8-2。

表8-2 领地贵族财产收入纳税比例

单位：卢布，%

地主财产收入区间	税收占收入比例
500~2000	1
2001~4000	2
4001~6000	3
6001~8000	4
8001~10000	5
10001~12000	6
12001~14000	7
14001~16000	8
16001~18000	9
18000以上	10

资料来源：Полное собрание законов Российской империи. Собрание I: в 45 т. Т. 32. С. 193。

继1785年和1794年两次提高商人入会申报资本标准后，1807年，政府再次颁布法令，将商人入会申报资本的最低标准分别提高到5万卢布（一等商人）、2万卢布（二等商人）和8000卢布（三等商人）。1810年，将申报资本纳税比例从原来的1.25%提高到1.75%。1812年，政府颁布法令，将商人申报资本纳税比例提高到4.75%。法令还规定农民阶层从事工商业经营也要纳税，农民要获得工商业经营权，就要购买相应等级的经营许可证，为此要纳税 400～2500 卢布。① 小市民有权从事小买卖经营，而且不用为此纳税，只缴纳人头税。此时的营业税制度存在诸多弊端，导致税收极为不平衡。因为征税的依据不是工商业企业的经营规模，也不是企业经营的收入，而是经营者自愿申报的资本额度。② 1813 年，私营冶铁厂熔炼每普特生铁的纳税标准从 8 戈比增加到 16 戈比，有官资参与建造的冶铁厂纳税标准从每普特 12 戈比提高到 24 戈比。工厂高炉每个纳税 400 卢布，热风炉每个纳税 20 卢布。炼铜厂除了上缴产量 1/10 的实物税外，炼铜每普特还要纳税 6 卢布。同年，各省移民缴纳代役租的额度与国家农民相等。小市民的代役租提高到每人 3 卢布。③ 1814 年 8 月 30 日，俄国发布公告，为纪念反法战争的胜利，亚历山大一世会出台一系列惠民政策，其中免除的税收包括：第一，1813 年 1 月 1 日前产生的农民人头税尾欠及罚金；第二，1813 年 1 月 1 日前产生的国家农民和各省移民代役租的尾欠；第三，1812 年和 1813 年从事商业和副业经营农民的尾欠及罚金；第四，1812～1814 年领地贵族财产收入比例税的尾欠及罚金；第五，被战争破坏严重的省份、发生瘟疫的新罗西斯克省的国家农民和地主农民、小市民、自由民 1813 年的人头税尾欠。1814 年，政府免除的税收尾欠总额超过 3000 万卢布。④

斯佩兰斯基将削减国家支出和提高税收作为改善财政状况的主要手段。在民众支付能力严重不足的条件下，增加税收势必招致强烈的反对。更关键的是，斯佩兰斯基财政改革触动了贵族阶层的利益，且选择改革的时机也不恰当，⑤ 导致斯佩兰斯基的财政改革以失败而告终。为挽救濒临

---

① Рудченко И. Я. Исторический очерк обложения торговли и промыслов в России. С. 109 - 112.
② Рудченко И. Я. Исторический очерк обложения торговли и промыслов в России. С. 117.
③ Полное собрание законов Российской империи. Собрание I : в 45 т. Т. 32. С. 204, 195, 480.
④ Полное собрание законов Российской империи. Собрание I : в 45 т. Т. 32. С. 908, 909, 608.
⑤ 俄国参加对法国的大陆封锁导致国家经济局势迅速恶化，即将爆发的俄法战争导致俄国军费支出迅猛增长，这些都加剧了国家的经济危机。在这种情况下，国家支出不可能削减，发行纸币也不可避免。

垮台的财政，俄国于1814年继续发行纸币，市场上流通着纸币和金属币，使货币流通更加混乱。斯佩兰斯基的财政改革失败后，财政大臣Д. А. 古利耶夫才开始全面负责国家财政事务。1816年，俄国开始征收养路税，每个农民和小市民每年纳税25戈比，商人纳税标准为申报资本比例税的5%。① 从1816年下半年开始，俄国开始按第七次丁籍调查的结果来征税。1816年6月14日，俄国颁布地方自治税改革法令，这是对1805年5月2日条例的解释和补充。根据该法令，地方预算应在执行的三年前送交财政大臣审查，获得赞同后提交国务会议批准，批准后的预算下发各总督执行。特别税的征收必须依据国君的上谕。1816年，各省设立国民粮食特别委员会，地主农民和国家农民缴纳的粮食实物税改为货币税，标准为每人25戈比。② 这笔税款由特别委员会负责管理，只能作为危机时期居民食品需求的补贴。

  1818年，政府开始向所有农民、自由民和小市民征收水运交通税，数额为每人5戈比，商人要缴纳申报资本比例税的5%，此项税收只能用于发展国家的水运交通，政府规定征税的期限为10年。1818年，税收尾欠总额达到9600万卢布，一些省份拖欠税款额甚至超过税收进项。政府认为造成巨额尾欠的主要原因并不是税收法律的不健全，而是地方征税官工作的懈怠和失职。因此，政府责令负责征税的官员于1819年1月1日前征齐全部尾欠。如在规定的期限内未缴清尾欠，欠债人的庄园将被公开拍卖，所得款项一律充公。如果商人欠税，而且他们是城市杜马、市政厅或市政公署的成员，惩罚手段是解除他们的职务，尾欠照常征缴。同时规定，如果商人未在1月1日至12月1日间申报资本，或未在规定期限内缴纳申报资本比例税，他们会被开除出基尔特，并被登记为小市民阶层，禁止其从事商业经营。③ 由于国库收入的增长，政府决定从1820年起，免除1812年法令规定的领地贵族

---

① Полное собрание законов Российской империи. Собрание Ⅰ: в 45 т. Т. 33. 1815－1816. СПБ., 1830, С. 935, 947.
② Полное собрание законов Российской империи. Собрание Ⅰ: в 45 т. Т. 33. С. 995.
③ Полное собрание законов Российской империи. Собрание Ⅰ: в 45 т. Т. 35. 1818, СПБ., 1830, С. 160, 608, 609.

财产收入比例税。

1816年，受西欧自由主义贸易政策的影响，财政部下调多种商品的进口税率，还取消了一些商品进口的限制。1819年，财政部进一步下调进口商品的税率，导致西欧各国商品大量涌入俄国，俄国很多企业因无力竞争而破产。在工业主的施压之下，1822年，财政部推行禁止性关税政策，大幅上调进口商品的税率标准，直到19世纪40年代，俄国一直奉行禁止性关税的政策。① 1818年，俄国出台新的盐业条例，规定食盐开采、运输及销售都由盐务署和省财政厅负责，此时公家盐场可以承包给私人，产出的食盐根据国家定价由政府收购。在生产过剩的情况下，经营者可以自行销售，但所售食盐要缴纳消费税，进口的食盐要缴纳关税。② 盐税改革未能增加国库收入，反而造成食盐价格飞涨。叶卡捷琳娜二世时期实行的酒包税制此时已经表现出很多弊端，大部分收入都落入包税商腰包。1811年，俄国在个别地区实行酒消费税制度，但迫于包税商和宫廷显贵的压力，政府又恢复包税制。为多售酒，包税商往往采用多种手段引诱居民买酒，导致民众酗酒现象异常严重。财政大臣上书国务会议，要求废除包税制，进而征收消费税。1817年4月，俄国颁布《酒税条例》，规定从1819年开始大俄罗斯各省实行消费税制度，所有酒类批发贸易必须由政府掌控，酿酒仍由国家企业和私营酒厂来完成。政府在每个城市设立一个酒铺，酒铺只批发售酒。酒商每次批发不得低于200维德罗，酒坊主不得低于40维德罗。酒坊主在售酒时，必须按进价销售，不得加价。政府作为补偿，允许他们在酒坊自由销售伏特加酒、啤酒和蜜酒，还可以按每维德罗高出官价2卢布的价格销售果酒和药酒。财政部改革并未达到国库征收的目的，采取多项改革举措后，酒税收入仍继续下滑。③ 古利耶夫看到民众直接税的负担，将调整间接税作为改善国家财政状况的手段，最终也未能摆脱财政危机。

---

① Киняпина Н. С. Политика русского самодержавия в области промышленности. М., Изд. МГУ. 1968, С. 96–97.
② Захаров В. Н., Петров Ю. А., Шацилло М. К. История налогов в России. IX – начало XX века. С. 154–155.
③ Захаров В. Н., Петров Ю. А., Шацилло М. К. История налогов в России. IX – начало XX века. С. 156.

第四节　康克林与乌龙琴科的税收政策

19世纪20~40年代末，康克林和Ф. П. 乌龙琴科相继担任财政大臣，康克林主张实行"与民休息"的税收政策，倡导大力削减国家支出。乌龙琴科担任财政大臣后，继续推行康克林的税收政策。在国家财政吃紧的境况下，为增加国库收入，两位财政大臣对间接税进行了重要改革。

1823年，康克林取代古利耶夫担任财政大臣。在沙皇的支持下，财政大臣开始筹划财政改革。与斯佩兰斯基一样，康克林将削减国家开销和禁止发行纸币作为改革的重心。与斯佩兰斯基不同的是，康克林不主张提高税收标准。1827年，在康克林政策的影响下，国家支出削减6500万卢布。① 康克林担任财政大臣不久，就对营业税进行了改革。1824年前，营业税制度变动仅涉及三个方面：第一，提高商人入会申报资本的最低标准；第二，提高商人入会申报资本的纳税比例；第三，扩大纳税群体（将不属于商人阶层的工业主纳入征税范围）。1824年11月14日，俄国《营业税临时条例》获得批准，标志着俄国营业税进入新的发展阶段。条例规定，从1825年开始，三个等级商人在基尔特申报的资本分别不得低于5万卢布、2万卢布和8000卢布。商人们需要缴纳的税收包括基尔特税、水陆交通建设税、地方自治税和城市需求税，征税的依据是其申报资本和基尔特税的额度。税收具体额度如下：一等和二等商人的基尔特税为申报资本的4%，三等商人基尔特税为申报资本的2.5%。三个等级商人的水陆交通建设税、地方自治税和城市需求税分别为基尔特税的10%、0.25%和0.25%。此外，三个等级商人获得经营许可证要额外纳税，标准分别为2200卢布、880卢布和220卢布。维捷布斯克、布列斯特、立陶宛、明斯克、沃伦、波多利斯克、基辅、叶卡捷琳诺斯拉夫、赫尔松、塔夫里达和比亚韦斯托克等省的三等商人享有10年的优惠政策，他们的基尔特税为申报资本的1.5%，经营许可证税为132卢布。经商小市民必须购买经营许可证后方可从事商业经营活动，许可证税的标准因地而定：

---

① Министерство финансов 1802–1902. Т. 1. С. 363.

两大首都为120卢布，港口和设海关的边境城市为80卢布，省城为60卢布，县级城市和小城镇为40卢布。① 从1826年开始，下调了经商小市民经营许可证税的额度，上述各地的许可证税分别为60卢布、40卢布、30卢布和20卢布。② 国家农民、皇室领地农民和地主农民获得经营许可证并按等级纳税之后，方可从事工商业、副业和手工业经营。对于农民而言，经营许可证共分六类，从第一类（享有与一等商人同等的权利）的2600卢布到第六类（有权在城关区做小买卖和从事副业经营）的25卢布不等。除了经营许可证税，在城市经商的农民还要支付店铺税和其他城市需求税。如果城里没有店铺，就要额外缴纳许可证税的10%。商人和小市民禁止在乡村开设商铺，只有农民才享有这种权利。③ 1839年，一、二等商人基尔特税分别为660卢布和240卢布，三等基尔特税依据地区级别为20～66卢布。④

1826年8月22日，俄国颁布公告，因尼古拉一世加冕礼，政府实行一系列的抚恤和优惠政策。首先，对下列欠债人进行赦免：第一，因公差和刑事案件所欠债务十年未偿清而被羁押的欠债人；第二，在此公告前造成公款（包销税、承包税和其他税款除外）亏空达到2000卢布的官员；第三，所有被认定无能力支付国家税的人员。其次，免除下列各项罚金：第一，地主农民1825年前产生的罚金；第二，1826年前产生的代役租罚金；第三，国家农民未及时缴纳地方自治税所产生的罚金。此外，政府免除了下列尾欠：第一，商人1825年前申报资本比例税产生的尾欠；第二，农民1825年前经营许可证税产生的尾欠；第三，不再继续从事副业经营的居民以前产生的代役租尾欠和罚金；第四，申请继续从事副业经营的居民以前产生代的役租尾欠，但因此产生的罚金不予免除；第五，1824年

---

① Полное собрание законов Российской империи. Собрание I: в 45 т. Т. 39. 1824. СПБ., 1830, С. 593, 594, 597, 599.
② Полное собрание законов Российской империи. Собрание I: в 45 т. Т. 40. 1825 по 19 ноября. СПБ., 1830, С. 441.
③ Полное собрание законов Российской империи. Собрание I: в 45 т. Т. 39. 1824, С. 601, 602.
④ Полное собрание законов Российской империи. Собрание II. в 55 т. Т. 14. 1839, СПБ., 1840. С. 839.

前商人欠缴的水运交通税；第六，1810年一次性从地主征收的特别税（每个农民50戈比）及其罚金；第七，两大首都房产税（房产价值的0.5%）产生的尾欠。①

1827年，参政院颁布《关于制止各乡征税混乱现象的法令》，该法令规定了严格的征收制度。根据该法令，1825~1828年，独户农及其农民、国有经济农、无继承人的居民、哥萨克居民和茨冈人每年要两次缴纳如下税款：1卢布50戈比的人头税、5卢布的代役租、12.5戈比的修路税、2.5戈比的水运交通税、22.5戈比的地方自治税和5戈比的办公厅税。也就是说，每个税丁半年纳税额度为6卢布92.5戈比，一年的纳税额度为13卢布85戈比。两次缴纳的期限分别为3月1日前和12月15日前。②此外，农民每年还要在春季（春播后到割草季之间）和秋季（收完庄稼）两次承担修路徭役。如果地方警察强迫农民在规定之外的时间服徭役，农民有权到乡公所去控诉。③自1828年开始，免除独户农所属农民的国家代役租，原因是这些农民既要缴纳国家的代役租，又要支付独户农的代役租，他们承担着双重税收负担。从1828年下半年起，免除堪察加省农民每年8卢布的代役租，只保留3卢布的人头税。④1829年，如果地主根据法院的决议释放农民，将不再为其承担纳税的义务。到1832年，虽然各省所欠税款数额不同，但总体而言，国家税收尾欠数额相当大。因此，俄国出台了一些优惠政策，同时对征税的原则做了一定的修改。如果在3月1日前，国家农民的欠款不超过人头税和代役租的一半时，他们要在年末偿还，最晚的期限不能超过下一年的3月1日。⑤

1833年11月28日，国家农民的纳税制度得到修改。新制度并不在比萨拉比亚和外高加索地区实行。西部各省的独户农和自由民、所有省份

---

① Полное собрание законов Российской империи. Собрание Ⅱ：в 55 т. Т. 1. с 12 декабря 1825 по 1827. СПБ.，1830，С. 891 – 895.

② Полное собрание законов Российской империи. Собрание Ⅱ：в 55 т. Т. 2. 1827. СПБ.，1830，С. 454，455.

③ Абашев А. О. Налоговая система России IX – XX в. С. 108.

④ Полное собрание законов Российской империи. Собрание Ⅱ：в 55 т. Т. 3. 1828. СПБ.，1830，С. 58.

⑤ Полное собрание законов Российской империи. Собрание Ⅱ：в 55 т. Т. 7. 1832. СПБ.，1833，С. 384.

的自由农①也不按新制度纳税。根据新制度，国家农民的税收划分为国家税、地方自治税、公家罚金和米尔税四类。国家税包括人头税、水陆交通建设税和代役租。地方自治税须由各省提交三年的预算，最后由国君批准实施。公家罚金属于向国家农民征收的特别税，包括因擅自砍伐森林、逃避人口调查或未支付法院征缴的各项罚款。米尔税主要是满足村社必要需求的支出。例如，支付村社领导和文书的薪酬、建造和维修国有储备粮库的支出、农民子弟学校经费等。这些经费的使用由村社决定，但经费征收的申请先后要经乡公所、省财政厅、财政部主管领导的层层审批方能生效。为方便征税，省财政厅将一个地区的国有农庄划分成若干个村社，每个村社管辖 300~500 个税丁。通常一个村社由一个规模较大的或几个一般规模的村庄组成。每个村社选举产生村长，由乡公所批准任命。村长负责整个村社的税收工作，年薪 50~100 卢布，每届任期 3 年，村社选举识字村民做文书。省财政厅要根据各村社的税丁人数来制定税册，里面要明确标记税种及额度，并在 12 月前下发给县国库。后者在税册上记录每个村社的尾欠额度（不包括米尔税的尾欠），并在 1 月 1 日后交给乡公所。乡公所在税册上补录每个村社欠缴的米尔税，乡长须在税册上签字并盖上乡公所的公章。村长必须在 1 月 10~15 日到乡公所领取本村社的税册。在此之前，一般在 12 月 1 日前，村长要从乡公所领取税收登记簿，以便记录农民的纳税情况，登记簿同样要由乡长签字并盖有乡公所的公章。②

每次收税时，村长要在登记表上记录好纳税人的缴税情况，同时在自己的登记簿中也要记录这些信息。在交给县国库前，由村社大会决定这些税款的保管地点。村长向县国库提交税款后，会收到官方的完税收据。返回村里后，村长要向乡公所和在村社大会上出示收据。征收的米尔税不需

---

① 自由农（свободные хлебопашцы）——亚历山大一世统治时期划分出来的一个特别的农民阶层。亚历山大一世希望改善农奴的地位，于 1803 年 2 月 20 日颁布法令，允许地主释放单个农奴或整个村庄的农奴，而且必须为他们提供份地。农奴要想获得自由必须支付高额的赎金。由于农奴经济上对地主的依附，亚历山大一世的法令对解放农奴并没有产生重要的影响。据统计，亚历山大一世执政时期，总共 47153 名男性农奴获得自由，不到地主农民总数的 0.5%，自由农与自由民并不是一个概念。

② Полное собрание законов Российской империи. Собрание Ⅱ: в 55 т. Т. 8. Отделение 1. 1833. СПБ., 1834, С. 706, 699, 700.

交给县国库，而是由村长转交给乡公所，后者同样要给村长开具收据，该收据还要在村社大会上出示。纳税结束两周内，村长要在村社大会上做报告，向大家通报征税相关信息，同时要告知所收税款是否交给县国库和乡公所，村长要向大会出示自己的税收登记簿和完税收据。之后，村社大会做出复核决议，并通过乡公所将复核决议递交省财政厅核查。每年3月1日前产生的尾欠应在此后的两个月内缴清。如果超出规定期限，村社可以采取如下措施：如果除房屋和公家土地外，欠税人还有其他不动产，根据村社决议，会将这些资产的收入用于抵债；如果资不抵债或没有其他不动产，根据村社决议要对欠税人的其他财产进行变卖，所得资金用于支付尾欠。家庭生活必备品（如日常衣服和家什、耕地工具和牲畜、种子和生活口粮）不能变卖。如果采取这些手段仍未能偿清尾欠，村社可将欠税人或者其家庭某个成员派出打短工，所得收入用于缴纳尾欠，不允许没收欠税人和其家庭成员维持生活的基本收入，追缴尾欠不能影响欠税人的田间工作。最后一项追缴尾欠的措施是公开拍卖欠税人的不动产（家庭现居住的房屋除外）。采取这项举措要经过地方自治法庭批准，并获得总督的批准。如果在10月1日前仍未偿清尾欠，村社要在内部进行分摊。对于"欠税专业户"，村社可直接派其服兵役。如果不符合服兵役的条件，政府可将其发配到遥远的乡村。因意外事故产生的尾欠，村社可提出分期支付，申请要提交省财政厅，并最终由财政大臣批准。[①]

1834年1月22日，批准了西部各省独户农和市民户口税摊派和征收的条例。为方便征税，省财政厅将每一百户独户农划分为一个村社。村社的领导包括村长、文书和国储粮库监督员，这些人员由村社大会选举产生，任期三年。公文处理和簿记业务由文书负责。村长负责本村社的税收工作，如果村社土地上有作坊和其他经营性场所，村长也有权向其征税，收到每笔税款后村长要开具收据。村社征收的户口税、地方自治税和公共需求税要上交县国库，其他税收根据大会决议由村社自行支配。每年1月份，村社大会要拟定分摊户口税的书面决议。征税期限截止后，县国库将

---

① Полное собрание законов Российской империи. Собрание Ⅱ：в 55 т. Т. 8. Отделение 1. С. 704，705.

村社欠缴税款的数额记入尾欠登记簿，并将此簿提交给地方自治法院。后者会出具强制征缴尾欠的决议书。为征税方便，政府将西部各省的市民阶层划分成若干公会，作为基层的税收单位。这些市民户口税的摊派方式与独户农相同。公会的会长由总督批准任命，主要负责公会市民的税收工作。所收税款交予城市杜马或市政厅。为核算收到的税款，会长要从城市杜马或市政厅领取税收登记簿，里面要详细记载每次征税的信息。年末，会长要向全体市民做税收工作报告，税收报告和公会的核算决议要上交城市杜马或市政厅核查，市民税收尾欠应按照政府制定的规则予以追缴。①

1834年7月5日，政府出台《国储粮补贴条例》，批准从各省征收粮食补贴货币税和实物税，旨在应对非常时期的粮荒问题。根据条例规定，每名税丁每年应向村庄国储粮库提供1俄担黑麦或小麦和半俄担的燕麦或大麦。为更好应对灾荒，每名税丁每年还要补交半俄担黑麦或小麦和2俄升燕麦或大麦，有时可以用玉米来代替黑麦和小麦。皇室领地农民、移民和察兰宁农民②免除粮食实物税。政府规定各省农民（皇室领地农民除外）应缴纳粮食补贴货币税，标准为1卢布60戈比，在每次支付人头税时要缴纳10戈比，直至缴够1卢布60戈比。小市民只缴纳粮食补贴货币税，每人每年15戈比，纳税时间为20年。西部各省从事非农耕的独户农和市民缴纳的粮食补贴货币税与其他省的小市民相同，西部各省从事农业生产的农民与国家农民缴纳的税款相同。除受歉收影响的省份外，粮食补贴税从1835年开始征收。有国储粮库省份的农民享有2年的免税政策。《国储粮补贴条例》不在格鲁吉亚、阿尔汉格尔斯克、西伯利亚和波罗的海东部沿岸各省推行，这些地区实行特殊的征税制度。③

接下来对俄国税制产生重要影响的是1839年的货币改革，此项改革的直接领导是财政大臣康克林。1839年6月，财政大臣的货币改革获得

---

① Полное собрание законов Российской империи. Собрание Ⅱ: в 55 т. Т. 9. Отделение 1. 1834. СПБ., 1835, С. 57 – 58, 67 – 69.
② 察兰宁农民（царане）——19世纪住在罗马尼亚和摩尔多瓦地区的农民，主要从事农业和畜牧业经营。他们虽属于封建依附农民，但在法律上他们具有人身自由。一般会从封建主那里获得1俄亩的土地，缴纳产量1/10的赋税，承担劳役地租。他们可以离开封建主，但必须固定在原来纳税的村庄。
③ Абашев А. О. Налоговая система России Ⅸ – ⅩⅩ в. С. 116 – 117.

批准。7月1政府颁布公告，规定以18克纯银打造的银币作为国家所有流通货币的合法量度。从1840年1月1日起，所有国家收入和支出都要以银币来计算。1840年1月1日之前，银币与纸币的兑换率为1∶3.63。1840年1月1日后，1卢布银币等于3卢布50戈比纸币，1戈比银币等于3.5戈比铜币，10卢布金币等于10卢布30戈比银币。① 从1840年开始，自由民的人头税为2卢布，国家农民的人头税为86戈比，他们的陆路交通建设税为每人9戈比。国家农民和生活在公家土地上自由农的代役租仍按所属城市的等级进行征收：第一到第四等级城市的国家农民和自由农缴纳的代役租分别为2卢布86戈比、2卢布58戈比、2卢布29戈比和2卢布15戈比。需要强调的是，从1840年开始，支付税收的货币单位都是指银币。从1840年开始，地方自治税也是用银卢布计算。除波罗的海东部沿岸和西伯利亚各省、高加索区和比萨拉比亚区之外，其余44省所有农民的地方自治税为每人9戈比。地方补贴税仍按居民城市所属等级来征收。第一和第二等级城市享有免除政策。第三、四、五等级城市的农民分别支付2戈比、4戈比和6戈比。农民（除皇室领地农民外）国储粮补贴税为每人3戈比，小市民、公会成员和住在城市的驿站马车夫为每人5戈比。1840年，用公共需求税取代国家农民的地方自治税、米尔税和火灾补贴。国有资产部每三年确定一次公共需求税的额度，然后根据各省的实际情况进行分摊，此项税收从1843年开始征收。分摊额度最大的是圣彼得堡省，平均每个农民90.75戈比，最小的是比萨拉比亚省，平均每个税丁26.5戈比，其余各省平均每个税丁为60戈比。除上述两个省、西伯利亚各省和波罗的海东部沿岸各省之外，其他35个省的有纳税义务的国家农民共计684.3万人，1843年征收的公共需求税总额为411.1万卢布，平均每人60戈比。② 1842年5月18日，俄国开始进行税收改革试验，并对国家农民的土地和经营副业进行评估，旨在确定其实际收入，进而转向按收入征收代役租。试验的第一阶段在圣彼得堡和沃罗涅日两省开展。为更好地开展试验工作，在两个省分别成立委员会，政府为其划拨62583卢

---

① Полное собрание законов Российской империи. Собрание Ⅱ : в 55 т. Т. 14. С. 839, 601.
② Абашев А. О. Налоговая система России IX – XX в. С. 123.

布的经费。1843年6月7日，在坦波夫和奔萨两省开展类似的试验。①

1844年5月1日，乌龙琴科出任财政大臣。1844年12月12日，政府批准了国家农民纳税新条例。该条例将国家农民的税收分为一般税、公家罚款、米尔税和兵役税。一般税包括公共需求税、粮食税、地方自治税和国家税。公家罚款包括因乱砍滥伐或逃避人口调查产生的罚金，也包括整个村社因尾欠产生的罚金。米尔税是指为承担村社必要支出所征收的税款。② 每年1月份之前，村社负责征税的人员要到乡公所领取县国库下发的税收清册和特别税明细表，并在村社大会上完成税收摊派工作，每户分摊的税额要详细记录在税收清册上。征税人员和文书要在村长的监督下记录好税收登记簿，里面要指出户主姓名、家里税丁的人数、应缴纳的税收明细、上一年的尾欠等信息。村社为农民发放纳税登记簿以取代以往的完税收据，在下一次丁籍调查完成前，这个纳税登记簿要一直保留在农民手中。每次从户主收完税之后，税收人员应在税收登记簿上记录纳税人姓名、纳税日期和额度，而在农民持有的纳税登记簿上也要填写纳税时间和额度。10月1日前未支付的尾欠，村社大会要分摊给村社的所有农民。关于谁替谁支付多少尾欠的信息必须明确记载在税收登记簿中。收到分摊的尾欠后，税收登记簿中应记录欠税人姓名、为其缴税人员的姓名及代缴额度，在后者的纳税登记簿中记录欠税人的姓名及为其代缴的税款。与以往一样，收到的税款要提交给县国库。③

1847～1849年，除西部9省（维尔诺、科夫诺、格罗德诺、基辅、沃伦、波多利斯克、明斯克、维捷布斯克和莫吉廖夫省）外，其余35个省国家农民缴纳的公共需求税有所增长，每年达到了437.2万卢布。其中纳税额度最低的是各省的移民，每人为18.5戈比，最高的是比萨拉比亚省的国家农民，每人为1卢布。西部9省国家农民征收的公共需求税每年为29万卢布。纳税额度最低的是维尔诺省，每人40.25戈比，最高的是

---

① Полное собрание законов Российской империи. Собрание II : в 55 т. Т. 18. Отделение 1. 1843, СПБ., 1844. С. 380.

② Полное собрание законов Российской империи. Собрание II : в 55 т. Т. 19. Отделение 1. 1844, СПБ., 1845. С. 836.

③ Полное собрание законов Российской империи. Собрание II : в 55 т. Т. 19. Отделение 1. С. 838, 839.

莫吉廖夫省，每人 47.66 戈比。① 自 1847 年开始，首次按支出项分摊税额，对于上述的 35 个省，按下列支出项征收公共需求税。

(1) 各省、地区行政管理机关经费和县国库补贴；

(2) 乡村行政管理机关经费；

(3) 学校教育经费；

(4) 国储粮库建设经费；

(5) 火灾补助金；

(6) 土地分段划界经费。

西部 9 省征收的公共需求税的明目如下。

(1) 医院食堂补贴、兽医工资、地区管理机关通信员工资和县国库补贴；

(2) 村行政管理机关经费；

(3) 教区学校经费；

(4) 国储粮库建设经费；

(5) 火灾补助金；

(6) 土地分段划界经费。②

在间接税领域，财政大臣康克林主张尽可能降低出口商品的税率，实行温和保护关税政策，这样可以适当引进竞争机制，进而促进本国工业的发展。康克林认为此举不但可以打击走私现象，还可以增加国库的收入。③ 1826 年，财政部出台了新税率。根据新税率标准，砂糖的进口税率被大幅提高，此举保护和发展了本国的制糖业。到 1845 年，俄国已经有 206 家制糖厂，年产量为 48.4 万普特。④ 19 世纪 40 年代，俄国工业发展势头良好，但工业原料和本国制造的机器无法满足需求。于是，康克林推行灵活的关税政策，一方面降低外国工业原料和机器的进口税率，另一方

---

① Полное собрание законов Российской империи. Собрание II: в 55 т. Т. 22. Отделение 2. 1847, СПБ., 1848. C. 34, 35.

② Полное собрание законов Российской империи. Собрание II: в 55 т. Т. 23. Отделение 2. 1848, СПБ., 1849. C. 146.

③ Министерство финансов 1802 – 1902. Т. 1. C. 320.

④ Захаров В. Н., Петров Ю. А., Шацилло М. К. История налогов в России. IX – начало XX века. C. 162.

面提高工业成品和奢侈品的进口税率。1842年俄国关税收入达到2600万卢布，比1824年增长了近240%。① 1844年，乌龙琴科担任财政大臣后，自由贸易思想在俄国开始抬头，要求降低关税保护级别的呼声日益高涨。1844年，俄国商绅波波夫上交了题为《论俄国扩大对外贸易的举措》的提案，该提案引起了政府的关注。同年11月波波夫的提案被转交给特别委员会进行研究。1846年6月1日，俄国颁布新税率法令，进一步下调俄国工业所需的工业原料的进口税率，亚麻、大麻、脂油等商品出口免征关税，新法令还下调了一些工业品的进口税率。1846年税率是俄国放松关税限制的第一次尝试。② 1847年9月至1848年初，财政部税率委员会制定了税率法案，1850年税率法案最终获得批准实施。根据1850年税率，有622种商品降低了关税标准。③ М.Н.索巴列夫则认为，1850年税率改革只是动摇禁止性关税体制的一次尝试，其主要动机是增加国库收入，保护工业是次要的动机。④

康克林在执掌财政部时，着手改革烟草税，直到1838年财政大臣的烟草消费税改革方案才获得批准实施。根据1838年法令，对国内生产的鼻烟和干烟丝征收20%的消费税，进口烟草征收关税，免征消费税。⑤ 财政大臣康克林认为政府官员的行贿受贿、滥用职权和投机倒把行为是酒税收入减少的主要原因，另一个原因是大量的酒从特权省和俄国统治波兰区走私到内部各省。⑥ 1826年7月14日，尼古拉一世批准了参政院《关于大俄罗斯29省实行酒包税制的法令》，规定从1827年开始29省实行包税制，并责令参政院负责组织1827~1831年的包税招标。⑦ 除增加国库收

---

① Лодыженский К. История русского таможенного тарифа. С. 209.
② Куприянова Л. В., Таможенно－промышленный протекционизм и российские предприниматели（40－80－е годы XIX века）. С. 34－39.
③ Куприянова Л. В. Таможенно－промышленный протекционизм и российские предприниматели（40－80－е годы XIX века）. С. 49.
④ Соболев М. Н. Таможенная политика России во второй половине XIX века. В двух частях. Ч. 1. С. 74－82.
⑤ Захаров В. Н.，Петров Ю. А.，Шацилло М. К. История налогов в России. IX－начало XX века. С. 163.
⑥ Гавлин М. Л. Вопрос о винных откупах в истории законодательства Российской империи. XVIII－XIX вв. С. 134.
⑦ Полное собрание законов Российской империи. Собрание II : в 55 т. Т. 1. С. 774，775.

入的动机外,恢复包税制也由现实状况所决定,当时包税制已经是国家经济关系的重要组成部分,包税商与酿酒的贵族地主之间已建立了紧密而稳定的合作关系。出于保护贵族地主的利益,政府也赞同这种合作长期存在。19世纪中叶,俄国有超过7000家酿酒厂,日产量达到2000维德罗。很多地主庄园中利用酒糟来喂养牲畜,[①] 酿酒业是农奴制时期地主经济的重要组成部分。尼古拉一世时期,酒包税制实现空前的发展,酒税收入也增长了一倍。新包税制实际上与以往没有太大差别,只是做了一些改变和补充。此时,国家对包税商的监督权转交给地方的副总督,采购的相关事务由财政部负责。恢复包税制后,国家酒收入呈上升趋势,具体数据见表8-3。

表8-3 1827~1844年俄国酒税收入统计

单位:万卢布

年份	大俄罗斯省	西伯利亚	特权省+波兰区	总计
1827	1903.9	73.8	253.9	2231.6
1828	2173.0	81.4	257.0	2511.4
1829	2146.9	74.6	249.6	2471.1
1830	2068.7	74.5	247.2	2390.4
1831	2132.8	82.6	316.1	2531.5
1832	2330.9	86.8	339.6	2757.3
1833	2318.7	93.7	332.5	2744.8
1834	2363.4	89.0	349.3	2801.7
1835	2457.2	135.1	333.3	2925.6
1836	2702.0	148.9	422.2	3273.1
1837	2814.0	151.4	454.4	3419.8
1838	3016.4	162.1	453.3	3631.8
1839	3101.9	173.8	417.9	3693.6
1840	2953.0	214.5	469.2	3636.2
1841	3337.4	210.6	488.0	4036.0
1842	3432.5	252.8	496.5	4181.8
1843	3552.5	228.6	500.2	4281.3
1844	3883.6	255.8	574.2	4713.6

资料来源:Сведения о питейных сборах в России. Ч. 3. С. 6-7。

[①] Треновский Н. С. О винокурении в России. Воспоминания. М., Пищепромиздат, 1997. С. 12.

第八章 19世纪上半叶俄国的税制改革

乌龙琴科担任财政大臣期间，继续对酒包税制进行改革。1847年，在大包税商 B. A. 卡卡列夫提出的方案基础上，俄国出台了《消费税和包税制条例》，即在包税制总体框架下，对部分酒产品征收消费税，该制度在大俄罗斯和西伯利亚地区推行。混合制主要内容如下：第一，公家负责采购酒，并按规定的价格和各地区的需求将酒提供给包税商，后者负责向酒铺或小酒馆批发或零售，价格仍是由国家来规定；第二，包税商根据与政府签订的招标协议中的数额纳税；第三，包税商有权在辖区酒铺（除伏特加酒专卖店）和小酒馆销售40度伏特加酒，卖完国家规定数量的酒之后，包税商有权按自由价格销售各种等级的伏特加酒、啤酒和蜜酒，有权从辖区的私人酿酒厂、葡萄酒馆、啤酒馆和零杯售酒的小酒馆征收消费税；第四，如果辖区酒铺数量不足，根据地方和国有资产部的许可，包税商有权在所辖城市及领地贵族、世袭贵族和国家土地上的村庄开设新的售酒商店。[①] 1851年前，南部和东部16个特权省实行特殊的制度：第一，在城市和国家土地上的酒铺零杯售酒实行包税制；第二，运往新罗西斯克的酒要支付关税；第三，在地主领地上征收酿酒税，标准为每个税丁58戈比；第四，在不实行包税制的酒铺和小酒馆征收经营许可证税。从1851年开始，酿酒税和许可证税被消费税取代，每维德罗烈酒的消费税为75戈比。[②] 新制度实行之后，酒收入继续攀升，具体数据见表8-4。

表8-4 1847~1856年俄国酒税收入统计

单位：万卢布

年份	大俄罗斯省	西伯利亚	特权省+波兰区	总计
1847	4177.0	320.9	550.5	5048.4
1848	4278.9	334.5	607.8	5221.2
1849	3858.3	328.3	664.5	4851.1

---

① Сведения о питейных сборах в России. Ч. 5. СПБ., 1860, С. 4.
② Гавлин М. Л. Вопрос о винных откупах в истории законодательства Российской империи. XVIII – XIX вв. С. 136 – 137.

续表

年份	大俄罗斯省	西伯利亚	特权省+波兰区	总计
1850	4164.9	336.5	742.0	5243.4
1851	4461.7	294.1	1638.9	6394.7
1852	4997.4	397.9	1795.5	7190.8
1853	5185.0	334.0	1830.1	7349.1
1856	5510.2	390.2	1814.0	7714.4

资料来源：Сведения о питейных сборах в России. Ч. 3. С. 7, 10。

　　1848年12月29日，规定向火柴生产商征税，标准为每1000盒纳税1卢布。同时规定除圣彼得堡和莫斯科外，其余地区禁止生产火柴。销售火柴只能用洋铁皮罐，每罐装1000盒，铁皮罐上要贴有税签，这样包装的火柴才允许销售。火柴税列入城市收入项。1859年12月7日，此项税收被废除，帝国所有地区都可以自由生产和销售火柴。① 乌龙琴科在任时的另一项重要改革是征收砂糖消费税。1848年2月25日，政府出台法令，规定从1848年9月1日起对制糖厂征收消费税。为确定消费税的额度，要求计算出制糖厂每天生产的砂糖量，计算依据是1别尔科韦茨②甜菜中砂糖的平均含量及生产机器的数量和功率。砂糖平均含量以甜菜重量的3%或1别尔科韦茨甜菜含12俄磅的砂糖为标准。在接下来的23年内，政府一直使用这个标准。首先，制糖主要在每年8月1日前向县国库支付生产砂糖的许可证税，制糖主有几家工厂就要购买几个许可证。③ 建立时间不满一年的糖厂许可证税按整年缴纳。许可证由专门的契约用纸印制，税收以工厂百天生产的砂糖量为依据。具体纳税标准见表8-5。

---

① Полное собрание законов Российской империи. Собрание Ⅱ：в 55 т. Т. 34. Отделение 2. 1859. СПБ., 1861. С. 327.
② 别尔科韦茨（берковица）——俄国以前使用的重量单位，等于10普特。
③ Полное собрание законов Российской империи. Собрание Ⅱ：в 55 т. Т. 23. Отделение 1. С. 141, 142, 143.

表 8-5 砂糖许可证税征收标准统计

单位：普特，卢布

百天生产砂糖量	许可证税的额度
200~1000	3
1001~2000	6
2001~3000	9
3001~4000	12
4001~5000	15
5001~6000	20
6001~7000	25
7001~8000	30
8001~9000	35
9001~10000	40
10000 以上	50

资料来源：Абашев А. О. Налоговая система России IX – XX в. С. 136。

制糖主缴纳许可证税方可开展生产，工厂根据生产砂糖的数量还要缴纳消费税。1848 年 9 月 1 日起，生产砂糖每普特缴纳消费税 30 戈比，1850 年 9 月 1 日起，每普特调整为 45 戈比，从 1852 年 9 月 1 日到 1854 年 9 月 1 日，每普特砂糖纳税 60 戈比。[1] 年产量低于 500 普特的小工厂上述各个时期消费税相应下调 15 戈比。如果一个工厂主拥有几个小型制糖厂，而且这些工厂年产砂糖总和超过 500 普特，这个工厂主不享受降税 15 戈比的优惠。以下制糖厂免缴消费税：第一，利用进口蔗糖或砂糖生产提纯糖的工厂（因为这些工厂已支付海关关税）；第二，使用国内砂糖生产提纯糖的工厂；第三，使用甜菜、马铃薯淀粉或其他物质生产糖浆或饴糖的工厂。每年 4 月 1 日前，制糖厂要向县国库缴纳全年的消费税。[2] 提前纳税享受 0.5% 的折扣。俄国制糖厂数量和缴纳消费税的信息见表 8-6。

---

[1] Полное собрание законов Российской империи. Собрание Ⅱ：в 55 т. Т. 23. Отделение 1. С. 143.

[2] Полное собрание законов Российской империи. Собрание Ⅱ：в 55 т. Т. 23. Отделение 1. С. 142.

表 8-6　1850~1861 年俄国制糖厂和缴纳消费税统计

年份	糖厂数量（家）	加工甜菜数量（千别尔科韦茨）	产糖量（普特）	征收消费税（千卢布）
1850~1851	358	1478.8	800.0	200.1
1851~1852	382	2765.2	939.3	334.4
1852~1853	391	2337.2	701.2	337.1
1853~1854	397	2561.9	1130.0	361.7
1854~1855	395	2105.6	1350.0	407.2
1855~1856	403	3467.8	1300.0	339.0
1856~1857	401	3076.3	1040.3	525.0
1857~1858	401	4012.4	922.9	488.2
1858~1859	426	2905.9	1203.7	586.9
1859~1860	433	4406.8	871.8	403.3
1860~1861	427	未统计	1329.0	629.7

资料来源：Брокгауз Ф. А., Ефрон. И. А. Энциклопедический словарь. Т. 30. Сахар - Семь мудрецов. СПБ. Дело. 1900. С. 17。

第九章
19世纪下半叶俄国的税制改革

19世纪下半叶，俄国仍实行扩张的对外政策，预算支出居高不下。为推进工业化进程，各项税收改革接连不断，尤其是国家营业税和关税改革富有成效。19世纪下半叶，俄国税制的阶层性特征被打破，但农民阶层的税收负担仍极为沉重，废除人头税导致直接税制度发生根本变革。俄国间接税改革主要出于财政动机，导致直接税和间接税进项出现严重的失衡。19世纪下半叶的俄国税制改革虽未能从根本上消除税收的阶层性和剥削性，但新元素的出现标志着税制发展趋于合理化。

第一节 19世纪下半叶俄国的内政外交与财政状况

克里米亚战争使俄国付出了惨痛的代价，工业落后和农奴制的缺陷暴露无遗，亚历山大二世登基之后，立刻推进农民改革的进程。1861年2月19日，19个农民改革法令被批准，其中最重要的是《关于农民脱离依附地位的总法令》，该法令的颁布标志着农民获得自由身份，俄国农奴制正式被废除。亚历山大二世的农民改革具有矛盾性，一方面从地主手中解除了农民的人身依附地位，另一方面，农民要想获得土地，就必须向地主一次性付清赎金。由于赎金远远高于当时土地的市场价格，农民没有支付高额赎金的能力。为缓和贵族地主的不满情绪，政府为农民提供赎金贷款，用于从地主手中赎买土地。农民必须在49年内连本带息偿还国家的贷款。① 除

---

① 刘祖熙：《改革和革命——俄国现代化研究（1861～1917）》，北京大学出版社，2000，第25页。

农民改革外，亚历山大二世还推行了一系列具有资产阶级性质的改革。1864年，地方自治改革条例出台，标志着俄国地方行政改革具有现代化和民主化的特征。根据改革条例，在地方建立省和区两级地方自治议会和地方自治委员会。同年，俄国推行司法改革，将司法从行政中分离出来。除法庭裁决外政府不能解除法官的职务，司法公开化成为改革的一个重要特征。新的司法制度简化和理顺了司法程序，在重大案件审理中实行陪审团制，治安法官处理较轻的刑事和民事案件。除普通法庭外，还设军事法庭、宗教法庭和专门解决农民问题的调解法庭。① 1874年，俄国进行军事改革，各阶层年龄在20岁及以上的男子都有服兵役的义务，士兵的服役期由15年缩减为6年。士兵退役后，要转入后备役，期限为9年。②

亚历山大二世被刺身亡后，亚历山大三世继承皇位。看到解放农奴的父亲被刺杀，新皇帝立刻反对自由和资产阶级性质的改革，进而推行反改革政策。1881年，俄国颁布保护国家安全和公共秩序的法令，开始严格管控和审查各种出版物，对于危害公共秩序的书刊和言论予以重罚。军事法庭搜捕、监禁、流放和判决政治犯成为司空见惯的事情。为维护俄国的中央集权、官僚主义和等级制度，亚历山大三世政府实行更为严格的反动政策。1884年，俄国颁布大学规章，取缔大学自治，压缩高等教育的经费，突出宗教在初等教育中的作用。1885年，俄国建立国家贵族土地银行，旨在扶持贵族地主经济。1889年，在地方自治局设局长职位，由与地方自治毫无关系的官僚担任局长，该职位由内务大臣根据各省最高长官的推荐来任命，负责监督农民、管理和惩戒地方基层官员。亚历山大三世不断推进俄罗斯化政策，对非东正教的教派进行打压。③

克里米亚战争结束后，俄国政府推行十分明确的政策方针，一是通过推行现代化来发展民族工商业，二是避免同欧洲大国发生军事冲突。克里米亚战争的完败，迫使俄国暂缓对欧洲用兵的计划。亚历山大二世政府制

---

① 〔美〕尼古拉·梁赞诺夫斯基、马克·斯坦伯格：《俄罗斯史》，杨烨译，上海人民出版社，2013，第356页。
② 〔美〕沃尔特·莫斯：《俄国史（1855～1996）》，张冰译，海南出版社，2008，第32页。
③ 〔美〕尼古拉·梁赞诺夫斯基、马克·斯坦伯格：《俄罗斯史》，杨烨译，上海人民出版社，2013，第372页。

定了"失之东隅，收之桑榆"的外交政策，开始侵吞中国、高加索和中亚的领土。俄国将势力扩大到乌苏里江以东地区，通过一系列不平等条约，迫使清政府割让领土。1864～1885年，俄国进军哈萨克草原南部，征服高加索地区、里海东南部及波斯东北部地区。1885年，俄军占领梅尔夫地区后抵达阿富汗边界。1895年，在英国的干预下，俄英确定了帕米尔边界线，俄国完成了在中亚的扩张。欧洲大国关系的变化对罗曼诺夫王朝也十分不利，德国的成功统一威胁着俄国在欧洲大陆的地位。在巴尔干问题上的意见分歧导致三皇同盟的瓦解，国际危机开始加剧。1875年7月，黑塞哥维那和波斯尼亚发动起义反抗土耳其统治，起义迅速波及巴尔干半岛。1876年，土耳其残酷地镇压了保加利亚起义，塞尔维亚开始对土耳其宣战，巴尔干半岛地区的战斗和屠杀此起彼伏。俄国国内对这些事态的发展反应十分强烈，泛斯拉夫主义积极主张俄国干预欧洲事态的发展。由于英国和奥匈帝国对俄国持敌视态度，加上国内改革正在进行，俄国担心发动对土耳其战争会造成财政的崩溃，于是希望借助国际外交手段解决国际争端。在外交努力失败后，俄国于1877年4月对土耳其宣战，付出沉重经济代价的俄国最终赢得战争的胜利。

德国与奥匈帝国于1879年签署了新联盟协议，亚历山大二世担心俄国在外交上陷入孤立，开始积极寻求盟友，他认为保守君主制的德国和奥匈帝国仍是其最适合的盟国。1881年中叶，亚历山大三世登基不久，俄德奥三大帝国同盟条约最终签署，1884年到期后又续约三年。落后的经济迫使俄国政府扶植本国工商业发展，1882年开始，俄国削减直接军费支出。在这种情况下，俄国避免与任何强国发生军事冲突。1887年，三国同盟条约到期后，因俄奥在保加利亚问题上的分歧，重新签订盟约受阻。为应对法国，同时也担心法国和俄国结盟，德国与俄国签署了秘密条约。根据条约规定，如果任何一方爆发与第三国的战争，另一方将保持中立。如果德国进攻法国或俄国进攻奥地利，另一方应给予道义和外交上的支持。到19世纪80年代中叶，俄德经济关系十分密切，德国资本、工业产品和先进技术开始涌入俄国，俄国的粮食也大量出口德国。但1887年，两国的贸易冲突开始加剧，随后爆发关税战。1890年，德国皇帝威廉二世解除俾斯麦的职务，并拒绝重新签署与俄国的秘密条约。德国的外交政策把俄国推向了法国一边。早在1888年和1889年,法国与独裁专制的俄国就开始相互接近,法国银行资本大量流入俄国。1891年7月,亚历山大三世同意法国海军一个编队进入圣彼得堡海军基地喀琅施塔得。1894年1月,法俄签署秘密军事协议,双方承诺一旦德国进攻双方任何一方,另一方将动员一切可以动员的力量予以支持。实际上,俄国并不希望与德国开战,并有意改善与德国的关系,1894年,俄德签订新的关税协定,此后10年中,俄德贸易关系平稳发展。①

预算赤字是俄国财政的总体特征,俄国在克里米亚战争中的军费支出高达5.28亿卢布,造成国家预算赤字十分严重。战争导致国家财政濒临崩溃,国家货币流通体系异常混乱。1853年到1858年,俄国国内市场的信用卢布增加了4.24亿卢布。② 为改善国家财政状况,财政大臣赖藤于1862年实行财政改革。为获得国外的信贷资本,俄国公开财政预算,建立财政监督体系,赖藤的改革并没有消除国家的预算赤字,有关预算赤字的数据见表9-1。

表9-1 1862~1879年俄国国家预算

单位:百万卢布

年份	常规预算		特别预算		预算赤字
	收入	支出	收入	支出	
1862	375.9	393.0	6.0	—	11.1
1863	382.9	432.2	6.6	—	42.7
1864	346.7	437.0	—	—	90.3
1865	373.9	428.2	—	—	54.3
1866	356.4	413.3	7.3	25.2	74.8
1867	415.0	424.9	—	35.4	45.3
1868	421.6	441.3	—	50.8	70.5
1869	457.5	468.8	—	65.9	77.2
1870	480.6	481.8	—	82.1	83.3
1871	508.2	499.7	—	56.9	48.4
1872	523.0	522.4	—	60.2	59.6

---

① 〔美〕沃尔特·莫斯:《俄国史(1855~1996)》,张冰译,海南出版社,2008,第79~81页。
② Петров Ю. А. и так далее.. Русский рубль, два века истории. М., Прогресс - Академия. 1994, С. 62-63.

续表

年份	常规预算 收入	常规预算 支出	特别预算 收入	特别预算 支出	预算赤字
1873	537.9	539.1	—	72.8	74.0
1874	560.8	543.3	—	58.6	41.1
1875	577.6	543.2	—	61.6	27.2
1876	561.0	574.1	—	130.4	143.5
1877	550.8	586.6	—	534.6	570.4
1878	626.0	601.3	—	475.0	450.3
1879	663.0	643.9	—	167.8	148.7

资料来源：Петров Ю. А. и так далее.. Русский рубль, два века истории. С. 74，78，85，转引自裴焘：《1881~1917年俄国财政研究》，博士学位论文，吉林大学，2010，第43页。

根据表9-1的统计数据不难发现，如果只看常规预算，19世纪60年代，俄国的预算赤字不大。70年代，常规预算收入都超过常规预算支出。但是，如果列入特别预算，俄国的预算赤字十分严重，尤其是发生俄土战争的1877年和1878年，预算赤字分别高达5.704亿卢布和4.503亿卢布。可见，财政大臣赖藤的财政改革并没有达到消除预算赤字的目的。在赖藤执掌财政部时期，税收改革还卓有成效，税收进项从1862年的3.759亿卢布增长到1879年的6.63亿卢布。

赖藤卸任财政大臣后，对国家预算进行改革的主要还有本格、维什涅格拉德斯基和维特三位财政大臣。1881年，本格出任财政大臣，为消除预算赤字，达到预算平衡的目的，本格采取限制国家预算支出和提高间接税的手段，同时为减轻农民阶层纳税负担，财政大臣对直接税进行改革。由于俄土战争的影响和爆发饥荒，本格消除预算赤字的目的最终化为泡影。本格主管财政部时期国家预算情况可见表9-2。

表9-2　1881~1886年俄国预算情况一览

单位：百万卢布

年份	常规预算 收入	常规预算 支出	特别预算 收入	特别预算 支出	预算赤字
1881	687.2	732.4	64.6	107.9	88.5
1882	708.7	709.1	27.9	79.3	51.8
1883	710.6	723.7	16.8	80.4	76.7

续表

年份	常规预算 收入	常规预算 支出	特别预算 收入	特别预算 支出	预算赤字
1884	709.2	727.9	3.6	87.9	103.0
1885	765.4	806.6	21.2	106.5	126.5
1886	782.9	832.4	29.1	112.6	133.0

资料来源：Петров Ю. А. и так далее. . Русский рубль, два века истории. С. 92，转引自裴然：《1881～1917 年俄国财政研究》，第 43 页。

维什涅格拉德斯基接管财政部时，俄国社会局势稳定，工商业开始迅速发展。1887～1889 年俄国农业相继获得了丰收。财政大臣不断提高保护关税级别，实施举措扩大出口，并大规模对外举债。在国家预算方面，维斯涅格拉德斯基不倡导节流，而是主张积极开源。本格以民为本的税收改革政策被维什涅格拉德斯基废除，后者一方面残暴地追缴农民的税收尾欠，另一方面大幅度提高各项直接税和间接税的标准。维什涅格拉德斯基的税收政策加重了俄国农民阶层的纳税负担。有学者认为，维什涅格拉德斯基通过剥削农民才实现了预算平衡。[1] 维什涅格拉德斯基不惜代价来消除预算赤字，导致俄国的社会问题越来越严重。为扩大出口额，他强迫农民们将自己的余粮拿到市场上出售，俄国粮价开始迅速下跌。1891～1892年，俄国爆发大规模饥荒，饿死的民众不计其数，工商业随之萧条，俄国经济遭到重创。为赈济灾民，政府被迫动用巨额资本，预算平衡被打破。维什涅格拉德斯基主掌财政部期间的预算见表 9 – 3。

表 9 – 3 1887～1892 年俄国国家预算一览

单位：百万卢布

年份	常规预算 收入	常规预算 支出	特别预算 收入	特别预算 支出	盈余或赤字
1887	832.3	835.9	13.0	95.1	-85.7
1888	900.8	840.4	9.3	86.8	-17.1
1889	944.4	857.9	24.9	105.0	+6.4

[1] Куприянова Л. В. Таможенно – промышленный протекционизм и российские предприниматели (40 – 80 – е годы 19 века). С. 160.

续表

年份	常规预算 收入	常规预算 支出	特别预算 收入	特别预算 支出	盈余或赤字
1890	950.8	877.8	34.1	178.7	-71.6
1891	895.8	875.3	37.0	240.3	-182.8
1892	976.3	910.7	38.1	214.8	-111.1

资料来源：Петров Ю. А. и так далее. . Русский рубль, два века истории. С. 103，转引自裴然：《1881～1917年俄国财政研究》，第56页。

维什涅格拉德斯基去世后不久，维特被任命为财政大臣。维特上任后即推行一系列改革，国家经济飞速发展，国库收入大幅攀升。俄国的特别预算支出包括兴修铁路的经费、偿还债务的支出、战争经费和应对自然灾害方面的支出。特别预算的收入包括国家举债和常规预算的盈余。1893年，俄国的特别预算收入主要来源于国家举债，接下来几年特别预算主要来源于常规预算的盈余。俄国扩大预算盈余的手段主要有三个，即改革间接税、开辟新税源和缩减国家的一般支出。1892～1902年，间接税收入大幅攀升，国家收入不断增长。到1897年，间接税在税收进项中的比重占全部税收进项的85.5%，直接税仅占14.5%。[1] 1892年，国家常规收入为9.7亿卢布，1903年达到了20.3亿卢布，增长了1倍多。[2] 维特主管财政部的11年内，通过货币改革和税收改革等举措大大增加了国库的收入，但国家常规预算平衡也仅仅出现在1893年、1894年、1899年、1901年和1903年，其余6年仍然未能消除预算赤字。1900年和1902年，俄国预算赤字分别为1.52亿卢布和1.32亿卢布。[3] 而且，在这一时期，俄国的债务从46.69亿卢布增长到了66.52亿卢布，涨幅达43%。[4] 19世纪最后20年，俄国在欧洲未发生大规模战争，国家在修建铁路和扶持工业方面投入巨额资本，导致国家支出仍然超过收入，预算赤字未能彻底消

---

[1] Беляев. С. Г. Упраление финансами в России (XVII в - 1917 г.). С. 54.

[2] Гиндин И. Ф. Государство и экономика в годы управления С. Ю. Витте. // Вопросы истории. №. 3. М., РАН, 2007, С. 98.

[3] Экономическая история России XIX - XX вв: современный взгляд. М., РОССПЭН. 2001, С. 50.

[4] Беляев. С. Г. Упраление финансами в России (XVII в - 1917 г.). С. 56.

除。由于国家支出的增长，加之缺乏其他收入来源，通过税制改革来增加国库收入就成为俄国的重要手段。

第二节　税收管理机关的改组及基层单位的征税制度

财政部组建之后，国家财政和税收都集中在这个机关，财政部的税收司是国家税收的中央机关。19世纪下半叶，俄国间接税在国家预算收入的比重逐渐占据主导地位，此时直接税和间接税①都由税收司管理就存在一定的弊端。此外，盐税的管理权并不在财政部，而是归矿业与盐业司，税收监督权和追缴税收尾欠则由国库司负责。换言之，国家税收事务并没有集中在一个中央机关，而且直接税和间接税都由财政部税收司来管理。为协调税收事务，1863年4月15日，俄国颁布法令对税收中央机关进行改革。首先政府将盐业事务的管理权划归给财政部的税收司，然后将税收司一分为二，一个名为"定额税收司"，另一个名为"非定额税收司"。定额税收司工作主要包括以下方面。

（1）负责管理直接税、赋役和丁籍调查事务，负责征收工商业经营许可证税；

（2）负责管理地方自治税和徭役的相关工作，主要包括制定预算和分配税收；

（3）负责登记税丁的阶层变更，发放居民身份证和各种证件；

（4）负责征收农民的赎金；

（5）负责征收各种手续税。

随着国家税制的发展，定额税收司还负责征收城市不动产税、货币资本收入比例税、国家房产税、国家土地税和营业税。1898年6月8日起，定额税收司负责总体监督税收机关的工作。② 非定额税收司负责管理间接税，主要包括消费税、印花税、契约税、办公税等。非定额税收司管理的消费税包括酒消费税、烟草消费税、食盐消费税、酵母消费税、煤油消费

---

① 官方文件上的正式称谓为"定额税"和"非定额税"。
② Министерская система в Российской имперeии: К 200 - летию министерств в России. С. 362 - 363.

税和火柴消费税。该机关负责烟草、方糖生产的监督，负责追缴酒税和盐税的尾欠。非定额税收司负责制定本部门和其隶属部门的财政预算，所有消费税的进项、酒精及其制品的出口都由非定额税收司监督。① 由于开始征收消费税，地方自治税收管理机关的改革也随即展开。农民改革之后，俄国在各省和各县设立相应的消费税管理委员会。省级机关由一名主管、一名副主管、若干监察员和办事员组成。县级消费税管理委员会由监督员和助理监督员组成。财政部—省消费税管理委员会—县消费税管理委员会负责分级管理全国的消费税事务。地方消费税管理委员会建立后，省财政厅原来负责的间接税业务被划分出来，省财政厅的权力被大大削弱。1866年5月，俄国颁布改组省财政厅的法令，该机关管理的部门被划分为国库事务管理处、监督处和办公室。实际上，所有事务都集中在最后一个部门。②

在征税实践过程中，警察机关是非常重要的部门。为按期征足税赋和尾欠，警察经常使用各种暴力手段，查封财产和变卖欠税人财产或对其实行体罚是常用的催征手段。随着间接税体制的发展，警察粗暴的征税方式与税收制度显得格格不入。本格担任财政大臣后，在俄国推行很多新税种，在征税时往往要计算财产收入，这就要求相关人员要有一定的知识和专业技能。而警察的文化程度较低，无法适应新税制发展的需求。为此，财政大臣本格建立税收检查制度。由于财政部的改革方案触及了内务部的利益，遭到内务大臣的强烈抵制。经过多方斡旋，本格的方案终于获得亚历山大三世的支持。1885年4月15日，国务会议批准了财政大臣的方案，俄国在地方设立税收检查官的职位。1885年8月12日，财政大臣批准了《欧俄各省税收检查官训令》。最初，税收检查官的职责和权力十分有限，随着时间的推移，他们的权限和职责不断扩大。19世纪80年代末，检查官不但要收集工商业发展状况的信息，而且在新成立的一些机构中，税收检查官会担任重要的职务。维特担任财

---

① Министерская система в Российской империи: К 200 - летию министерств в России. С. 363.
② Захаров В. Н., Петров Ю. А., Шацилло М. К. История налогов в России. IX - начало XX века. С. 183 - 184.

政大臣后，税收检查官的权限不断扩大。1892年到1898年，检查官职位一共增加了288个。① 为提高税制的效率和增加国库收入，俄国对税收机关进行了重大改组。根据1896年5月6日法令，直接税全部归财政部定额税收司管理。非定额税收司改组成非定额税收和酒垄断管理总署。在地方，所有定额税归省财政厅负责管理，税收检查官也隶属于财政厅。1899年，税收检查机关条例颁布后，税收检查官的权限不断扩大。直接税、印花税和契约税的征收属检查官监督的范围，以前这些职权属于内务部的警察部门，现在全都交给税收检查官。由于职责和权限的扩大，税收检查官的编制也急剧扩大。到第一次世界大战前，税收检查官人数达到1300人。②

为管理地主土地上农民村社的事务，政府在各省设立了省农民事务管理委员会（Губернское присутствие по крестьянским делам）。同时，在各县建立调停官会审法庭（уездные мировые съезды），任命调停官（мировой посредник），旨在解决农民与地主的争议问题。政府规定，1861年公告颁布两年内，省级政府要为每个村社制定法律文书，里面要清楚记载分给农民使用的土地数量、农民承担地主的代役租和其他义务的标准。农民可以通过以工抵债和支付现金两种方式偿还地主代役租。1861年公告颁布之后，政府免除地主从农民征税和追缴尾欠的义务，同时免除其征收和管理村社农民储备粮的义务，现在这些义务由农民自身来承担。③ 为解决经济问题，摆脱依附关系的农民要组成村社，几个毗邻的村社再组成一个乡，每个乡管辖300~2000个税丁。乡公所是最低级别的行政管理和司法机关，村社和乡公所的领导由选举产生，每个村社管理机关由村长和村民大会组成，要选举征税员和文书。召开村民大会一般在休息日或节假日，国家税、地方自治税、村民大会经费及其他徭役的分摊均归村民大会负责。村社实行连环保制，负责采取措施追

---

① Захаров В. Н., Петров Ю. А., Шацилло М. К. История налогов в России. IX - начало XX века. С. 246 - 247.
② Податная инспекция в России (1885 - 1910 гг.). СПБ., 1910, С. 100 - 102.
③ Полное собрание законов Российской империи. Собрание II : в 55 т. Т. 36. Отделение 1. 1861. СПБ., 1863, С. 141, 143, 146.

缴税收尾欠。乡管理机构为乡公所，由乡长、乡民大会和乡农民法庭组成，乡民大会规定和分摊全乡的税收和徭役。村社的国家税和地方自治税由乡长负责监督征收，增减和整合税种只能根据省财政厅的命令执行。如果农民转入同一个乡的另一个村社，省财政厅要根据转社证明将其纳税义务列入新村社的税额清册。如果农民想转入外乡或外省，必须向省财政厅提供脱社证明和新社的接受决议。未获得新社接受决议情况下，农民可向省财政厅提交所在村社乡公所的登记证明。①脱离人身依附关系的农民要缴纳人头税、粮食税、地方自治税及税额清册上规定的其他赋税。农民和地主根据各自占有土地的数量缴纳地方自治税。地方农民事务管理委员会的经费支出由地方自治税负担。各村社当年的税收清册会在1月初由县国库下发，并在村民大会上进行分摊，征税的职责由村长或选举的征税员承担。征税、簿记和保管税款的制度由各村社自行确定。除村社经费支出外，其余所收税款必须上缴县国库，并索要完税收据。上缴税款的期限与以往一样，但根据农民申请，省农民事务管理委员会可依据地方特殊条件调整缴税期限。县国库开具的完税收据要提交乡公所留存。

村社支出是为满足村社内部需求征收的税款，村社征收的必要经费包括以下几项。

（1）村社管理经费；

（2）种牛痘和防治牲畜传染病方面的支出；

（3）村社国储粮库建设和维修经费；

（4）乡间土路、界标、水渠等设施的维护经费；

（5）村社哨兵的薪资。

除了征收经费之外，村社还要承担下列义务。

（1）监管年迈、体衰和残疾的村社成员；

（2）监管无亲人（或亲人无能力供养）且丧失劳动能力的村社成员；

（3）监管父母双亡的孤儿；

---

① Полное собрание законов Российской империи. Собрание II : в 55 т. Т. 36. Отделение 1. С. 147 – 149，152 – 153，163.

(4) 采取措施预防和处理火灾、水灾和蝗灾等自然灾害。①

村社通过连环保制对农民进行行政和税收管理。针对欠税农民，村社可采取下列措施。

(1) 利用欠税人的不动产收入弥补尾欠；

(2) 派遣欠税人或其家庭某个成员打短工偿还尾欠；

(3) 为欠税人指定监护人，防止其在还清尾欠前将财产转让他人；

(4) 指定其他某个家庭成员为户主，并让其制定偿还尾欠的计划；

(5) 变卖欠税人的不动产（农民赎回的宅院除外）；

(6) 变卖欠税人的动产（家庭生活必备品除外）；

(7) 根据尾欠额度，部分或全部收回分给欠税人的份地或其他经营土地。②

使用前四种举措仍未征齐尾欠的情况下，方可实施后三种措施。如果在10月1日前尾欠尚未还清，这些尾欠就要在村社其他成员间分摊，并要求在第二年1月15日前缴清。在规定的期限内仍无法缴清尾欠的，地方自治警察机关就会采取强制性措施。地主庄园于1861年前积累的尾欠由地主承担，不允许分摊给农民。1864年规定，免除1861年公告颁布前地主的人头税和公家罚款的尾欠。③ 1866年，国家农民的管理由国有资产部划归到各级农民事务管理委员会。此时，国家农民会获得规定面积的份地和其他经营性土地，他们有义务缴纳所有的国家税、土地代役租和地方自治税，同时承担地方其他的货币税和实物税。④ 此外，国家农民要缴纳一定额度的税款，用于农民事务管理委员会的经费支出。换言之，此时国家农民的纳税义务与其他农民没有什么区别。与其他农民所在的村庄一样，在国家农民居住的村庄组建村社，附近几个相邻的村社整合为一个乡。

---

① Полное собрание законов Российской империи. Собрание Ⅱ: в 55 т. Т. 36. Отделение 1. С. 165，166.

② Полное собрание законов Российской империи. Собрание Ⅱ: в 55 т. Т. 36. Отделение 1. С. 167.

③ Полное собрание законов Российской империи. Собрание Ⅱ: в 55 т. Т. 36. Отделение 2. 1861. СПБ.，1863，С. 199，475.

④ Полное собрание законов Российской империи. Собрание Ⅱ: в 55 т. Т. 41. Отделение 1. 1866. СПБ.，1868，С. 34，35.

第三节　勃洛克与科尼亚热维奇的税收政策

1852年4月，乌龙琴科辞去财政大臣职务，接替他担任财政大臣的是 П. Ф. 勃洛克。此时的俄国正准备与土耳其开战，筹集巨额军费自然成为新任财政大臣的首要任务。1853～1856年的克里米亚战争重创了俄国的财政体系，俄国工业发展也受到致命打击。为挽救濒临崩溃的财政，勃洛克继续发行纸币和向国家信贷机关举债。另一方面，财政大臣开始调节税收政策。根据1851年7月13日法令，从1853年起俄国按照新条例征收地方自治税。根据新条例，地方自治税分为货币税和实物税（包括实物和徭役）。货币地方自治税分为三类，包括满足整个帝国统一需求的国家地方自治税、满足各省需求的省地方自治税和从个别阶层征收的特别地方自治税。[①]

国家地方自治税包括以下几项。

（1）驿务税，主要用于供养驿站马车夫和购买驿马的草料、运送邮件、紧急公函和公差及建筑和维修驿站等方面的支出；

（2）养路税，主要用于各省之间公路及公路上各种设施建设的支出、弥补修路和养路产生的国家债务；

（3）地方自治管理机关的经费，包括地方自治警察、法庭和办公室等部门的花销；

（4）押送犯人经费，包括在流放途中修建和租用监狱、押运卫兵居住场所的花销及上诉场所的维修、取暖和照明的支出；

（5）苦役队[②]经费，主要用于支付看守人员的工资，还包括犯罪士兵和看守人员居住场所的建造、维修、照明和取暖的支出；

（6）部队需求经费，包括宿营士兵临时居住场所建造、租赁及这些场所照明和取暖的费用。

---

① Полное собрание законов Российской империи. Собрание Ⅱ: в 55 т. Т. 26. Отделение 1. 1851. СПБ., 1852. C. 484.
② 苦役队（арестантские роты）——19世纪，俄国政府将犯罪士兵流放到边远地区后，在流放地组建的劳役队。

省地方自治税包括以下几项。

（1）养路税，主要用于省内公路建设和维修的支出，以及用于交通与公共建筑管理总署辖区学校的建筑经费；

（2）省县行政管理机关办公场所的修建和维修经费；

（3）省县负责地方自治税簿记和监督官员的必要支出；

（4）城市和各乡镇管理和医疗机关的办公经费；

（5）军事管理机关的办公经费。

特别地方自治税包括以下几项。

（1）省国民粮食特别委员会办公机关的经费和国储粮库监督员的薪酬；

（2）贵族代表会议①办公机关的经费；

（3）贵族会议②办公场所的维修、照明和取暖的经费；

（4）贵族监护机关③的办公室经费；

（5）向参政院宣令司④缴纳首席贵族⑤的注册费；

（6）贵族代表会议和贵族监护机关官员的退休金和一次性退休津贴。⑥

上述三种货币地方自治税由各省每三年做一次预算，税收预算得到财

---

① 贵族代表会议（Дворянское депутатское собрание）——1785年批准建立，是帝俄时期省和州县贵族阶层的选举机关。该机关由省首席贵族和每县一名贵族代表组成。职能包括在参政院宣令司监督下管理贵族宗谱、向贵族下发宗谱证书、提前研究贵族会议上需要讨论的问题、参与对没收庄园的监护等。贵族代表会议有权将个别贵族开除贵族阶层，1917年11月10日被取缔。

② 贵族会议（Дворянское собрание）——于1766年在省和县设立，是帝俄时期的贵族自治机关，直到1785年其工作条例才被批准，1917年十月革命后被取缔。

③ 贵族监护机关（Дворянская опека）——1775年在个各县建立，负责监护贵族孤儿、孀妇、年迈、无行为能力及挥霍无度的贵族，管理无人继承的庄园。贵族监护机关由县首席贵族、县法院法官和两名助理法官组成，1917年十月革命后被取缔。

④ 宣令司（Департамент герольдии при Сенате）——帝俄时期参政院下设的司级机关，负责贵族就任国家职务的登记注册和维护贵族官员的特权。

⑤ 首席贵族（предводитель дворянства）——1785年根据叶卡捷琳娜二世的《钦赐特权诏书》批准设立，是帝俄时期贵族自治和地方自治体制中的一个重要职位。省首席贵族是省地方自治会议的主席，县首席贵族是县地方自治会议的主席。

⑥ Полное собрание законов Российской империи. Собрание II: в 55 т. Т. 26. Отделение 1. С. 485-491.

政部批准之后，各省的财政厅要制定每个县的税额清册，清册中要指出每个城市、乡镇纳税人的信息和地方自治税的额度，并依据税丁人数、土地面积和工商业许可证的级别进行分摊，所得税款要上缴县国库。国有资产管理局和皇室领地办事处要各自制定税收明细表，然后将此表转交给县国库，后者再将这些税收信息汇总到各县的税额清册上。最终的税额清册经省公署下发到城市杜马或地方自治警察局，再由后两个机关下发到各同业公会和村社。税额清册上未体现的地方自治税不得征收。根据新税收条例，国家农民要先缴纳公共需求税，然后是地方自治税，而其他的纳税人按照地方自治税—国家税—公家罚款的顺序缴税。① 地方自治税禁止分期支付，其尾欠要在总督和省公署的监督下追缴。新税收条例出台之后，以前追缴地方自治税罚金的制度一律废除。对于欠税人无力偿还的尾欠，省财政厅可以予以注销，前提条件是尾欠不能超过 7 卢布。②

地方自治实物税分为一般税和特别税两种，一般税为整个省或区所有居民都要承担的税收，而特别税则是部分城市或村庄承担的税收，具有局部特征。特别税的明目、征收的规则由城市或村庄内部公共事务的特殊条例来确定。一般税包括以下几项。

（1）省城与县城之间道路、桥梁、水坝等设施维护的徭役；

（2）运送皇室成员、地方自治警察的车马徭役；

（3）为公差提供居住场所及取暖和照明设施；

（4）为宿营部队提供场所，并有偿为部队提供必备的给养。

所有的地方自治实物税与货币税每三年要获得财政部的审批。1852年 8 月，提高了西部各省国家农民公共需求税的额度。莫吉廖夫和维捷布斯克省每人增加 23 戈比；格罗德诺和明斯克省每人增加 25 戈比；科夫诺、沃伦和维尔诺省每人增加 26 戈比；基辅和波多利斯克省每人增加 28 戈比。③ 1853 年 2 月 10 日，政府批准了 1853～1855 年国家农民公共需求

---

① Полное собрание законов Российской империи. Собрание Ⅱ: в 55 т. Т. 26. Отделение 1. С. 507－508.

② Полное собрание законов Российской империи. Собрание Ⅱ: в 55 т. Т. 26. Отделение 2. 1851，СПБ.，1852，С. 73.

③ Полное собрание законов Российской империи. Собрание Ⅱ: в 55 т. Т. 27. Отделение 2. 1852，СПБ.，1853，С. 155.

税的分配预算，计划年征税总额为 4890399 卢布 69.25 戈比。① 36 省（除西部 9 省）有纳税义务的居民为 7807118 人，需要纳税的额度为 4382880 卢布 31.25 戈比。纳税额最低的仍然是各省的移民，税额为每人每年 18 戈比；最高的是比萨拉比亚省，税额为每人每年 88.25 戈比。② 西部 9 省有纳税义务居民为 731383 人，计划征税 507519 卢布 38 戈比。税额最低的是明斯克省的独户农，每人每年为 28 戈比，最高的是基辅和波多利斯克省，每人每年为 72 戈比。③ 此外，政府规定征收新的公共需求税，用于负担国有资产部下设医疗机关的经费，全国 45 各省纳税标准相同。

1855 年 3 月，在克里米亚战争最关键的时刻，尼古拉一世突然去世，亚历山大二世成为新皇帝，他采取外交手段结束了无望取胜的战争。为平息国内民众的愤怒情绪，俄国实行税收优惠政策。根据 1856 年 8 月 26 日颁布的公告，免除 1856 年 1 月 1 日前产生的人头税、代役租、水陆交通建设税和酿酒税的尾欠及罚金。④ 过去几年战争和瘟疫导致人口流失比较严重，税收分配出现了失衡。因此，1856 年公告宣布将开启新一轮丁籍调查。1857 年 6 月 3 日，俄国第十次丁籍调查的决议获得批准。根据人口调查统计结果，俄国居民总数达到 7400 万人。⑤ 1859 年 1 月 1 日起，国家将根据新的税民登记册开展税收工作。克里米亚战争失败之后，俄国政府采取发展重工业的经济方针，力求通过兴修铁路拉动经济增长。1857 年，俄国进一步调整关税，规定陆路进口纱线的税率从原来的每普特 3 卢布 50 戈比下调至 2 卢布 50 戈比，海运进口税率从原来的每普特 5 卢布降至 3 卢布 50 戈比，⑥ 铁矿石和生丝等商品进口税率从

---

① Полное собрание законов Российской империи. Собрание Ⅱ: в 55 т. Т. 28. Отделение 1. 1853, СПБ., 1854, С. 46.

② Полное собрание законов Российской империи. Собрание Ⅱ: в 55 т. Т. 28. Отделение 2. 1853, СПБ., 1854, С. 10 – 14.

③ Полное собрание законов Российской империи. Собрание Ⅱ: в 55 т. Т. 28. Отделение 2. С. 14, 15.

④ Полное собрание законов Российской империи. Собрание Ⅱ: в 55 т. Т. 31. Отделение 1. С. 788.

⑤ История переписей населения в России. С. 36, 55.

⑥ Соболев М. Н. Таможенная политика России во второй половине XIX века. В двух частях Ч. 1. С. 123 – 126.

原来的每普特1卢布调整为40戈比，毛线进口税率从原来的每普特1卢布20戈比降至20戈比，同时还有多种工业原料实行免征关税的优惠。①1857年税率改革最鲜明的特点是为金属材料、机器设备的进口创造有利条件，为铁路工业的发展提供保障。1857年，俄国规定机器和设备进口免征关税，虽然取消生铁进口的限制，但生铁进口仍征以重税，为其价值的35%~70%。②

从1858年开始，А. М. 科尼亚热维奇担任财政大臣。1859年，俄国成立了研究税收改革的委员会。在实践工作中，委员会存在很大顾虑，一是怕推行减轻民众负担的税收政策会造成国库收入的减少，二是向特权阶层纳税会遇到重重困难，所以委员会未能制定税收改革方案。科尼亚热维奇执掌财政部时期，在税收领域未能做出重大改革。1859年4月6日，俄国批准了1859~1861年国家农民公共需求税分摊的方案，③ 计划年征税总额为5345338卢布2戈比。西部9省此项税收与过去相比有所下滑，年纳税额为429318卢布81戈比。纳税额最低的是波多利斯克省，每人每年54戈比，最高的是维捷布斯克省，每人每年64戈比。其余36省的国家农民总人数为8391872人，纳税总额为每年4916019卢布21戈比。纳税额最低的是赫尔松省当水兵的国家农民及沃罗涅日和圣彼得堡省的移民，每人每年为20戈比，最高的是圣彼得堡省的国家农民，每人每年为73.75戈比。④

1859年，重新规定个别省和县国家农民的代役租额度。同时，很多省开始实行新的征税制度，即将国家农民土地及其副业经营收入作为征税的依据。1861年2月19日，政府颁布了解放农奴的公告。地主农民从地主手中获得一定数量的耕地和其他经营土地，为此他们要按规定期限承担地主的义务，这样原来的地主农民变成了临时义务农。为获得土地所有权，农民要向地主支付赎金。付清全部赎金后，农民不再承担地主的义

---

① Министерство финансов (1802 – 1902 гг.) Ч. 1. С. 536 – 537.
② Кулищер И. М. История русской торговли и промышленности. С. 38.
③ Полное собрание законов Российской империи. Собрание Ⅱ: в 55 т. Т. 34. Отделение 1. 1859. СПБ., 1861, С. 273.
④ Полное собрание законов Российской империи. Собрание Ⅱ: в 55 т. Т. 34. Отделение 2. С. 44 – 48.

务，同时可以自由支配这些土地，此时临时义务农才真正意义上变成自由农民。如果农民自愿拒绝接受地主分发的土地，或者转入其他阶层，他们就可以完全断绝与地主的义务关系。大多数地主农民承担不起土地的赎金，这一点政府十分清楚。因此，政府提议为农民提供贷款，具体流程和条件有明确的规定。首先农民自己要向地主支付土地赎金的20%，其余80%由国家垫付给地主。① 农民需要在49年内偿清国家贷款，并且每年支付还款额6%的利息。按照这个比例计算，49年中农民每1卢布赎金贷款要支付294戈比，也就是说多支付近2倍的额度。为避免出现小数，政府只允许农民每年以卢布为单位还款。省财政厅要将赎金列入税额清册，以便向农民征税。税额清册通过县国库转交给乡公所，由后者再下发到各个村社，由村长或征税员负责征收。所得赎金要上交县国库。赎金支付的期限与人头税相同，即一半在1月1日至3月1日支付，另一半在10月1日到第二年1月1日前付清。②

政府非常清楚，酒税是国库收入的重要来源之一。因当时酒税征收体制存在许多弊端，1861年7月4日，俄国政府出台《酒税新条例》，对原来的酒税征收体制进行改革。新条例从1863年1月1日正式实行。作为前期准备工作，政府设立具有监督职能的省和县消费税管理局。要强调的是，新条例生效之时，俄国的财政大臣已不是科尼亚热维奇。

第四节　赖藤的税收政策

1862年末，М. Х. 赖藤担任财政大臣，赖藤接管财政部时正值俄国社会最复杂的时期，农民改革刚刚推行不久，国家政治和经济领域都发生很大的变化。政府一方面要责令财政部减轻农民阶层的纳税负担，另一方面又要求财政部千方百计增加国库收入，赖藤执掌财政部近15年，对俄国税制进行了重大的改革。

---

① Спицын Е. Ю. Роийская империя XVIII – начала XX вв. С. 245.
② Полное собрание законов Российской империи. Собрание II : в 55 т. Т. 36. Отделение 1. С. 193.

在直接税领域，赖藤的第一项举措是调整人头税。1862年，政府颁发调整人头税标准的法令，具体规定如下。

（1）国家农民（除个别省外）和外国移民（除个别种族外来移民外）每人每年1卢布；

（2）西伯利亚各省国家农民每人每年90戈比；

（3）克里米亚鞑靼人每人每年75戈比；

（4）比萨拉比亚区的移民和国家农民每户每年3卢布；

（5）比萨拉比亚区当纤夫的国家农民每人每年3卢布；

（6）居住在国家和地主土地上的自由民和犹太族农民每人每年2卢布20戈比；

（7）切尔尼戈夫和波尔塔瓦省的哥萨克每人每年1卢布52戈比；

（8）不带驿马服役的驿站马车夫的人头税标准各省有所区别：特维尔省每人每年为7卢布12戈比，莫斯科省每人每年为6卢布75戈比，圣彼得堡省每人每年为6卢布56戈比，诺夫哥罗德省每人每年为6卢布53戈比。①

代役租标准调整如下。

（1）按人头缴纳代役租的各省国家农民：①雅罗斯拉夫尔、科斯特罗马、喀山、维亚特卡、阿斯特拉罕省的察列夫斯克县每人每年3卢布15戈比；②西伯利亚、萨马拉、奥伦堡各省每人每年3卢布；③阿斯特拉罕（除察列夫斯克县和奥尔洛夫县以外）、赫尔松省每人每年2卢布85戈比；④托木斯克（除纳雷姆区）、托博尔斯克（除托博尔斯克、别列佐夫斯克和图林斯克区）等省每人每年2卢布71戈比；⑤切尔尼戈夫和波尔塔瓦省每人每年2卢布53戈比；⑥托木斯克省的纳雷姆区、托博尔斯克省的托博尔斯克、别列佐夫斯克和图林斯克区每人每年2卢布41戈比；⑦奥洛涅茨和阿尔汉格尔斯克省每人每年2卢布25戈比；⑧比萨拉比亚区当纤夫的国家农民每人每年63戈比。②

---

① Полное собрание законов Российской империи. Собрание Ⅱ：в 55 т. Т. 36. Отделение 2. С. 349.

② Полное собрание законов Российской империи. Собрание Ⅱ：в 55 т. Т. 36. Отделение 2. С. 350.

(2) 按收入征收代役租的各省国家农民：①莫斯科、弗拉基米尔、下诺夫哥罗德、萨拉托夫、卡卢加、哈尔科夫和特维尔省每人每年 3 卢布 30 戈比；②梁赞、沃罗涅日、奥廖尔、坦波夫、图拉、奔萨和库尔斯克省每人每年 3 卢布 15 戈比；③叶卡捷琳诺斯拉夫省每人每年 3 卢布；④斯摩棱斯克省每人每年 2 卢布 84 戈比；⑤诺夫哥罗德省每人每年 2 卢布 65 戈比；⑥普斯科夫省每人每年 2 卢布 52 戈比。

1862 年 9 月 3 日，政府批准 1862～1864 年国家农民公共需求税分摊的预算。国家农民从原来的 9123310 人增长到 9497251 人，公共需求税总额从 5345338 卢布 2 戈比增加到 6069989 卢布 93.5 戈比。新预算不再有大俄罗斯省和西部各省的区分。信奉东正教的农民如果受雇于修道院高级僧正，每人要额外支付 2.75 戈比的附加税。公共需求税缴纳额度最大的是阿尔汉格尔斯克省的国家农民，每人每年为 73.25 戈比。除阿尔汉格尔斯克省外，缴纳公共需求税最高的是塔夫里达省的国家农民，每人每年为 72.25 戈比。① 1862 年 9 月 17 日，政府批准了 36 省各级农民事务管理委员会分摊税的预算。各省的地方条件是征税的唯一依据。阿尔汉格尔斯克省地主和农民耕地总计为 7.5 万俄亩，承担的分摊税总额为 5906 卢布 25 戈比，平均每俄亩 7.875 戈比。该省捕鱼业总收入为 119085 卢布 34 戈比，每卢布缴纳的分摊税为 10.5 戈比，总计 12503 卢布 25 戈比。还有个别省仅向划分给各县地主和农民的耕地征收分摊税，包括弗拉基米尔、格罗的诺、喀山、卡卢加、基辅、科夫诺、明斯克、莫吉廖夫、莫斯科、波多利斯克、波尔塔瓦、新比尔斯克、坦波夫、塔夫里达、特维尔、赫尔松和切尔尼戈夫 17 省。纳税额度最低的是明斯克省的莫济里县，每俄亩土地为 1.75 戈比，最高的在弗拉基米尔省的弗拉基米尔县，每俄亩土地为 12 戈比；其余各省分别规定省和县农民事务管理机关分摊税的额度，然后在各县进行分摊。纳税额度最高的是梁赞省的斯科平县，每俄亩土地为 13.07 戈比，其中 1 戈比为省农民事务管理委员会的经费，12.07 戈比为县农民事务管理委员会经费。②

---

① Полное собрание законов Российской империи. Собрание Ⅱ：в 55 т. Т. 37. Отделение 3. 1862. СПБ.，1865，С. 337－345.
② Абашев А. О. Налоговая система России Ⅸ－ⅩⅩ в. С. 155.

第九章 19世纪下半叶俄国的税制改革

为深化改革，俄国设立了一些国家管理机关，为负担新成立机关的经费支出，1863年，政府规定向农民征收人头税的附加税。① 其额度按各省分配，然后各省根据各县具体情况进行分摊。纳税额度最低的是阿尔汉格尔斯克省的阿尔汉格尔斯克县和克拉斯诺亚尔斯克县，每个税丁每年8戈比，最高的为圣彼得堡省中央区（方圆25俄里之内）、新比尔斯克省的塞兹兰、阿拉特里和阿尔达科夫县，每个税丁每年44戈比。附加税征收的期限最初规定为1年，但接下来多次延长征税期限。直到1867年下半年政府调整人头税额度后，附加税才停止征收。② 从1863年开始，政府开始向国家农民征收代役租附加税。俄国欧洲各省国家农民按耕地面积支付代役租附加税。额度最低的在奥洛涅茨省，每俄亩纳税1.5戈比；最高的在弗拉基米尔、沃罗涅日、卡卢加、库尔斯克、奥廖尔、坦波夫、图拉、新比尔斯克等省，每俄亩纳税9戈比。在西西伯利亚和东西伯利亚，国家农民代役租附加税不是按土地面积征税，而是按人头征税，从23戈比到45戈比不等，定居的外族人每人12戈比。南部各省国家农民纳税额度最低的在波多利斯克省，每人33戈比，最高的在哈尔科夫省，每人48戈比。③

1865年3月21日，政府批准1865~1867年国家农民公共需求税的分摊预算，计划每年征收4605381卢布59戈比，而且税收条目的表述也发生了改变。其中第一项为国库补贴税，第二项为制定各种税册和文件的支出，第三项为医疗机构经费，第四项为学校教育经费，第五项为国储粮库建设经费。在这个预算中，纳税额度最高的是雅罗斯拉夫尔省的国家农民，每人每年53.75戈比；最低的是爱斯特兰省的国家农民，每人每年17戈比。信奉东正教的国家农民如果受雇于修道院或教会的高级僧正，额外需要支付2.75戈比的附加税。④ 1866年，政府决定从公共需求税中

---

① Полное собрание законов Российской империи. Собрание Ⅱ: в 55 т. Т. 37. Отделение 2. 1862. СПБ., 1865, С. 588.

② Полное собрание законов Российской империи. Собрание 2: в 55 т. Т. 37. Отделение 3. С. 539－541.

③ Абашев А. О. Налоговая система России Ⅸ－ⅩⅩ в. С. 156.

④ Полное собрание законов Российской империи. Собрание Ⅱ: в 55 т. Т. 40. Отделение 2. 1865. СПБ., 1867, С. 107－113.

除去国储粮库建设经费一项，对于已缴纳此项税收的国家农民，政府不进行退还，而是记入下一年的税收。

从1867年下半年开始，政府提高了人头税的额度，同时废除1863年规定的人头税附加税。人头税的征收被划分为两个类别。第一类是以前按统一额度缴纳人头税的居民（俄国欧洲各省每人1卢布，西伯利亚各省每人90戈比），第二类是按阶层征收人头税的居民。对于第一类纳税居民而言，此时人头税按各省差额分配，各省还要在各县、各乡分摊。纳税额度最低的是普斯科夫省奥波奇卡和霍尔姆斯克县的个别乡、普斯科夫省托罗佩茨县的所有乡，标准为每人1卢布15戈比；最高的是维亚特卡省萨拉普尔县的大诺林斯克、维宁斯克、尼里津日科夫斯克、德罗瓦伊斯克、沙尔平斯克和雅克劳尔—博琴斯克乡，每人纳税2卢布17戈比。对于第二类居民而言，政府根据阶层范畴向其征收人头税。纳税额度最高的是驿站马车夫，其中莫斯科省每人纳税13卢布70戈比，特维尔省每人纳税7卢布87戈比，圣彼得堡省每人纳税7卢布31戈比，诺夫哥罗德省每人纳税7卢布28戈比；最低的是以前支付15戈比的外来移民，现在他们的人头税增长至每人90戈比。西部各省居住在自己土地上的独户农每人纳税3卢布78戈比，居住在租赁土地上的独户农每人纳税2卢布52戈比。独身的定居和非定居的男性居民，如果年龄达到21周岁，每人纳税1卢布26戈比。[1] 根据1868年2月19日法令，西部各省的独户农和市民不再作为单独的阶层而存在，政府根据他们的居住地和工作种类将其列入农业或城市居民的行列。[2] 居住在农村的独户农被划分到就近的村社，而居住在城市且从事商业、副业或手工业，或任职、当佣人的独户农会被登记在所在城市的小市民公会。居住在城市的独户农或市民有权选择归入农民阶层，但这种选择必须在一年内完成。换言之，居住在城市的独户农或者市民可以有两种选择，要么加入小市民公会，要么登记在村社。转入新阶层之后，这些居民的纳税义务和个人权利与新阶层相同。1869年，俄国统治波兰区各省的农民按户征收宅院税，该地区农民土

---

[1] Абашев А. О. Налоговая система России IX – XX в. С. 160 – 161.
[2] Полное собрание законов Российской империи. Собрание II : в 55 т. Т. 43. Отделение 1. 1868. СПБ. , 1873, С. 139.

地要缴纳土地税。① 为合理征收宅院税，将农民的宅院划分为三个等级，纳税额度分别为3卢布、2卢布和1卢布。土地税分为基本土地税和附加土地税两种，征收的体系也比较复杂，先将这些省每个县的土地划分为四等，再根据土地的等级确定征税的标准。② 附加土地税的额度是基本土地税的一半。③

1869年取消冶炼厂锅炉税和热风炉税，开始根据炼铜厂的位置和所属类型征税。在原生矿床上建立的私营炼铜厂，每生产1普特铜要纳税50戈比，对于占有工厂④而言，生产1普特铜要纳税1卢布。而对于建立在沉积矿床上的炼铜厂，上述两个类型的工厂每生产1普特的铜要分别纳税25戈比和75戈比。私营冶铁厂生产每普特的生铁纳税1.5戈比，占有工厂每生产1普特的生铁纳税2.75戈比。⑤ 从1870年1月1日起，不再使用"国家农民"这个术语，而是开始使用"原国家农民"。公共需求税也不划分成各个支出项，而是按照国家税制度规定总体的额度。缴纳公共需求税额度最高的是莫斯科和库尔斯克省的原国家农民，每人40戈比，最低的是维捷布斯克省，每人14戈比。⑥ 1870年，俄国进行了城市自治改革，颁布了城市自治管理条例，这是城市管理机关的工作准则。城市自治管理机关包括城市选举会议、城市杜马和城市管理局。城市杜马有权规定和征收下列税收。

（1）不动产评估税；

（2）商业和副业经营税（许可证税和营业执照税）；

（3）从食品店、旅店和酒馆等场所征税；

---

① Полное собрание законов Российской империи. Собрание Ⅱ: в 55 т. Т. 43. Отделение 2. 1868, СПБ., 1873, С. 506.

② Полное собрание законов Российской империи. Собрание Ⅱ: в 55 т. Т. 43. Отделение 3. 1868, СПБ., 1873, С. 925, 926.

③ Полное собрание законов Российской империи. Собрание Ⅱ: в 55 т. Т. 43. Отделение 3. С. 506.

④ 占有工厂（посессионые заводы）——18~19世纪，俄国政府特许私人企业主占有国家土地开办采矿工厂，同时占有国家农民为其工作。

⑤ Абашев А. О. Налоговая система России Ⅸ-ⅩⅩ в. С. 163.

⑥ Полное собрание законов Российской империи. Собрание Ⅱ: в 55 т. Т. 44. Отделение 3. 1869, СПБ., 1873, С. 809.

（4） 运输税；

（5） 私人马匹和轻便马车税；

（6） 养狗税。

上述税收必须获得立法批准，城市杜马有权申请从居民住宅征收城市税。除上述税收之外，城市收入还包括下列各项。

（1） 开具和证明各类索债诉状的费用；

（2） 通过城市管理机关公职人员拍卖的动产收入所得（一般为成交价的 2%）；

（3） 根据特别条例，在某些城市（主要是设立海关的边境及港口城市）从运入或运出商品征税的收入；

（4） 国库补贴税。①

要重点强调不动产评估税。此项税收的额度不能超过不动产纯收入的 10% 或是不动产价值的 1%。皇家宫殿及其财产、政府机关办公场所、慈善机构的不动产、学校和学术团体的不动产、非营利性教会机构的不动产不需缴纳评估税。征收不动产评估税之后，取消原来的城市土地税。如未按期支付评估税，可以加收滞纳金，额度为每月不能超过逾期欠款的 1%。在纳税期满后，如果在 15 日前（包括第 15 日这天）能够缴税，则免征滞纳金。纳税期满后 6 个月内未能支付评估税，警察机关会扣留欠税人不动产收入来抵税；如此项收入不够抵税，就会采取变卖欠税人财产的举措。② 1871 年 9 月，为弥补司法调停机关的经费、支付拘留所的建设经费和其他支出，政府开始从西部 9 省征税，这些省建立地方自治机关后，此项税收停止征收，此项税收属于省地方自治税的附加税，数额规定如下：获得一等经营许可证的商人纳税 40 卢布 25 戈比；获得二等经营许可证的商人按地区等级纳税，第一到第五等级地区纳税额度分别为 6 卢布 95 戈比、5 卢布 75 戈比、4 卢布 95 戈比、3 卢布 75 戈比和 2 卢布 65 戈比；生产各种酒和饮料并支付消费税的企业、售酒企业和商店要支付地方

---

① Полное собрание законов Российской империи. Собрание Ⅱ： в 55 т. Т. 45. Отделение 1. 1870, СПБ., 1874, С. 821, 824, 835.

② Полное собрание законов Российской империи. Собрание Ⅱ： в 55 т. Т. 45. Отделение 1. С. 835, 836.

自治税附加税，数额为这些企业营业执照税的25%，从事小买卖和副业经营的工商业企业为营业执照税的10%；城镇不动产缴纳的地方自治税附加税额度为不动产税的25%。①

1870年，国务会议批准《关于扩大国家地方自治税实施条例的意见》。在分摊1872～1874年地方自治税时，政府第一次从农民所属的土地征收国家地方自治税。此时，地方自治税分为国家地方自治税、省地方自治税和特别地方自治税，后者包括从贵族庄园征收的地方自治税、从各阶层征收的地方自治税和用于农民事务调停机关的地方自治税三类。1872～1874年各省分摊的国家地方自治税分为三项，包括土地税、人头税和从商人征收的地方自治税。一等商人纳税39卢布，二等商人根据地区等级征收，从第一到第五等级地区纳税额度别为14卢布、12卢布、9卢布50戈比、7卢布50戈比和5卢布50戈比。各省土地税按纳税人所属范畴和土地面积来征收，每俄亩从1戈比到10戈比不等。各省按照下辖县的等级来征收人头税，纳税额度最高的是坦波夫和波多利斯克省的第一等级县，每个税丁为98戈比。1872～1874年省地方自治税同样分为三项，即土地税、人头税和从商人征收的地方自治税。一等商人纳税26卢布，二等商人根据地区等级征收，从第一到第五等级地区纳税额度分别为9卢布30戈比、8卢布、6卢布30戈比、5卢布和3卢布60戈比。土地税分为俄亩税和比例税。俄亩税从每俄亩土地几戈比到10.01戈比不等。比例税按土地收入来征收，每收入1卢布纳税2戈比。各省将下辖的县分成三个等级来征收人头税，纳税额度最高的是阿尔汉格尔斯克省的第一等级县，每个税丁26戈比。②

从贵族庄园征收的特别地方自治税依据其土地面积，每俄亩从1戈比到4戈比不等，最高的是维捷布斯克省的庄园土地，每俄亩纳税4戈比。此外，阿尔汉格尔斯克省的捕鱼业也要支付特别地方自治税，标准为每3卢布收入纳税34.5戈比。东西伯利亚各省的阶层特别地方自治税从10戈

---

① Полное собрание законов Российской империи. Собрание Ⅱ: в 55 т. Т. 46. Отделение 1. 1871，СПБ.，1874，С. 915，916.
② Абашев А. О. Налоговая система России Ⅸ－ⅩⅩ в. С. 167.

比到29.25戈比不等，西西伯利亚各省阶层特别地方自治税从34.5戈比到97.5戈比不等。在阿尔汉格尔斯克省，农民事务调停机关地方自治税的人头税按划分的四个等级地区来征收，从第一到第四等级地区每个税丁纳税额度分别为20.5戈比、18戈比、12戈比和5.25戈比。在西西伯利亚各省不分地区等级，每个税丁纳税额度平均为7.25戈比。从1873年1月1日起，政府规定征收国家地方自治税新的附加税。获得各种经营许可证和营业执照的人员，缴纳附加税的额度为许可证税或营业执照税的10%。向城市不动产征收的附加税为不动产税的40%。这些税收所得用于支付军官的房租。作为临时举措，1873年，向莫斯科的一等商人每人征税25卢布，用于弥补莫斯科各种交易所的建筑经费。① 1873年底，克里米亚的鞑靼人的税收优惠政策到期，从1874年开始，他们按正常额度缴纳人头税。②

赖藤下一项直接税改革是取消小市民人头税，并开始征收城市不动产税，此项收入在国库收入中所占比例微不足道，却具有重要的意义。因不动产税的征收对象涵盖了贵族阶层，这是俄国历史上第一次真正意义上向特权阶层征收直接税。至此，俄国税制的阶层性被打破。法令规定，从1863年下半年起，开始对省城、县城和小城镇的不动产征税。同时取消小市民阶级的人头税和其他城市居民的一些税收。从1873年起，西伯利亚地区按上述同等条件征收不动产税。不动产税征收的对象包括住宅及其所属的宅院和建筑物，也包括工厂、澡堂、仓库、闲置土地和菜园等。同时，地方自治机关、城市管理机关、教会、慈善机构、学术和教育等机构营利性的不动产均要支付不动产税。免征不动产税的包括上述机关非营利性的产业、由国库出资供养的机关和产业、建成时间不超过两年的不动产。③ 各省不动产税的额度要获得政府的批准，之后在各级城市和小城镇进行分配，然后根据财产的相对价值，再由各地的分摊委员会负责在财产

---

① Полное собрание законов Российской империи. Собрание Ⅱ: в 55 т. Т. 48. Отделение 1. 1873，СПБ.，1876，С. 524.
② Полное собрание законов Российской империи. Собрание Ⅱ: в 55 т. Т. 49. Отделение 1. 1874，СПБ.，1876，С. 674，932，929.
③ Полное собрание законов Российской империи. Собрание Ⅱ: в 55 т. Т. 38. Отделение 1. С. 15 – 16.

所有者之间进行摊派。委员会负责制定分摊税明细表,将其交予城市杜马或市政厅审批。分摊委员会的成员由各地的财产所有者选举产生。获得批准的分摊税明细表要递交省财政厅,财政厅负责制定统一的税额通知单和税收登记簿,并将这些税收文件下发各个县国库,后者通过警察部门向财产所有者或其管理人发放税额通知单。1863年的不动产税要求在8月1日前缴纳完毕。

如果未按规定期限支付不动产税,每月加收所欠税款的1%作为滞纳金,逾期一天滞纳金也按整月征收。尾欠数额如果有戈比,要化为卢布征收,50戈比以上按1卢布计算,50戈比以下则舍去。如果到11月1日仍有尾欠,县国库要向地方警察机关递交欠税通知书,里面记录着欠税人的姓名和欠款额度。接到通知书之后,地方警察会查封欠税人的财产。如果在查封财产一个月内,欠税人仍不能缴清尾欠,财产应该由地方警察机关监管,其收益会被用于补偿税收尾欠。在此后的两个月内欠款仍未偿清,警察机关会变卖这些财产。① 如果财产所有者只有一处不动产,且没有固定的营业,城市杜马和市政厅有权免除其不动产税,但整个城市或城镇不动产税总额不应减少,也就是说免税的税额由其他纳税人承担。如果因火灾或其他意外事件造成不动产毁掉,则免征不动产税。根据1863年下半年不动产税的分摊资料,可以了解一些主要城市不动产税的信息,具体数据见表9-4。

表9-4 1863年主要城市不动产税分摊统计

单位:卢布

城市	不动产税分摊的额度
圣彼得堡	169250
莫斯科	94000
敖德萨	40400
基辅	17200
里加	16630

---

① Полное собрание законов Российской империи. Собрание Ⅱ: в 55 т. Т. 38. Отделение 1. С. 17–18.

续表

城市	不动产税分摊的额度
哈尔科夫	15421
喀山	15000
维尔诺	12800
萨拉托夫	12000
别尔季切夫	11370
阿斯特拉罕	10922

资料来源：Полное собрание законов Российской империи. Собрание Ⅱ: в 55 т. Т. 38. Отделение 2. С. 55 – 60。

从 1864 年 1 月 1 日起，政府实施不动产税新条例。根据这个条例，收入低于 25 戈比的不动产免税。各省的不动产税收的额度由财政大臣审批，由地方自治税特别管理局负责向各县分配，再由县国库负责制定具体财产所有者的税额清册。1864 年的不动产税缴纳期限是 7 月末。从 8 月 1 日起，未支付的税款要征收滞纳金。追缴尾欠和滞纳金制度与以往相同。根据统计资料，1864 年承担较高额度不动产税的城市见表 9 – 5。

表 9 – 5　1864 年主要城市不动产税分摊统计

单位：卢布

城市	不动产税分摊的额度
圣彼得堡	325816
莫斯科	168000
敖德萨	83565
哈尔科夫	38547
里加	33409
基辅	29990
喀山	28593
萨拉托夫	27000
维尔诺	25730

资料来源：Полное собрание законов Российской империи. Собрание Ⅱ: в 55 т. Т. 38. Отделение 2. С. 244 – 246。

第九章　19世纪下半叶俄国的税制改革

接下来几年间，不动产税征收制度继续细化，额度也多次进行调整，但基本的税收原则没有改变。从1871年起，政府对不动产税尾欠的追缴制度进行了修改。征税期满后一个月内未支付税款，根据地方警察机关的命令，财产收入将被用于偿还尾欠。如果财产没有收益，根据民事诉讼程序的章程，警察机关要尽快着手出售欠税人的动产，欠税人有权选择出售财产的顺序。如果到第二年的1月1日前仍未付清尾欠，警察机关要拍卖欠税人的不动产。①

赖藤在直接税领域的另一项重要改革是调整国家营业税，但改革并没有从根本上改变营业税的制度。从1863年7月1日起，商业和其他副业经营税新条例正式生效。根据该条例，商业被划分为批发、零售和小买卖三类，后一种包括在店铺、货摊和售货亭销售大众消费商品，也包括流动销售工场手工业产品和从殖民地进口的商品等。条例规定，建筑、经营和金融服务都属于商业行为。有一些商业活动不需支付许可证税和营业执照税。例如，销售粮食、面粉、谷物、大麻、干草、食盐、牲畜、家禽、野禽、肉、农民手工制品和其他一些生活用品（酒类除外）。赶车拉脚、在售货亭（固定货币兑换处除外）换钱及在集市开市时销售商品也无须支付许可证税和营业执照税。大多数情况下，企业和个人在支付许可证税和营业执照税后方可开始从事商业活动。新条例规定，一等商人的经营许可证税为565卢布，没有地区差别。② 二等商人和副业经营许可证税根据所在地征收：第一等级地区（如圣彼得堡、莫斯科和敖德萨）为65卢布，第二等级地区（如阿尔汉格尔斯克、喀山、基什尼奥夫、基辅）为55卢布，第三等级地区（如布雷斯特、立陶宛、明斯克、诺夫哥罗德）为45卢布，第四等级地区（如塞米巴拉金斯克、叶夫帕托里亚、佩烈斯拉夫尔）为35卢布，第五等级地区为25卢布。第一至第五等级地区的小买卖经营许可证分别为20卢布、18卢布、15卢布、10卢布和8卢布。营业执照税根据经营许可证总类和地区级别来征收。获得一等商人经营许可证之后，如果在

---

① Полное собрание законов Российской империи. Собрание Ⅱ : в 55 т. Т. 46. Отделение 1. С. 250.
② Полное собрание законов Российской империи. Собрание Ⅱ : в 55 т. Т. 38. Отделение 2. С. 5.

第一等级地区开办企业，营业执照税为30卢布，企业设在第五等级地区，营业执照税为2卢布。如果要延长许可证或营业执照，要求在11月1日至第二年1月1日间提前纳税。在7月1日前购买许可证或营业执照，需要支付整年的税额，如果在7月1日后，则需缴纳半年的税额。①

赖藤在直接税领域的改革体现了政府财政改革的方向。从国库增收角度而言，财政部在间接税领域内的改革至关重要，其中最主要的是用消费税取代酒包销制。然而，在包销商的极力阻挠下，酒消费税改革一度被搁浅。后来，财政大臣说服了亚历山大二世，1863年1月1日《俄国酒税条例》正式实行。根据条例，从1863年开始，酒税收入包括酒产品生产和销售的消费税、酿酒工厂和售酒场所的许可证税。征收消费税的包括酒精、伏特加酒、葡萄酒、英国黑啤、普通啤酒、家酿啤酒、蜜酒。② 酒精、伏特加酒和葡萄酒按其酒精含量征收消费税，标准为每度纳税4戈比或每维德罗无水酒精纳税4卢布。各类啤酒和蜜酒以其工厂生产时间和生产功率为征税依据。在大俄罗斯和西伯利亚各省按每天酿酒锅炉的容积为征税依据，每维德罗纳税1卢布20戈比，其他各省每维德罗纳税80戈比。生产许可证税以酿酒种类和工厂所在地为征税依据。生产伏特加酒的工厂纳税标准如下：工厂在第一类地区的（两大首都）每年许可证税为150卢布，在第二类地区的（省和州政府所在城市）每年许可证税为75卢布，在第三类地区每个工厂每年许可证税为50卢布。上述三类地区酒馆的许可证税每年分别为150卢布、50卢布和15卢布，同时还要根据这些场所的售酒数量向其征收消费税。生产消费税在商品生产前缴纳，许可证税在发放许可证时支付。③ 这项改革为国库带来了巨额的收入，1863年，酒消费税的收入达到1.38亿卢布。在接下来几年内，酒消费税的收入一直呈增长态势。④

---

① Полное собрание законов Российской империи. Собрание Ⅱ： в 55 т. Т. 38. Отделение 1. С. 8.
② Полное собрание законов Российской империи. Собрание Ⅱ： в 55 т. Т. 36. Отделение 2. С. 39，40，41.
③ Полное собрание законов Российской империи. Собрание Ⅱ： в 55 т. Т. 36. Отделение 2. С. 257.
④ Захаров В. Н.，Петров Ю. А.，Шацилло М. К. История налогов в России. IX – начало XX века. С. 180.

在间接税领域，赖藤重要的改革包括关税改革。1866年，世界经济危机触动了俄国工业资本家的利益。1868年，俄国颁布新税率，规定棉花、煤炭和一些机器的进口免征关税，生铁和铁制品的进口税率被大幅下调。俄国企业以优惠价格购买到了工业原料和机器设备，机器制造业和纺织业发展十分迅猛。① 同时，1868年税率又具有保护关税政策的特征，皮革制品与亚麻制品进口税率达到其自身价值的22%，棉布、毛织品和棉织品的税率分别为本身价值的24%、26%~30%和34%~36%。② 俄国第一次铁路修建热潮拉动了国家经济的发展。到19世纪70年代中叶，为争夺巴尔干地区的霸权，俄国与奥斯曼土耳其帝国关系迅速恶化，俄国对外政策触动了其债权人的利益，外国投资纷纷撤离俄国。在境外支出居高不下的情况下，又要筹集巨额军费，赖藤被迫于1877年实行金币关税制，很多进口商品进口税率被大幅提高，进口急剧缩减。1877年1月，俄国取消进口蒸汽机和移动列车免税的规定，要求铁路公司只能使用国产设备。金币关税制不但增加了关税收入，促进了俄国工业迅猛发展，同时也扭转了贸易逆差。根据统计材料，俄国1877年、1878年和1879年贸易进口额分别为3.21亿卢布、5.956亿卢布和5.877亿卢布，而同期的贸易出口额分别为5.279亿卢布、6.182亿卢布和6.278亿卢布。③

在间接税领域，赖藤对食盐和砂糖征收消费税，达到了增加国库收入的目的。1862年，政府宣布放弃国家对食盐的垄断。公家采盐场开始转交给私人经营，食盐可以自由销售，进而征收消费税。开采每普特食盐征税30戈比。为了监督食盐开采和征税消费税，政府委派专门的监督官，他们隶属于省消费税管理委员会，省财政厅要对盐业收入主管部门的财务报表进行监督。从1863年开始，根据盐场所在地和食盐种类，政府在各省实行差额征税制度。硫酸钠的消费税最低，为每普特10戈比。阿尔汉格尔斯克省波莫瑞、凯姆和奥涅加等地盐场开采每普特食盐缴纳11戈比，

---

① Шепелёв Л. Е. Царизм и буржуазия во второй половине XIX века. Л., Наука. 1981, С. 115.
② Соболев М. Н. Таможенная политика России во второй половине XIX века. В двух частях Ч. 1. С. 301–310.
③ Куприянова Л. В. Таможенно – промышленный протекционизм и российские предприниматели (40–80-е годы XIX века). С. 91.

该省其他地方的食盐消费税为每普特 14 戈比。其他多数省份的食盐消费税为每普特 30 戈比，进口食盐的关税通常也是每普特 30 戈比。[①] 1863 年 11 月 26 日政府颁布新的税收条例，规定向砂糖生产商征收许可证税和消费税。许可证税根据工厂 100 天产糖量来征收，每 1000 普特纳税 10 卢布，产量超过 200 普特按 1000 普特征税。许可证发放机关和征收许可证税的机关为县国库。[②] 消费税征收依据是产糖率。为此，政府规定统一的产糖率，然后结合工厂的产量来征收消费税。从 1864 年 5 月 1 日起，生产每普特砂糖纳税 20 戈比。接下来几年砂糖消费税比例有所上涨。从 1866 年 8 月 1 日起，砂糖消费税的标准为每普特 30 戈比，[③] 从 1867 年 8 月 1 日起，标准为每普特 50 戈比，[④] 从 1870 年 8 月 1 日起，每普特为 70 戈比，[⑤] 从 1875 年 8 月 1 日起，每普特为 80 戈比。[⑥]

可以看出，为增加财政收入，财政大臣赖藤实行一系列税收改革。在直接税领域不断提高农民阶层的人头税，取消小市民阶层人头税，开始征收不动产税，实行营业税收改革。在间接税领域，用消费税取代酒包销制，废除国家对食盐的垄断。赖藤的税收政策使国家税收进项有所增长，同时也为财政大臣本格的税收改革奠定了基础。

第五节　本格"以民为本"的税收政策

农民改革后，政府多次成立委员会讨论税收改革的问题，但是这些委员会的工作都未取得实质性进展。1863 年，赖藤取消小市民人头税是政

---

① Абашев А. О. Налоговая система России Х – ХХ в. С. 154.
② Полное собрание законов Российской империи. Собрание Ⅱ：в 55 т. Т. 38. Отделение 2. С. 230.
③ Полное собрание законов Российской империи. Собрание Ⅱ：в 55 т. Т. 38. Отделение 2. С. 233.
④ Полное собрание законов Российской империи. Собрание Ⅱ：в 55 т. Т. 42. Отделение 1. 1867. СПБ., 1871. С. 907.
⑤ Полное собрание законов Российской империи. Собрание Ⅱ：в 55 т. Т. 45. Отделение 1. С. 262.
⑥ Полное собрание законов Российской империи. Собрание Ⅱ：в 55 т. Т. 50. Отделение 1. 1875，СПБ.，1877，С. 622.

府努力的唯一结果。19世纪60~70年代，俄国税收政策极其不稳定。一方面，财政部非常清楚人头税制度的弊端；另一方面，政府没有改进这种制度的新举措，只能尽力让这种过时的制度去适应新条件。从1867年开始，人头税的标准几乎保持不变。从1875年1月俄国开始向原国家农民征收国家地方自治税和公共需求税，这两项税收被列入人头税。1877~1878年俄土战争的军费支出超过了10亿卢布，给俄国财政造成致命的打击。1879~1880年的庄稼荒歉和高额的国家支出造成8000万卢布的预算赤字。战争点燃了民众的愤怒情绪，农民阶层的抗议达到高潮。废除农奴制后很多遗留的农民问题是俄国政治危机的根源。农民改革的20年后，中部各省中有21%的原地主农民仍是地主的临时义务农，他们仍要承担早期的封建义务。有四分之一的农民土地状况不断恶化，地少的农民经济状况更是令人担忧。①

俄土战争后，学者出身的财政大臣赖藤对改善国家财政失去了信心，1878年7月赖藤递交辞呈，接替他担任财政大臣的是 С. А. 格雷格。农民经济状况的恶化迫使政府着手准备人头税改革。格雷格刚上任，立即成立讨论废除人头税的委员会。不久，委员会提出利用三个税种来取代过时的人头税：第一，从货币资本、企业经营、副业经营和个人收入征收3%的所得税，计划征税的总额为3500万卢布；第二，从18~55岁的男性居民（涵盖所有阶层）每年征收1卢布的人头税，计划征收1650万卢布；第三，从领地贵族征收庄园税，计划征税总额为1800万卢布。委员会担心这种税制会招致贵族阶层的强烈反对，所以在最终的方案中，将第三个税种删除，主张通过提高城市不动产税和国家土地税来弥补此项税收的损失。② 不言而喻，格雷格的方案不可能得到国务会议的支持，时任财政副大臣的本格也认为推行所得税为时尚早。

为解决财政问题，格雷格只好开辟新税源。1879年2月1日起，乘

---

① Анфимов А. М. Крестьянское движение в России во второй половине XIX в. // Вопросы истории. № 5. М.，Правда. 1973，С. 21 – 22.
② Ананьич Н. И. К истории отмены подушной подати в России// Исторические записки. № 94. М.，РАН. 1974，С. 186 – 187.

坐火车出行的旅客要纳税，旅客托运的行李及运输货物也要付税。购买一等和二等座的旅客纳税额度为票价的 25%，购买三等座的旅客纳税额度为其票价的 15%。对于购买四等座的旅客而言，如果每俄里票价不超过 0.75 戈比，则不需纳税；如果超过这个标准，与购买三等座的旅客纳税比例相同。运输货物和托运行李纳税额度为其价值的 25%。公办官员、军官和囚犯乘坐火车不需纳税，邮寄军用物资及其他利用国库资金运输的货物同样免税。实行这样的征税制度后，购买三等座位的乘客人满为患，而一等座和二等座位的车票无人问津，导致多条铁路收入大幅下滑。这样的征税制度同样对货物运输造成不良影响，1878 年铁路货物运输量为 1000 万普特，1879 年下滑到 680 万普特。① 从 1879 年开始，乘坐轮船出行的旅客同样要纳税，购买一等舱和二等舱的旅客纳税额度为票价的 25%，购买三等舱的旅客纳税额度为票价的 15%。② 如果轮船只有一等舱和二等舱，购买一等舱的旅客纳税比例为票价的 25%，购买二等舱的旅客纳税比例为票价的 15%。如果轮船舱位没有等级之分，则纳税比例为票价的 15%。公家出资负担运送的旅客和物资免税。③ 1880 年 10 月，А. А. 阿巴扎担任财政大臣。1881 年 2 月 3 日，财政部出台砂糖消费税征收新条例，规定将成品糖的产量作为征收消费税的依据，并且确定了具体的税收额度。从 1881 年 8 月 1 日至 1883 年 8 月 1 日，生产砂糖每普特纳税 50 戈比。④

本格出任财政大臣后，推行"以民为本"的税收政策，在一定程度上降低了农民阶层的纳税负担。为解决国家财政困窘状况，本格在间接税领域进行了重大改革。虽未能彻底改善税收不平衡的状况，却奠定了未来税制发展的新方向。本格的税收改革是 19 世纪俄国经济政策的重要组成部分。本格主张减轻农民阶层的税收负担，以此来提高他们的支付能力。

---

① Абашев А. О. Налоговая система России IX – XX в. С. 170.
② Полное собрание законов Российской империи. Собрание Ⅱ : в 55 т. Т. 53. Отделение 2. 1878，СПБ.，1880，С. 330.
③ Полное собрание законов Российской империи. Собрание Ⅱ : в 55 т. Т. 54. Отделение 1. С 1879 по 18 февраля 1880 года. СПБ.，1881，С. 85.
④ Полное собрание законов Российской империи. Собрание Ⅱ : в 55 т. Т. 55. Отделение 1. С 19 февраля 1880 по 28 февраля 1881. СПБ.，1884，С. 867.

同时，本格力求通过保护关税政策扶持本国工业。税收尾欠的逐年增长是农民经济衰落最有力的证明。1785年，俄国税收尾欠约为2300万卢布，1881年尾欠达到3800万卢布。① 到1881年1月1日，俄国人头税尾欠占税收总额的18.8%，欧俄地区一些省份尾欠甚至超过人头税当年的额度。例如，萨马拉省尾欠占当年人头税总额的114.3%，斯摩棱斯克省和后贝加尔斯克边疆区尾欠占当年人头税总额的77%。②

在直接税领域，本格减轻民众纳税负担的第一项举措是取消盐税。19世纪70年代末，农业经济研究委员会向政府提交报告，指出食盐消费税对畜牧业的消极影响。此时俄国东部和南部各省庄稼连年歉收，为彰显政府对人民的关心，从1881年1月1日起取消食盐消费税，进口食盐的关税也开始下调。食盐消费税的废除促进食盐开采量大幅攀升。取消盐税的前五年，俄国食盐开采量为5400万普特，而1881～1885年，食盐开采量达到7830万普特。食盐的价格也因消费税的取消而下降。取消消费税之前，食盐价格每普特在50戈比至1卢布之间，1881年后，食盐价格仅为20～40戈比。③ 政府认为农民的赎金负担过重，1881年12月俄国颁布法令，首先普遍下调所有农民的赎金，然后下调土地条件较差的那些农民的赎金，两次降低赎金的总额为1100万卢布。④ 为庆祝亚历山大三世的加冕，1883年5月15日政府颁布公告，取消下列税收在1883年1月1日前产生的尾欠。

（1）人头税；

（2）库班边疆州、捷列克边疆州和西西伯利亚各省的户口税；

（3）西伯利亚各省60戈比的公共需求税；

（4）养路税；

---

① Кованько П. Главнейшие реформы, проведнные Н. Х. Бунге в финансовой системе России. Киев, 1901, С. 5.

② Ананьич Н. И. К истории отмены подушной подати в России// Исторические записки. М., РАН. С. 190.

③ Брокгауз Ф. А., Ефрон. И. А. Энциклопедический словарь: в 86 т. Т. 30 (А). Слюз - София - Палеолог. С. 844.

④ Захаров В. Н., Петров Ю. А., Шацилло М. К. История налогов в России. IX – начало XX века. С. 193.

（5）经营许可证和营业执照税。①

免除下列税收在1882年超过年纳税额那部分尾欠。

（1）农民的赎金；

（2）原国家农民支付的代役租和林业税；

（3）采矿工业区居民支付的林业税；

（4）波罗的海沿岸各省原国家农民支付的土地代役租；

（5）各省移民缴纳的代役租。

余下的尾欠要每年分期支付，每次支付不得少于总额的25%。矿业税尾欠低于50卢布的一律免除。免除从城镇不动产征收国家土地税产生的罚金和原国家农民税收尾欠的罚金。到1883年1月1日前，各种税收尾欠总额达到6500万卢布，减免额度达到4000万卢布。②

接下来，本格开始筹划废除人头税，他主张新税种必须将所有阶层纳入征税范围。③ 财政部主张取消各农民经济破产县的人头税，在这些地区国家农民尾欠已经超过年人头税总额的2.5倍，地主农民税收尾欠甚至达到年人头税总额的5.5倍。本格计划将这些地区人头税从305万卢布减到152.5万卢布。此外，财政部计划从1884年开始将地主农民尾欠减少三分之一，其他纳税阶层的人头税下调15%。为研究财政部人头税改革方案，成立了跨部门委员会，国家经济司和立法司代表也加入委员会。财政部方案经过修改之后，于1883年4月25日获得国务会议全体大会通过，5月4日沙皇签署改革法案。根据规定，从1884年1月1日起，取消无地农民、登记在乡村的仆役和工厂农民的人头税。原地主农民、萨马拉省、斯摩棱斯克省、诺夫哥罗德省（除博罗维奇和切列波韦茨县）、普斯科夫省的托罗佩茨、大卢基和霍尔姆斯克县、切尔尼戈夫省的姆格林和苏拉日县、科斯特罗马省的瓦尔纳维诺和维特卢加县、彼尔姆省的切尔登县各纳税阶层的人头税减免50%，其他地区人头税减免10%。1884年，减免的

---

① Полное собрание законов Российской империи. Собрание Ⅲ：в 33 т. Т. 3. 1885. СПБ.，1886，С. 235.

② Озеров И. Х. Основы финансовой науки. С. 189.

③ Шванебах П. Наше податное дело. С. 5.

人头税总额达到1554.5万卢布。① 从1886年1月1日起，取消皇室领地农民、波罗的海沿岸各省除居住在国有土地上的农民、小俄罗斯哥萨克和除支付代役租的其他农民的人头税。从1887年1月1日起，除西伯利亚外，帝国其他地区全部免除人头税。1899年1月1日起，俄国全境废除人头税。

在废除人头税的同时，本格对原国家农民的税制进行改革。首先，将原国家农民的人头税与代役租整合。其次，1886年6月12日，俄国颁布原国家农民赎买份地法令，购买份地的资金也被称为"赎金"。根据法令，原国家农民的赎金总额为4903.7万卢布。此时，俄国所有农民阶层应缴纳的赎金总额超过一亿卢布。最后，将原国家农民的赎金平均提高45%。本格认为，原国家农民的土地质量和生产工具都要大大好于原地主农民，从税收公平角度而言，实施这样的举措无可厚非。列宁对本格提高原国家农民赎金的政策持批评的观点，他认为征收赎金是剥削原国家农民的手段，取消人头税和增加赎金本身就是矛盾的政策。②

根据农业经济研究委员会制定的赎金分摊方案，省农民事务管理委员会规定本省各村庄原国家农民的赎金数额，然后将统计一览表提交给省财政厅，后者将赎金一览表列入定额税册。③ 确定赎金数额应遵循以下几个原则：第一，赎金不能超过原来代役租和林业税的总额；第二，赎金不能超过代役租和人头税总额的三分之二；第三，赎金不能超过临近村庄原地主农民赎金的额度。在整个征收期限内，每个省原国家农民赎金制定的额度不得变动。根据各省制定的赎金额度一览表，缴纳赎金比较高的省包括维亚特卡省（总额为4285009卢布）、沃罗涅日省（总额为3759963卢布）、喀山省（总额为3131817卢布）、坦波夫省（总额为2983488卢布）、哈尔科夫省（总额为2897458卢布）、库尔斯克省（总额为2812002

---

① Полное собрание законов Российской империи. Собрание Ⅲ: в 33 т. Т. 3. 1883. СПБ., 1886, C. 234; Ананьич Н. И. К истории отмены подушной подати в России// Исторические записки. М., РАН. 1974, C. 196－197.
② Ленин В. И. Полное собрание сочинений// Соч. 55 т. Т. 1. 1893－1894. М., Госполитиздат. 1958, C. 267－268.
③ Полное собрание законов Российской империи. Собрание Ⅲ: в 33 т. Т. 6. 1886. СПБ., 1888, C. 303, 304.

卢布）；纳税额度较低的地区包括顿河军辖区（总额为3637卢布）、捷列克边疆州（总额为8566卢布）、库班边疆州（总额为28368卢布）、阿尔汉格尔斯克省（总额为139775卢布）。①

从1882年开始，财政部修改国家土地税的征收期限。一半税款缴纳的期限是1月1日到6月30日之间，剩下一半税款在7月1日到12月31日之间付清。此政策不在利夫兰省、爱斯特兰省、库尔兰省、西伯利亚各省、突厥斯坦省和外高加索边疆区实行。到1883年，城市不动产税的标准一直没有变动，大约为不动产价值的0.2%。从1884年1月1日起，政府批准各省国家土地税的平均额度和新的征税制度。除公家土地之外，各省的耕地和林地都要缴纳国家土地税。纳税额度最高的省包括库尔斯克省（每俄亩为17戈比），坦波夫省（每俄亩为15.5戈比），基辅省（每俄亩为15戈比），波多利斯克省、波尔塔瓦省和图拉省（每俄亩为14戈比）。纳税额度最低的省包括阿尔汉格尔斯克省和奥洛涅茨省（每俄亩为0.25戈比），彼尔姆省、诺夫哥罗德省和沃洛格达省（每俄亩为0.5戈比），奥伦堡省和阿斯特拉罕省（每俄亩为0.75戈比）。② 各省税收总额为省平均额度乘以耕地和林地的总俄亩数。确定税收总额之后，省地方自治会议根据每个县土地的数量、价格和收益在各县进行分摊。然后各县地方自治管理局在土地所有者之间进行分摊。每年11月1日前，县自治管理局应向省财政厅提交下一年的纳税清单，清单中要记录纳税人信息及其应该支付的税收额度。如果各县不能及时提供纳税清单，省财政厅将根据当年的标准确定下一年的额度。③

1885年，政府开始从货币资本收入征税。此前，根据政府统计，不算外国投资人手中的有价证券，俄国市场上流通的有价证券总额超过70亿卢布。根据1885年法令，有价证券收入、存入银行的资本利息都要纳税，标准为收入的5%。据统计，1886年俄国货币资本收入税总额约为

---

① Полное собрание законов Российской империи. Собрание Ⅲ: в 33 т. Т. 6. С. 101.
② Полное собрание законов Российской империи. Собрание Ⅲ: в 33 т. Т. 4. 1884, СПБ., 1887, С. 16, 32.
③ Полное собрание законов Российской империи. Собрание Ⅲ: в 33 т. Т. 4. С. 17.

1000万卢布。① 1887年，对铁路公司的股票收入和土地信贷中央银行抵押契约收入开始征税，收益受政府担保的铁路公司股票纳税比例为总收入的5%，不受政府担保的纳税比例为3%。② 土地信贷中央银行抵押契约的纳税比例为收入的5%。③

19世纪下半叶，营业税不平衡的弊端越来越明显。一些实力雄厚的大企业占据极大的优势，这不仅损害了国库利益，而且不利于国家经济的正常发展。本格认为，在农民改革之后，由于国家连续不断实行保护工商业的政策，国家经济有了长足的发展。因此，通过提高营业税标准来增加国库收入完全合理。但是，财政部的这项改革进行得不够彻底，并没有达到平衡税收的目的。尤其是对于一些大股份公司和银行而言，征税的比例与收入完全不成正比。1884年6月5日，沙皇签署了《关于更均匀征收营业税的法令》。④ 此时获得一等商人许可证要纳税565卢布（每个地区都一样），获得二等商人许可证要支付40~120卢布（依据地区等级差别），获得小买卖许可证要支付10~30卢布；获得一等商人许可证后，每开设一个商铺或企业要支付20~55卢布的营业执照税，获得二等商人经营许可证后，每开设一个商铺或企业缴纳的营业执照税为10~35卢布。1885年1月15日，政府再次颁布法令，对营业税进行改革。此时，股份制公司、银行和合资企业必须公开财务决算。决算中要包含企业的利润额、利润分配和红利等信息。这些信息的核查由省财政厅的监督机关负责。除保留固定税（许可证税和营业执照税）之外，政府规定从企业征收附加税，额度为企业纯利润的3%，纯利润低于固定资本3%的企业，免征附加税。其他不需要公开财务决算的工商业企业要支付分摊税。立法规定分摊税每三年确定一次，根据企业收入在各省的企业间分摊。⑤

---

① Брокгауз Ф. А., Ефрон. И. А. Энциклопедический словарь: в 86 т. Т. 30 (А). Наказный атаман – Неясыти. СПБ., Типография Е. А. Ефрона. С. 510.
② Полное собрание законов Российской империи. Собрание Ⅲ: в 33 т. Т. 7. 1887, СПБ., 1889. С. 8.
③ Полное собрание законов Российской империи. Собрание Ⅲ: в 33 т. Т. 7. С. 263.
④ Полное собрание законов Российской империи Ⅲ. в 33 т. Т. 4. С. 339.
⑤ Степанов В. Л. Н. Х. Бунге Судьба реформатора. С. 139.

在董事会全体大会批准公司年度决算之后的一个月内，董事会要将年度决算报告连同全体大会的会议纪要一同交给省税收管理处。同时，董事会还要在《财政和工商业报》①刊登年度决算报告，报告中要指出公司会计年度内的总收入、总支出、纯利润及每股股票应该发放的红利。董事会要将年度决算报告和完税收据一同提交给县国库。如果在7月1日前未能刊登年度决算报告，董事会必须按上一年的额度支付比例税。根据各县工商业发展水平，省税收管理处负责在各县分配分摊税。为在各县分摊税收，成立了县税收管理局。然后，县税收管理局根据工商业企业的预期利润进行分摊。根据省税收管理处批准的分摊额度，省财政厅制定并向纳税企业下发定额税册。最初分摊税的缴纳期限定于每年的6月1日前，但出于各种原因，1885年第一次支付分摊税的时间为10月1日前。如果纳税企业在1885年10月1日后才收到定额税册，而且在收到税册的两周内缴纳分摊税，则这些企业免缴滞纳金。1886年和1887年，分摊税的缴纳期限也有了单独的规定。在两大首都和一些大城市缴纳分摊税的时间为9月1日前，其他地区为8月1日前。未在规定的期限内纳税，每月支付欠款1%的滞纳金。根据分摊税一览表，1885～1887年工商业企业缴纳的分摊税平均每年为255.8万卢布。②

本格担任财政大臣后，认为直接依据成品糖产量征收消费税是最简单、最合理的方式。③ 1881年2月3日，政府出台砂糖消费税征收新条例，规定将成品糖的产量作为征收消费税的依据，并且确定了具体的税收额度：从1881年8月1日至1883年8月1日，生产砂糖每普特纳税50戈比；④ 从1883年8月1日至1886年8月1日，每普特纳税65戈比；从1886年8月1日至1889年8月1日，每普特纳税85戈比；从1889年8月1日起，每普特纳税1卢布。⑤ 实行新的征税制度后的前三年，砂糖的

---

① 财政部的官方刊物。
② Абашев А. О. Налоговая система России IX - XX в. C. 176.
③ Брокгауз Ф. А., Ефрон. И. А. Энциклопедический словарь. Т. 29. Сахар – Семь мудрецов. С. 17.
④ Полное собрание законов Российской империи. Собрание II : в 55 т. Т. 55. Отделение 1. С. 867.
⑤ Полное собрание законов Российской империи. Собрание III : в 33 т. Т. 4. С. 272.

零售价格增长了 14%~20%，方糖的零售价格增长了 17%~23%。① 在接下来的三年内，砂糖的零售价格恢复到原来的水平。1882 年，砂糖消费税为 810 万卢布，1886 年增长到 2020 万卢布。② 为保护本国工业、增加国库收入和改善贸易平衡，本格不断提高保护关税的级别。1882 年，财政部提高所有原料、半成品和工业品的进口税率。1884 年末，财政部对关税税率做出部分调整。1885 年 6 月，财政部再次将工业品的进口税率全面提高了 20%。③ 公正而言，取消盐税、降低赎金和废除人头税减轻了农民阶层的纳税负担，至于居民因买酒造成的经济负担只是跟生活习惯有关，不能将其与税收政策相混淆。由于直接税领域内的改革造成国库收入的减少，本格不得不通过改革间接税和开辟新税源来弥补。

第六节　维什涅格拉德斯基"以国为本"的税收政策

1887 年 1 月 1 日，维什涅格拉德斯基接替本格出任财政大臣时，由于本格在任期间对税制进行重大改革，俄国农民阶层纳税负担有所减轻，再加上俄国停止对外用兵，国家经济发展良好。19 世纪 80 年代末，俄国庄稼连年丰收。在这样的条件下，维什涅格拉德斯基开始积极制定税收改革方案。遗憾的是，财政部制定的酒垄断和货币改革政策未能获得国务会议的支持，这迫使财政大臣不断提高关税税率，俄国保护关税级别达到顶峰。保护关税政策不仅达到了贸易顺差的目的，而且为国库积累了大量的黄金，为日后维特的货币改革奠定了坚实的基础。

维什涅格拉德斯基上任后，将消除国家预算赤字和扶持本国工业发展作为财政部的首要任务，这是对本格方针的继承和发展。但在税制改革方面，二者的侧重点截然不同。本格力求减轻民众的税收负担，而维什涅格拉德斯基更关注国库的利益。为消除预算赤字，新任财政大臣开始开辟新

---

① Брокгауз Ф. А., Ефрон. И. А. Энциклопедический словарь. Т. 29. Сахар – Семь мудрецов. С. 24.
② Шванебах П. Наше податное дело. С. 85.
③ Куприянова Л. В. Таможенно – промышленный протекционизм и российские предприниматели (40 – 80 – е годы XIX века). С. 118.

税源，并不断提高现有税种的标准。1887年，为筹集拉多加运河的修建经费，规定从经过运河运货的船只和木筏征税，额度为所运货物价值的0.5%。从1888年1月1日起，支付一等基尔特税的股份公司、合资公司、土地银行、城市信贷社、互助信贷合作社要缴纳635卢布的附加税。获得小买卖、副业经营、贩运买卖许可证和营业执照的企业，附加税额度为许可证税和营业执照税的10%。1888年，国家恢复征收火柴消费税。低于75盒包装的国产火柴，每包纳税0.25戈比，75～300盒包装的国产火柴，每包纳税1戈比。以上两种包装的进口火柴每包分别纳税0.5戈比和2戈比。支付消费税后，税务部门会将税签贴在火柴外部包装上，这样的火柴才允许在市场上销售。火柴厂要支付生产许可证税，具体额度如下：使用人力传动装置的工厂，许可证税每年为50卢布；使用马力传动装置的工厂，许可证税每年为100卢布；使用蒸汽动力装置的工厂，许可证税每年为150卢布。同年，提高了22个省国家土地税的平均额度。以有价证券抵押开立活期借款账户的借款人，现在不需缴纳印花税，而要缴纳特别税，每年额度为借款总额的0.216%，纳税期限为开立账户后的一个月内。① 1887年5月19日，俄国出台了《工商业经营许可证税补充条例》，规定固定资本超过5万卢布的大企业支付1200卢布的许可证税。②

1889年1月1日，政府颁布临时条例，规定获得小买卖和副业经营许可证的工商业企业（非基尔特企业）要支付附加税。该条例不在阿尔汉格尔斯克、奥洛涅茨、托博尔斯克、托木斯克、叶尼塞斯克和伊尔库茨克省实行。1889年和1890年，附加税额度平均每年为125万卢布。首先根据各省的税收一览表，由省税收管理处负责分摊。纳税额度较高的省份包括圣彼得堡省（96700卢布）、莫斯科省（91200卢布）、华沙省（52800卢布）。纳税额度较低的省份包括斯塔夫罗波尔省（3600卢布）、爱斯特兰省（5200卢布）、苏瓦乌基省（5400卢布）。在各县由县税收管理局负责分摊税款。附加税缴纳的期限为每年的12月1日前。从1890年1月1日起，在实施新条例的地区，获得第一类和第二类小买卖和副业经

---

① Абашев А. О. Налоговая система России IX – XX в. С. 179 – 180.
② Полное собрание законов Российской империи Ⅲ. в 33 т. Т. 7. С. 239.

营许可证的企业免缴 10% 的附加税，而获得第三类经营许可证和获得小买卖营业执照的企业需要继续缴纳附加税。对于不实行新条例的地区，获得小买卖和副业经营许可证企业全部要缴纳 10% 的附加税。①

1892 年 6 月 11 日，政府颁布城市管理新条例，取代了 1870 年颁布的旧条例。新条例中规定征收的一般城市税包括不动产评估税，工商业和副业经营许可证税，马车运输业许可证税，酒馆、旅店和饰品店的营业执照税，个人和非政府机关的车马税、养狗税。② 除了一般城市税外，个别城市还可以根据自身需求征收一些特殊的城市税：圣彼得堡、莫斯科、喀琅施塔得、哈尔科夫、伊万诺夫－沃兹涅先斯克、敖德萨和符拉迪沃斯托克（海参崴）等市征收医院补贴税；圣彼得堡和莫斯科市征收房屋建造图纸设计税；圣彼得堡市居民在警察机关要缴纳身份证登记税和文件证明税、码头粮食换装税；莫斯科警察机关报刊出版和印刷厂要缴纳利润所得税；雅尔塔、卡斯帕里、非奥多西亚、叶夫帕托里亚和阿尔森布尔格等市征收疗养税。③

此外，城市收入还包括下列各项。

（1）开具和证明各类索债诉状的费用；

（2）称重和测量商品的印章税；

（3）公平秤和标准测量仪器使用费（一般 1 普特、1 俄斗和 1 维德罗测量商品不得超过 1 戈比）；

（4）城市公共事务管理局公职人员参与的动产拍卖所得税（数额为拍卖所得的 2%）；

（5）对于水运交通线贯穿市区的城市而言，根据特别条例可以征收商品运输税和轮船停泊税；

（6）关卡设施建设税；

（7）国库补贴税；

---

① Полное собрание законов Российской империи. Собрание Ⅲ : в 33 т. Т. 9. 1889. СПБ., 1891，С. 29 - 31.

② Полное собрание законов Российской империи. Собрание Ⅲ : в 33 т. Т. 12. 1892. СПБ., 1895，С. 430，452.

③ Полное собрание законов Российской империи. Собрание Ⅲ : в 33 т. Т. 12. С. 431，432.

(8) 房屋租赁税。①

从1892年1月1日起，政府开始对金属汞征税。采矿厂每开采1普特金属汞要纳税50戈比，朱砂每普特要纳税45戈比。② 1892年政府颁布决议，从1892年10月1日起，向公共演出和娱乐活动征税，所得税款用于御前办公厅第四处③的经费。征收对象是观看公共演出和娱乐活动（戏剧演出、音乐会、大型舞会和假面舞会等）的观众。具体数额规定如下：票价低于50戈比的演出，每位购票观众纳税不超过2戈比；票价在50戈比到1卢布之间的演出，每位购票观众纳税不超过5戈比；票价超过1卢布，每位购票观众纳税不超过10戈比。具体的纳税额度由御前办公厅第四处的监委会确定。④

财政大臣十分清楚，仅凭上述税收很难消除预算赤字，所以维斯涅格拉德斯基将改革重心放在关税领域。1887年，煤炭、生铁、钢铁制品等商品的进口税率被大幅提高。此外，民众日常生活必需品（茶叶、烟草、香料和水果等）进口关税也被大幅提高。1888年，所有商品进口税率整体被提高20%。1890年8月财政部出台法令，规定除少数商品外，多数商品关税在原有基础上再提高20%。⑤ 俄国保护关税政策损害了德国的利益，俾斯麦反对俄国提出的公债转期措施，此举动摇了俄国在德期票市场的地位，俄国为此付出惨重的经济代价，两国进一步交恶。为应对德国的挑战，财政部任命俄国著名学者门捷列夫制定新税率政策，1891年5月，国务会议批准了门捷列夫的税改方案，新税率于1891年7月正式实施。1891年大幅度提高各种商品的进口税率，近620种商品中有432种商品税率被大幅提高，其中67种商品税率达到其价值的101%～200%，44种商品税率达到其价值的201%～500%，35种商品税率超过其价值的

---

① Полное собрание законов Российской империи. Собрание Ⅲ：в 33 т. Т. 12. 1892. СПБ.，1895. С. 430，454.

② Полное собрание законов Российской империи. Собрание Ⅲ：в 33 т. Т. 12. С. 4.

③ 御前办公厅第四处（Четвёртое отделение Собственной Его Императорского Величества канцелярии）——又称Ведомство учреждений императрицы Марии，主管帝国的慈善事业。

④ Полное собрание законов Российской империи. Собрание Ⅲ：в 33 т. Т. 12. С. 338.

⑤ Шепелёв Л. Е. Царизм и буржуазия во второй половине XIX века. Проблемы торгово-промышленной политики. С. 166 – 167.

500%，114种以前免税的商品自1891年起开始征税。① 19世纪80年代，德国是俄国非常重要的贸易伙伴。1891年税率调整引起了德国强烈的不满，两国爆发关税战。后来双方各自做出让步，并于1894年签订了双边贸易协定。

为增加国库收入，财政大臣推行严酷的征缴尾欠政策。本格废除人头税后，主张同时免除人头税的尾欠，但维什涅格拉德斯基却坚持追缴。1887年和1888年，财政部追缴尾欠总额在1600万卢布以上。为不受残酷的刑罚，欠税农民被迫卖掉余粮和种子。财政大臣通过上述种种举措达到了消除预算赤字的目的。1887年，俄国税收增长了5200万卢布（不计海关关税的收入），国家预算赤字降到3500万卢布，1888~1891年国库盈余达到2.1亿卢布。② 然而，这种国库利益至上的财政政策注定不能长久。1891年，俄国重要产粮区发生大旱，导致庄稼颗粒无收。此前为鼓励出口，农民几乎卖掉手中所有的余粮，大饥荒给俄国农村带来了巨大的灾难。财政部被迫从国库支出1.625亿卢布用于赈灾，维什涅格拉德斯基多年的努力付之东流，国家财政再次出现赤字。维什涅格拉德斯主掌财政部时期，实行以国库利益为本的税收政策，不断提高各种税收的额度。尤其在海关关税方面，不断提高保护关税的级别，不仅对本国工业进行了强有力的保护，而且大大增加了国库的收入。为建立国家的黄金储备，财政大臣不惜对民众采取强征的手段，民众税收负担十分沉重。由于税收负担远远超过了民众的承受能力，国家财政顺遂注定不能保持长久。

第七节 维特"实用主义"的税收政策

1892年8月，维特出任财政大臣，在发展国民经济方面，维特成功推行一系列改革，包括实行具有所得税特征的国家房产税，实行金本位的货币改革，推行酒垄断和改革国家营业税。通过这些改革措施，政府达到

---

① Соболев М. Н. Таможенная политика России во второй половине XIX века. В двух частях Ч. II. С. 356.
② Захаров В. Н., Петров Ю. А., Шацилло М. К. История налогов в России IX – начало XX века. С. 203 – 205.

消除预算赤字的目的，国家工业发展达到历史新高。

维特担任财政大臣后，开始实行具有所得税特征的新税种。1893年5月14日，政府批准国家房产税条例。维特宣称，"国家房产税是俄国税收史上的里程碑，它标志着按所得征税原则的确立"。① 该条例适用于俄国欧洲部分的所有省、边疆区及俄国统治的波兰区。房产税征收的对象是城市和规模较大乡镇内的住宅。为征收房产税，政府依据住宅的价值将城市和乡镇分成若干个等级，然后依据租金价格将其划分成若干个类别。根据国家房产税明细表，第一等级城市（如莫斯科和圣彼得堡）住宅划分为35类，每年纳税额度从5卢布到560卢布不等；第二等级城市（如喀山、基辅、萨拉托夫等）住宅划分为36类，每年纳税额度从3卢布50戈比到403卢布不等；第三等级城市（如阿尔汉格尔斯克、弗拉基米尔、库尔斯克、下诺夫哥罗德、奥廖尔、梁赞、萨马拉等）和乡镇的住宅划分为27类，每年纳税额度从2卢布50戈比到255卢布不等；第四等级城市（如阿尔扎马斯、别尔哥罗德、大乌斯丘克、维亚特卡、科洛姆纳、穆罗姆、诺夫哥罗德等）和乡镇的住宅划分为29类，每年纳税额度从2卢布到221卢布不等；第五等级城市（如别洛泽尔斯克、沃洛克拉姆斯克、科泽利斯克、莫扎伊斯克、斯维亚日斯克、波多利斯克等）和乡镇的住宅划分为19类，每年纳税额度从1卢布到101卢布不等。如果在各等级城市和乡镇的住宅年租金超过上限，需要征收附加税，额度为租金的10%。② 无论是居住在自己的房子里，还是租别人的房子都要缴纳国家房产税，包括获得免费居住权的相关公职人员和个人，也包括在俄居住的外国人。

获得免税权的人员包括以下两类。

（1）正教的神职人员；

（2）外国驻俄总领事、副总领事、领事和其他外交代表。

国家行政管理、公共事务管理及阶层管理机关、教学和学术机构、医院和专科诊疗所、工商业企业等免征国家房产税。

此外，免征国家房产税的还包括下列住宅。

---

① Янжул И. И. Основные начала финансовой науки. Второе издание. С. 287.

② Абашев А. О. Налоговая система России IX – XX в. С. 192, 196.

（1）皇室成员居住的宫殿及其他住房；

（2）东正教僧正的住宅和修道院；

（3）教育机构为学生提供的宿舍；

（4）孤儿院、养老院和其他慈善机构以及这些机构的宿舍；

（5）兵营；

（6）工厂及其他工业企业工人的住房（不包括工厂各级管理人员和其他有职务人员的住房）；

（7）旅馆和廉价客栈①。

国家房产税的标准取决于每个房子的年租金，不包括取暖费。如果房租中包含取暖费，要在税收总额中扣除15%。对于享受政府房补的公职人员，其房屋的年租金等同于房补的数额。如果房补中还包含着照明费和取暖费，则房屋的年租金确定为房补总额的3/4。对于政府不提供房补且享有免费居住权的公职人员，其居住的房屋年租金确定为其薪俸的五分之一。每年国家房产税的额度要在前一年12月15日前确定。为管理国家房产税，成立了隶属于省财政厅的房产税管理处。该机关人员包括财政厅主管、省总委员会成员、省会城市的市长（在俄国统治波兰区是各省会的市政公署主席）和城市杜马（在俄国统治波兰区是各省会的市政公署）选举产生的两名代表和两名候选人，选举代表任期三年。为确定国家房产税的额度，成立了市房产税管理局，该机关主席由税收检查官担任，或由省财政厅选举产生。②

每一个房主或房屋管理人（有时可以委托房客）应在1月7日前向市房产税管理局提交所有住宅的清单，并附有如下信息。

（1）房主或房客的姓名；

（2）每套住宅规定的租金及租金中是否包含取暖、照明等费用；

（3）住宅大概的价值。

未按规定期限提交清单的当事人，政府会对其处以50卢布以下的罚款；提供虚假信息的当事人会被判罚300卢布以下的罚款。罚金数额的规

---

① 廉价客栈（ночлежные дома）——十月革命前在城市内为无住房居民开设的廉价客店。

② Полное собрание законов Российской империи. Собрание Ⅲ：в 33 т. Т. 13. 1893. СПБ., 1897. С. 281－283.

定和征收属于市房产税管理局的职责。在不缴纳罚金的情况下，案件会递交司法机关审理。收到住宅清单信息之后，市管理局会进行核实，然后在3月7日前，向纳税人发送缴税通知书。分发完通知书后，根据市管理局与地方警察局长协商，会在市管理局、县国库或其他地方张贴声明。如果纳税人对房产税额度有异议，可在4月7日前提出自己的异议。如果市管理局坚持自己原来的规定，纳税人有权在两周内向省房产税管理处提出申诉。如果仍不能解决，纳税人可提请财政大臣解决异议，时间期限为声明公布的一个月内。财政大臣会将申诉批复下发到相关的市管理局，后者必须在收到批复后两周内将处理结果提交省管理处。市管理局必须在4月12日前，将房产税清单交予县国库。如果申诉后纳税额度发生变动，省财政厅必须发布修改命令。国家公职人员的房产税在发放薪俸时分两次扣除，第一次在5月1日前，第二次在9月1日前。其他人缴纳房产税的时间为4月15日前。税款可交予县国库或财政厅设立的专柜。逾期10天未纳税者，每月征收欠款总额1%的滞纳金。5月15号之前，欠税清单必须交予警察机关，后者可采取变卖欠税人动产或扣除欠税人财产收入两种手段。只有根据财政大臣的命令，才能拍卖欠税人的不动产。省房产税管理处有权推迟纳税期限（或分期付款），但期限不能超过一年。同时管理处有权免除低于50卢布的税款。超出这个期限和额度，必须获得财政大臣的许可。[1] 从1894年到1900年，俄国缴纳房产税的居民不断增长，税收进项也不断提高，具体数据见表9-6。[2]

表9-6　1894~1900年俄国房产税纳税人及税收增长统计

年份	纳税人（人）	纳税人增长比例（%）	税收进项（卢布）	税收进项增长比例（%）
1894	349596	—	2731649	—
1895	370214	5.3	2826815	3.5
1896	376490	1.7	2931807	3.7

---

[1] Полное собрание законов Российской империи. Собрание Ⅲ: в 33 т. Т. 13. 1893. СПБ., 1897, С. 284.

[2] Податная инспекция в России (1885-1910). С. 132.

续表

年份	纳税人(人)	纳税人增长比例(%)	税收进项(卢布)	税收进项增长比例(%)
1897	398515	5.8	3121950	6.5
1898	442541	11.0	3405230	9.0
1899	468340	5.8	3675952	7.4
1900	491472	4.9	3972741	8.1

减轻农民纳税负担是维特税收政策中一个重要方针。与欧洲发达国家相比，俄国的税收进项并不高。维特认为主要原因在于俄国农民阶层的支付能力不足。从1899年1月1日起，俄国取消下列税收。

（1）西伯利亚农民和定居外族人的人头税和代役租；

（2）叶尼塞和伊尔库茨克省游牧外族人的雅萨克税和土地分段划界税；

（3）布哈拉人和塔什干人的户口税。

维特在直接税领域内的一个重要举措是完善营业税制度。1898年6月8日，国家营业税条例获得批准，规定从1899年1月1日起正式实施。根据1899年国家收支总表，国家常规收入总额近14.7亿卢布，其中国家营业税计划征收5406.2万卢布。① 可见，国家营业税是俄罗斯帝国主要税收来源之一。国家营业税征收的对象包括以下几类。

（1）商业企业（包括信贷机构、保险公司、信托贸易公司及各类承包和供货企业）；

（2）工业企业（包括矿业、手工业和交通运输业企业）；

（3）个体营业。

国家营业税分为固定税和附加税两类，固定税通过购买经营许可证来支付。为合理确定固定税的额度，根据工商业发展水平，政府将国家各地区划分成若干等级，同时把工商业企业和个体营业又划分成若干类别。对于股份公司和其他有义务公开财务决算的公司，其附加税分为固定资本税和利润比例税。对于其他企业，附加税包括分摊税和超额利润比例税。有

---

① Полное собрание законов Российской империи. Собрание III: в 33 т. Т. 18. Отделение 2. 1898, СПБ., 1901, С. 486, 488.

46种经营活动或企业享有免税政策，主要包括国有企业、教育和医疗机构、图书馆、博物馆、出版社、戏剧院、马戏团、砖厂、磨坊、榨油厂、船坞、铁路经营机构、农业和林业产品初加工工厂、家庭手工业和不超过一个雇工的手工业等。① 除免税企业和营业外，其他所有企业和副业经营都要购买经营许可证，也就是要支付固定营业税。获得经营许可证的每个商业企业可以开设一定数量的商铺。获得一等经营许可证的商业企业可以开设3个商铺，获得二等经营许可证的商业企业可开设2个商铺，获得三等经营许可证的商业企业可开设1个商铺，获得四等及以下的经营许可证的可以从事流动性的小买卖。如果开设的商铺超过规定数，则每个新增的商铺都要单独购买营业执照。工业企业经营许可证分为六个等级，获得相应等级许可证后，每开设一个企业都要购买单独的营业执照。②

流动小买卖经营的工具或摊位（如拉货大车、船只、便携式桌案、摊床等）要获得营业执照，这样才可以在城市居民点以外的地方进行买卖经营，所卖的商品也要在财政部规定范围之内。每个商业企业如果在集市上经营超过14天，要根据其经营的类型（批发或零售）购买营业执照，此执照只在这个集市上有效。如果一个商业企业从事混合贸易（批发、零售和小买卖），需要购买最高等级的经营许可证。同样，拥有几个相关生产部门的工业企业也要购买最高等级的经营许可证。对于每一个缴纳营业税的工商业企业而言，如果不是企业主或其家庭成员管理企业，应雇用具有个人营业许可证的人员来管理。对于股份公司和其他有义务公布财务决算的公司而言，每个董事会或理事会的人员、公司聘用主管的薪资和奖金也在征税范围之内。如果经营许可证到期后企业升格或迁入等级更高的地区，那么该企业应根据新标准缴纳营业税，并享有相应的权利。每年年末，政府应发放下一年的经营许可证。根据具体情况和企业所在地，颁发许可证的机关可以是县国库、城市管理局、市政公署、商业管理局和乡公所。获得经营许可证需要提供纳税证明及拥有商铺或企业数量等信息。在许可证丢失

---

① Полное собрание законов Российской империи. Собрание Ⅲ: в 33 т. Т. 18. Отделение 1. 1898. СПБ., 1901, С. 491 – 494.
② Полное собрание законов Российской империи. Собрание Ⅲ: в 33 т. Т. 18. Отделение 1. С. 498, 499.

的情况下，政府会发放许可证的副本，此时仅需要支付印花税。①

根据规定，获得一等经营许可证的商业企业缴纳的固定税为每年500卢布，没有地区等级差别，每开设一个超过规定数量的商铺纳税30卢布。对于获得二等经营许可证的商业企业而言，缴纳固定税和每开设一个超过规定数量商铺纳税的额度依据地区等级而定：在两大首都这两项税收的额度分别为150卢布和25卢布；在第一等级地区分别为125卢布和20卢布；在第二等级地区分别为100卢布和15卢布；在第三等级地区分别为75卢布和12卢布；在第四等级地区分别为50卢布和10卢布。获得一等经营许可证的工业企业的固定税为1500卢布，获得二至五等经营许可证的企业的固定税分别为1000卢布、500卢布、150卢布和50卢布，以上五种工业企业的经营许可证不分地区等级。获得六等许可证按企业所在地区的等级缴纳固定税：在两大首都固定税为30卢布，第一至第四等级地区分别为25卢布、20卢布、15卢布和10卢布。对于股份公司和其他有义务公开财务决算的公司，附加税中的固定资本税的征收依据是固定资本的额度，标准为每100卢布固定资本纳税15戈比，固定资本低于100卢布的免税。固定资本的额度应该在每年的财务决算中声明。对于合资公司而言，每个人投入资本的总和即固定资本。对于发行有价证券的信贷机而言，年发行有价证券的十分之一即被定为固定资本。上述这些公司的利润比例税的征收以固定资本取得的纯利润为依据，具体征收比例如下。

（1）纯利润超过固定资本3%，低于4%，纳税比例为纯利润的3%；

（2）纯利润超过固定资本4%，低于5%，纳税比例为纯利润的4%；

（3）纯利润超过固定资本5%，低于6%，纳税比例为纯利润的4.5%；

（4）纯利润超过固定资本6%，低于7%，纳税比例为纯利润的5%；

（5）纯利润超过固定资本7%，低于8%，纳税比例为纯利润的5.5%；

（6）纯利润超过固定资本8%，低于9%，纳税比例为纯利润

---

① Полное собрание законов Российской империи. Собрание Ⅲ : в 33 т. Т. 18. Отделение 1. C. 500 – 502.

的 5.75%；

（7）纯利润超过固定资本 9%，低于 10%，纳税比例为纯利润的 6%。

纯利润低于 3% 的企业免征利润比例税。如果纯利润超过 10%，先征收所有利润 6% 的比例税，然后超过 10% 那部分利润还要缴纳 5% 的附加税。① 利润比例税在企业董事会所在地缴纳，所有业务获得的利润都在征税范围之内。在全体大会批准财务报告一个月内，企业要将此报告交予财政厅。财政厅会根据财务决算与实际收到的税额进行核对，如发现企业有少缴税现象，财政厅会下达追加纳税的决议，企业要在此后的一个月内付清税款。

不公开财务决算的企业首先要缴纳分摊税。有些地区（包括阿穆尔、后贝加尔斯克、滨海、雅库特、阿克莫林斯克、塞米巴拉金斯克、图尔盖、乌拉尔、外里海、撒马尔罕、谢米列奇耶、赛尔－达利亚、费尔干纳、达吉斯坦和喀拉边疆州和扎卡塔雷区）的此类企业不支付分摊税，但要向其征收特别税，额度等于相应经营许可证税的 25%。②

免除分摊税的企业包括以下几类。

（1）到 4 月 1 日建立未满 1 年的新企业；

（2）获得四等和五等经营许可证的商业企业；

（3）获得七等和八等经营许可证的工业企业；

（4）锅炉加热面积不到 300 平方英尺或年利润不超过 200 卢布的轮船企业；

（5）在首都年利润不超过 300 卢布的企业；

（6）在第一至第四等级地区年利润分别不超过 250 卢布、200 卢布、150 卢布和 100 卢布的企业。

国家营业税的分摊税每三年确定一次总额度。1899～1901 年该项税收总额为 900 万卢布。每年由国家营业税管理司（隶属于财政部）在各省分摊税额，分摊的依据是各地工商业的发展水平，然后由省财政厅全体委员会负责在本省进行分摊。具体依据是各地的企业数量和企业获得的利

---

① Полное собрание законов Российской империи. Собрание Ⅲ：в 33 т. Т. 18. Отделение 1. С. 505.

② Полное собрание законов Российской империи. Собрание Ⅲ：в 33 т. Т. 18. Отделение 1. С. 506－508.

润额。在发生不可抗力的情况下，根据财政厅全体委员会的申请，财政大臣可以减少或免除分摊税。① 为在每个纳税地段分摊税额，设立了营业税分摊管理局，该机关根据企业主或个体营业者所得的利润分摊税款。纳税人要向分摊管理局提供商业账簿或经公证的类似于商业账簿的凭证。这里要强调的是，利润比例税并不是按利润总额来征收的，而是从超过固定税30倍的那部分利润征收，标准为超出利润每30卢布征税1卢布。利润比例税与分摊税合并统计，两项税收纳入统一的税额清册。

未按期支付营业税每月要加收欠款1%的滞纳金，不足一个月按一个月计算。50戈比或超过50戈比的欠款按1卢布征收，低于50戈比的免除。如果纳税人处于困境之中，允许分期偿还欠款，但前提条件是欠款不得高于1000卢布，期限也不能超过一年。一年后仍未能偿清欠款，警察机关会查封并变卖欠税人所经营的商品。个体营业者的税收尾欠可利用其财产、薪酬或奖金来偿还。必须强调，1898年条例第一次将个别群体的营业收入纳入征税范围，个体营业或工作收入超过1万卢布的需要纳税，这是俄国个人所得税的雏形。② 1898年营业税条例融入了很多新元素，使国家营业税向着更合理的方向发展。维特的国家营业税改革达到了增加国库收入的目的，与1892年相比，1900年时，国家营业税增长近两倍，具体数据见表9-7。

表9-7 国家监察部关于营业税收入的统计

单位：卢布

年份	总收入	营业税			其他项
^	^	固定税	附加税		^
^	^	^	公开财务报告的企业	不公开财务报告的企业	^
1884	20999425	18375076	2312752		311597
1885	25668146	21826339	3602350		239457
1886	28019555	22695031	5091508		233015
1887	28861751	23807195	4746679		307877

---

① Абашев А. О. Налоговая система России IX - XX в. C. 201 - 202.
② Захаров В. Н., Петров Ю. А., Шацилло М. К. История налогов в России. IX - начало XX века. C. 213.

续表

年份	总收入	营业税 固定税	附加税 公开财务报告的企业	附加税 不公开财务报告的企业	其他项
1888	31782597	24798958	6708491		275148
1889	32856712	24626106	7944277		286329
1890	34339027	25666437	8315353		357236
1891	34071619	25221830	8575739		274050
1892	35215737	26050099	8611548		54090
1893	40202755	26787837	12810267		604651
1894	42431662	27377339	14099610		954712
1895	42760692	27076994	7092086	7690567	901045
1896	45279579	28787037	8151198	7434101	907243
1897	46617009	29382419	8757784	7522201	954605
1898	48167354	30092081	9351621	7686060	1037592
1899	61072908	35150796	12731181	11598453	1592478
1900	69840000	31806689	18965497	17449721	1618098

注：1884～1894年，公开财务决算和非公开财务决算企业的附加税没有分开统计。

资料来源：Податная инспекция в России（1885－1910）. С. 201。

1886～1892年，财政部通过税收检查官收集了不动产评估方面的详细资料。在研究这些材料基础上，财政部指出现有的不动产评估标准过低，不仅损害了国库利益，而且造成个别地区税收分配的不均。因此，1893年，财政部重新制定了各省不动产税的额度，1893年此项税收比上一年增长了80万卢布。[1]

国家税收迅猛增长的主要原因是财政部提高了间接税的标准。1888年，俄国开始向煤油和火柴征收消费税。1893年，维特将轻油和重油的消费税分别提高到每普特60戈比和50戈比。同时也提高了火柴消费税。维特提高消费税的举措使煤油和火柴消费税增长显著。1899年，煤油和火柴消费税分别为930万卢布和450万卢布，到1900年两项收入分别提高到2550万卢布和740万卢布。[2] 从1892年9月1日至1894年9月1

---

[1] Иловайский С. И. Учебник финансового права. Одесса., 1904. С. 206.

[2] Шванебах П. Наше податное дело. С. 101－102.

日，财政部临时向方糖生产征收消费税，额度为每普特40戈比。方糖消费税规定6个纳税期，每个期限截止前要缴纳上一个期限内的消费税。到期未支付消费税会征收滞纳金，第一周的滞纳金比例为欠缴税款的0.25%，到第二周这个比例为0.5%，不足一周按整周计算。如果在纳税期满后两周内仍未交齐税款，工厂将被勒令停止生产，直至付清税款后工厂方可重新生产。除支付消费税外，方糖厂也要支付专门的生产许可证税，此项税收分两次缴纳：首先，所有方糖厂要支付250卢布的生产许可证税，此后，政府允许工厂利用5万普特原糖加工方糖。然后，每1000普特的原糖纳税5卢布。从1894年9月1日起，取消方糖厂的消费税，继续征收生产许可证税，同时将砂糖的消费税提高到每普特1卢布75戈比。① 砂糖消费税是国库收入的重要来源之一，具体数据参见表9-8。

表9-8　1893~1900年俄国砂糖消费税收入统计

单位：百万卢布

年份	砂糖消费税收入	年份	砂糖消费税收入
1893	30.3	1897	55.5
1894	41.2	1898	58.6
1895	47.7	1899	67.5
1896	42.7	1900	63.3

资料来源：Шванебах П. Наше податное дело. С. 85。

国库收入最重要的来源是酒税收入。1895年，在维特的努力下，俄国推行国家酒垄断政策。财政部首先在彼尔姆、乌法、奥伦堡和萨马拉四省推行酒垄断，到20世纪初，俄国全境都实行酒垄断。推行酒垄断意味着制酒和售酒权都集中在政府手中。酒垄断是一个非常庞大的业务，1894~1902年，仅欧俄地区用于此项业务的开销就高达1.22亿卢布。19世纪末，开设的酒坊和酒铺数量多达1.7万个，年产酒几千万维德罗。实行酒垄断唯一的动机就是增加国库收入，据统计，1899年政府生产每维德罗40度伏特加酒的全部支出为1卢布90戈比，卖价为每维德罗7卢布

---

① Абашев А. О. Налоговая система России X – XX в. С. 188.

60 戈比，纯利润达到每维德罗 5 卢布 70 戈比。1880 年政府每维德罗酒的收入为 2 卢布 80 戈比。可见，1899 年酒收入要高出 1880 年近 1 倍。① 20 世纪初，俄国酒收入也在不断增长。1893 年 7 月维特开始实行双重关税制，对俄国粮食出口给予优惠的国家，俄国为其提供最惠国关税待遇。俄国的关税政策引起德国的强烈不满，德国提高俄国粮食的进口税率。② 因德国亟须对外经济扩张，而俄国又不想失去德国这个最重要的粮食出口市场，双方于 1894 年同其签订贸易协定，此后俄国相继与其他国家签署类似的贸易协定。

---

① Захаров В. Н., Петров Ю. А., Шацилло М. К. История налогов в России. IX – начало XX века. С. 208 – 209.
② Обухов Н. П. Внешнеторговая, таможенно – тарифная и промышленно – финансовая политика России. В XIX—первой половине XX вв. (1800 – 1945). С. 149.

第四编
俄国罗曼诺夫王朝末期的税制

20世纪初是俄国危机重重的时期，这些危机是导致1917年革命的重要因素。在20世纪的前14年，俄罗斯帝国经历了日俄战争和1905年革命，国家政治危机十分严重。从1907年开始，俄国工业又进入快速发展时期。在斯托雷平改革的影响下，俄国的农业也获得了长足的发展。参加第一次世界大战给俄国的经济造成致命的打击，为增加财政预算，政府被迫全面提高税收标准。俄国罗曼诺夫王朝最后的十几年，国家的税制发展经历了三个主要阶段。第一阶段从1900年到1907年，这阶段政府为稳定国家预算，开始积极调整税制。在这一时期直接税增长比较平稳，间接税收入大幅攀升。第二阶段从1907年到1914年，这一时期国家政局趋于稳定，财政部制定一系列税收新律，国家税收进项创历史新高。第三阶段从1914年到1917年，是政府为解决财政危机全面提高税收的时期。

第十章
罗曼诺夫王朝末期的内政外交与财政状况

第一节 罗曼诺夫王朝末期的内政外交

1900年的世界经济危机席卷了俄国，终结了俄国工业现代化积极发展的势头，俄国工业随之进入萧条期。尼古拉二世对外政策制定的失误，导致了日俄战争的失利。高额的军费支出和战争失利在国内引起轩然大波，社会各界不满情绪异常高涨，1905年革命随之爆发。为避免陷入政府垮台的境地，俄国被迫组建杜马，并对工人做出让步。然而，君主立宪制并没有在俄国真正推行下去。为发展农村经济，内阁总理斯托雷平推行土地改革，但仅凭土地改革无法摆脱俄国糟糕的社会现状。在外交方面，尼古拉二世的能力十分有限，皇后和宠臣干政导致俄国内政外交政策十分不明朗，外强中干的俄国被卷入第一次世界大战。对外战争和对内维稳需要巨额资本，俄国财政常常捉襟见肘，被迫频繁对外举债，并推行"量入为出"的财政政策。然而，这些治标不治本的举措无法解决俄国的社会矛盾，罗曼诺夫王朝无法摆脱覆灭的命运。受世界经济危机的影响，俄国工商业发展开始停滞不前，社会矛盾不断激化，专制制度面临严峻的挑战。俄国社会普遍认为，只有出现像彼得一世一样的君主才能拯救俄罗斯帝国，而尼古拉二世显然难担此重任。他不仅无法摘掉传统君主主义的"政治眼罩"，也不能有效地应对国内的极端保守主义，他深信皇帝至高无上的权力是帝国稳定的基石。

在世纪交替之际，俄国在远东实行具有侵略性和冒险性的外交政策，

1891～1903年，俄国修建了西伯利亚大铁路，将俄、中、朝三国连接在一起，也间接地打通了俄国与日本的联系。俄国将在西欧没有竞争力的工业品卖到东方，这时俄国在远东的扩张仅表现为和平的经济渗透。中日甲午战争后，日本通过不平等的《马关条约》从中国攫取了巨大的利益，引发了中国的义和团运动。为瓜分中国，俄国派兵参与镇压义和团运动。俄日两国为争夺在中国的利益产生了激烈的矛盾。在谈判未果的情况下，日本于1904年2月8日在大连港偷袭毫无防备的俄国舰队，日俄战争爆发。日本的现代化程度要高于俄国，加上日本为发动战争做了精心准备，而俄国军队组织涣散、疏于防范。就战场位置而言，日本更有优势，而俄国只能依靠西伯利亚铁路运送物资，根本无法满足战争的需求，俄国在战争中一败涂地。1905年5月27日，对马海峡战役中，俄国波罗的海舰队全军覆灭。1905年8月，日俄签订停战条约。[①]

　　柏林会议后的几十年中，俄国的对外政策发生重大的转折，最明显的变化是与奥匈帝国和德国的关系开始破裂，转而推进与法国的同盟关系。早在1904年，英法两国就已签订协议，建立了紧密的军事关系。为推行欧洲大陆势力均衡政策，英国开始改善与俄国的关系，1907年8月，英俄两国签署协定，两个敌对国转变成相互信任的伙伴。新协议的签订意味着三国协约集团的出现，与德、意、奥组成的三国同盟形成两大对立阵营。三国协约标志着俄国在欧洲的外交政策发生了重大的转变。随着波斯尼亚和黑塞哥维那被吞并，巴尔干地区和近东地区的关系变得十分紧张，两大阵营及其庇护国之间的矛盾日益激化。与奥匈帝国和俄国一样，德国也在巴尔干地区采取激进的外交政策。1912年，第一次巴尔干战争爆发，保加利亚、塞尔维亚和希腊等国联合打败土耳其。1913年，由于第一次巴尔干战争中的战胜国之间产生矛盾，土耳其重获了上一次战争中失去的利益。1913年，越来越多的德国军事专家抵达土耳其，帮助后者整顿和训练部队。随着巴尔干局势的恶化，奥匈帝国与塞尔维亚的关系更是剑拔弩张。1914年6月28日，哈布斯堡王朝皇位继承人斐迪南大公被刺身

---

① 〔美〕尼古拉·梁赞诺夫斯基、马克·斯坦伯格：《俄罗斯史》，杨烨译，上海人民出版社，2013，第378～382页。

亡，在德国的支持下，奥匈帝国向俄国支持的塞尔维亚宣战，8月1日，德国对俄宣战，8月3日，德国对法国宣战。8月4日，德国进攻比利时，将英国卷入战争，第一次世界大战爆发。

战争是检验一个国家政治力量和经济实力的重要手段。第一次世界大战爆发不久，俄国就陷入了巨大的灾难之中。开战仅5个月，俄国就有近40万人阵亡，100万人受伤，没有受过训练的新兵也被迫参战。由于俄国军事工业的落后和军备物资准备不充分，前线的枪支弹药十分紧缺，就连士兵的服装和军粮也不能正常供应。1915年中期，高达25%的俄国军队在没有装备的条件下就被派上前线。俄国的士兵情绪十分低落，抱怨国家没有把他们当人看。在这种情况下，俄国军队无法取得胜利，常常混乱不堪地败下阵来，逃跑和打家劫舍并不罕见。① 战争摧毁的不仅是俄国的军队，同样摧毁了俄国的经济。受战争的影响，俄国国内粮食极度缺乏，物价飞涨。由于劳动力都被征召入伍，国家工业和农业生产能力大幅下降。政治上的错误比军队指挥官失误造成的危害更大，尼古拉二世一味地依靠官僚集团动员整个社会来支援军队，并没有果断地撤出这场毫无意义的战争。第一次世界大战导致俄国政治和经济全面崩溃，政府的软弱无力和政策失误注定了帝国的灭亡。

20世纪初，俄国经济进入萧条期，日俄战争的失败引发国内一片骚乱，工人游行示威、罢工和学生的抗议活动更加频繁。1905年1月22日，首都爆发大规模的工人请愿运动，俄国警察采取镇压手段，打死打伤数百名工人。3月，尼古拉二世对工人做出了微不足道的让步，宣布成立具有咨议权力的国家杜马。然而，广大民众的要求还是未能得到满足，俄国革命运动开始达到高潮。从10月2日到30日，俄国爆发历史上规模最大、参与人数最多的大罢工。10月30日，尼古拉二世被迫签署十月诏书，保证给予人民更大的自由，赋予杜马批准或否决国家立法出台的权力。十月诏书使俄国革命运动的组织内部发生分裂，自由主义者和温和改革主义者对政府的做法表示满意，而激进主义者则要求国君成立真正意义

---

① 〔美〕尼古拉·梁赞诺夫斯基、马克·斯坦伯格：《俄罗斯史》，杨烨译，上海人民出版社，2013，第401页。

上的立宪会议。组织内部的分裂大大降低了运动的冲击力,12月中旬,政府开始镇压激进势力,1906年1月,革命运动被血腥镇压。① 鉴于1905年革命的破坏性,俄国于1906年5月颁布基本法。根据法律,国家杜马获得立法和预算审批的权力,但这些权力受到极大的限制,陆军、海军的军费及国家贷款不在杜马的审批范围。根据基本法,国君仍保留巨大的特权,依然掌控着国家行政、武装部队、王位继承等重要的权力,也拥有召集和解散杜马的特权。5月10日,经自由选举产生的第一届杜马会议召开。而政府代表的选举失利注定政府的政策不会获得杜马会议的通过。在这种情况下,尼古拉二世行使特权,解散第一届杜马。

在第二届杜马选举中,政府施加了各种干预手段,但仍未取得预期的效果,政府和杜马的关系又陷入僵局。于是,新任内阁总理斯托雷平于1907年6月1日解散第二届杜马。1907年6月16日,尼古拉二世强行修改了选举法,结果杜马选举中农民和工人代表的名额被严重缩减,而贵族代表的名额却得到不成比例的增加。第三届杜马只存在了五年。控制杜马后,俄国就开始推行斯托雷平制定的改革计划。首先,斯托雷平采取残酷手段镇压社会革命党人的恐怖活动,短短几个月内,被临时军事法庭绞死的人数多达1000人。因此,在俄国,绞索被谑称为"斯托雷平的领带"。由于政府采取激进的措施,很多革命党人不是被处死就是逃亡国外,俄国恢复了相对的平静。1910年夏,杜马审议并通过了斯托雷平的土地改革方案。1911年,俄国颁布推行土地改革的法令。政府希望通过改革打破农村公社制度,建立健全和独立的农民阶层,进而将俄国的农村从"革命的温床"转变成"维护国家体制的堡垒"。斯托雷平的改革使农民的法律地位得到提高。法令免除对农民的特别限制,削减农村公社和地方领主的权力。尽管如此,斯托雷平的改革仍无法彻底改变俄国人民的现状。没有下定决心没收贵族的土地注定改革的不彻底,进步的改革力量与保守力量纠缠在一起,俄国还缺乏一场根本性的改革。1911年9月,斯托雷平

---

① 〔美〕尼古拉·梁赞诺夫斯基、马克·斯坦伯格:《俄罗斯史》,杨烨译,上海人民出版社,2013,第388页。

被暗杀身亡，俄国的土地改革未能深入推进。① 一战的爆发对于千疮百孔的俄国来讲更是雪上加霜，尼古拉二世政府未能采取有效的举措解决国家和社会矛盾，导致俄罗斯帝国最终被吞没在革命洪流之中。

第二节　罗曼诺夫王朝末期的财政状况

1900 年的世界经济重创俄国，加之 1901 年俄国大部分地区粮食荒歉，俄国大部分省份的居民处于贫困境地，俄国的财政濒临垮台。因高额的赎金和税赋，农民的支付能力下降到了极点，俄国国内反对政府的呼声持续高涨，政府内部的一些好战分子主张发动一场战争来转移国内民众的视线，再加上俄国与日本因为远东问题矛盾日益加深，俄国决定通过战争解决争端。1904 年 2 月，在日俄战争爆发后，В. Н. 科科夫佐夫被任命为财政大臣。日俄战争使国家的财政和经济局势进一步恶化，国家预算赤字十分严重，政府被迫通过国家举债和开源节流等手段来摆脱财政的危机。俄国先从法国银行家手里借到了 8 亿法郎的高息债务，1905 年初，俄国又向德国举借 2.32 亿卢布。但这些举借对于日俄战争的经费而言就是杯水车薪。据统计，俄国在日俄战争中的军费支出高达 23 亿卢布。② 根据 Г. Д. 杰明齐耶夫统计，1904～1905 年日俄战争直接军费支出为 16.3 亿卢布，如果算上与战争相关的支出，日俄战争军费总支出达到 22.9 亿卢布。③ 截止到 1904 年 1 月 1 日，俄国债务总额为 66.52 亿卢布，到 1906 年春，国家债务增至 87.02 亿卢布。而这些国家债务几乎全部用于军费支出和镇压 1905 年革命。④ 可见，为保证俄国国家财政的稳定，除举债以外，俄国财政部别无选择。1907 年，俄国局势开始好转，俄国工业又一次出现高涨局面。国家煤炭开采、生铁熔炼和铁制品生产量逐年攀升，具体数据见表 10-1。

---

① 〔美〕尼古拉·梁赞诺夫斯基、马克·斯坦伯格：《俄罗斯史》，杨烨译，上海人民出版社，2013，第 390～395 页。

② Петров Ю. А. и так далее. Русский рубль, два века истории. С. 142.

③ Дементьев Г. Д. Во что обошлась нашему государственному казначейству. Война с Японией. Пг., 1917. С. 9.

④ Петров Ю. А. и так далее. Русский рубль, два века истории. С. 144.

表 10-1　1909~1913 年俄国煤炭开采、生铁熔炼和铁制品生产统计

单位：百万普特

年份	煤炭开采	生铁熔炼	铁制品生产
1909	1588	175	163
1910	1522	186	184
1911	1739	219	203
1912	1904	256	228
1913	2235	282	247

资料来源：Каценеленбаум З. С. Война и финансово-экономическое положение России. М., Просвещение. 1917. С. 5-6。

依靠国有铁路经营和国家酒垄断的收入，俄国国库收入迅猛增长。据统计，1913 年这两项收入分别为 8.14 亿卢布和 8.99 亿卢布，占国家预算总收入的 54%。总体来讲，1913 年前，俄国的常规预算收入能够弥补常规支出。1904 年，俄国常规预算收入为 20.18 亿卢布，常规支出为 19.11 亿卢布。1908 年常规预算收入和常规支出分别为 24.18 亿卢布和 23.88 亿卢布。① 1909~1913 年，国家常规支出分别为 26.08 亿卢布、25.97 亿卢布、28.46 亿卢布、31.71 亿卢布和 33.83 亿卢布。俄国的支出共分四类：管理支出（主要包括行政管理机关开销、国家信贷业务支出和公家经营方面支出）、军事支出、修建交通线支出和教育文化类支出。在和平年代，俄国国家支出的最大项不是军事支出，而是国家管理支出。据统计，1909~1913 年，国家管理支出都超过 10 亿卢布，占国家总支出的 40% 以上。②

第一次世界大战爆发后，俄国根本没有做好充分准备就加入战争，俄国政府本以为这是一场局部战争，随着战局的扩大，俄国政府才明白这是一场持久战。第一次世界大战的爆发重创了俄国的经济和财政。根据官方统计材料，到 1917 年 9 月 1 日前，俄国军费支出高达 400 亿卢布。而根据工商业部的统计数据，一战俄国军费支出为 345 亿卢布。可以通过表 10-2 中的数据证明俄军费支出的庞大。

---

① Дементьев Г. Д. Государственные доходы и расходы России и положение Государственного казначейства за время войны с Германией и Австро-Венгрией до конца 1917 г. С. 4, 6.

② Михайлов И. А. Государственные доходы и расходы России во время войны. Пг., 1917. С. 3-4.

第十章　罗曼诺夫王朝末期的内政外交与财政状况

表 10-2　1914~1917 年俄国军费支出统计

单位：百万卢布

时间	军费支出总额	平均每日军费支出
1914 年	1657	9.5
1915 年	8815	24.1
1916 年	14573	40.0
1917 年 1~2 月	2990	50.6
1917 年 3~4 月	3300	54.0
1917 年 5~6 月	3700	61.0
1917 年 7~8 月	4000	66.6

资料来源：Каценеленбаум З. С. Война и финансово-экономическое положение России. М., 1917. С. 18-19。

通过表 10-2 不难看出，随着战争战争时间的延长，俄国军费支出也在不断增长，从 1914 年平均每天 950 万卢布增长到 1917 年 7~8 月的每天 6660 万卢布。俄国的税收进项根本无法弥补高额的军费支出，财政部不得不依靠信贷业务弥补国家的支出。所谓的信贷业务主要包括发行纸币、长短期国债和来自协约国的贷款。如果统计一战期间俄国的总体收入和支出情况，会看到俄国财政预算赤字是非常高的。具体数据见表 10-3。

表 10-3　1914~1916 年俄国总收入和总支出统计

单位：百万卢布

收支项		1914 年	1915 年	1916 年
收入项	常规收入	2898.1	2827.7	3974.5
	特别收入	8.3	196.4	327.0
	信贷业务	1595.3	8142.6	13449.3
总收入		4501.7	11167.7	17750.8
支出项	常规支出	2927.1	2642.7	2921.8
	特别支出	276.4	193.9	606.0
	战争支出*	2540.0	8818.4	14572.8
总支出		5743.5	11655.0	18100.6
预算赤字		1241.8	487.3	349.8

注：*俄国的战争军费列入战争基金，而不列入特别支出。
资料来源：Дементьев Г. Д. Государственные доходы и расходы России и положение Государственного казначейства за время войны с Германией и Австро-Венгрией до конца 1917, г. С. 12, 19, 2。

通过表 10-3 中的数据可以看出，即使在战争期间，俄国的常规收入也能完全弥补常规支出。但如果列入全部支出，俄国每年预算赤字还是比较严重的。到 1917 年末，俄国的总支出高达 320.8 亿卢布，财政部使出所有手段才筹集到 191.28 亿卢布，也就是说仍有近 130 亿卢布无法弥补。[①] 第一次世界大战给俄国的财政造成致命的打击，为筹集高额的战争军费，政府不得不采取发行纸币和举债的超常规手段。为了弥补国家的支出，政府全面提高直接税、间接税和手续税的额度，同时采取各种手段增加非税收进项的收入，导致民众的负担异常沉重。

---

① Дементьев Г. Д. Государственные доходы и расходы России и положение Государственного казначейства за время войны с Германией и Австро-Венгрией до конца 1917, г. С. 28.

第十一章
罗曼诺夫王朝末期的税制

科科夫佐夫出任财政大臣之后，继续贯彻维特的经济方针。同时他对维特的财政政策进行调整，主要包括削减政府支出、彻底废除人头税、降低农民的赎金。为增加国库收入，财政大臣不断提高间接税，增加非税收进项的收入。到 20 世纪初，俄国的税制结构仍分为直接税、间接税和手续税。一战期间，确立了具有累进制特征的所得税，俄国税制发展日臻完善。

第一节 直接税的演化

20 世纪初，俄国社会生活发生巨大变化，很多迫切的社会问题需要解决。国家在税制方面也面临重要的改革。1900 年 7 月 28 日，政府颁布法令，规定临时征收出国护照税，每本出国护照每年纳税 10 卢布，此外，还要缴纳 5 卢布的附加税。此项税收所得归俄国红十字会支配，主要用于远东战争中受伤和患病军人的医疗补贴。为增加红十字会的医疗补贴，从 1900 年 11 月 15 起，提高从铁路旅客征税的标准。购买一等座和二等座的旅客，如果票价超过 2 卢布，纳税 5 戈比；如果购买票价超过 8 卢布的三等座，纳税 5 戈比；此前免费乘坐一等座和二等座的旅客同样要缴税。从 1904 年 4 月 1 日起，铁路旅客纳税额度从 5 戈比提高到 10 戈比。1905 年，出国护照附加税从 5 卢布提高到 10 卢布。①

---

① Абашев А. О. Налоговая система России IX – XX в. С. 204 – 205.

从 1901 年 1 月 1 日起，取消阿斯特拉罕省卡尔梅克人的毡房（游牧民族搭建的一种轻便房屋）税，转征牲畜税，具体标准为骆驼每头纳税 75 戈比，大型牲畜（马、牛）每头（匹）纳税 40 戈比，小型牲畜（羊、猪等）每只纳税 5 戈比。① 从 1901 年起，在外高加索、特维尔和库班边疆州开始从居民（哥萨克除外）使用的公家土地征收国家代役租，除公家之外的所有其他耕地和林地都在征税范围之内。各省的代役租和土地税的额度每三年规定一次，然后根据土地数量、质量和收益，由省土地税分摊管理处（隶属于省财政厅）在各县分摊。国家土地税每俄亩从 3.2 戈比到 5 戈比不等，分摊额度最低的是黑海省，总额为 1.3 万卢布，最高的是巴库省，总额为 58.2 万卢布。② 从 1903 年 1 月 20 日起，规定向自行车和汽车（由轻便马车改装而成，用发动机取代马力牵引）征税，每辆自行车每年纳税不得超过 1 卢布 50 戈比；汽车按发动机功率征税，每马力纳税不得超过 3 卢布。具体的税收额度由城市杜马确定，然后交由内务大臣审批，并要征得财政大臣的同意，此项税收列入城市收入项。纳税的时间由城市杜马规定，纳税人要在规定期限提前缴纳整年的税款。对于新买的自行车和汽车，征税的时间是发放牌照之时，如果是上半年购买的自行车和汽车，需要缴纳全年的税款，如果购买的时间是下半年，则缴纳半年的税款。免税的自行车和汽车也要获得牌照，只需缴纳牌照的工本费。③

受 1905～1906 年农民大规模暴动的影响，政府不得不在税收方面对其做出让步。1905 年 11 月 3 日，政府颁布了《关于改善农民福利和减轻农民负担的公告》，规定从 1906 年 1 月 1 日起，将农民的赎金削减一半，并从 1907 年 1 月 1 日起，免除农民所有赎金。有学者统计，到 1907 年，仅原地主农民向国家支付的赎金就多达 7 亿卢布。④ 1913 年，所有农民赎

---

① Полное собрание законов Российской империи. Собрание Ⅲ： в 33 т. Т. 20. Отделение 1. 1900. СПБ. ， 1902, С. 684.

② Полное собрание законов Российской империи. Собрание Ⅲ： в 33 т. Т. 20. Отделение 2. 1900. СПБ. ， 1902, С. 276.

③ Полное собрание законов Российской империи. Собрание Ⅲ： в 33 т. Т. 23. Отделение 1. 1900. СПБ. ， 1902, С. 37.

④ Спицын Е. Ю. Российская империя ⅩⅧ - начала ⅩⅩ вв. М. ， Концептуал, 2015, С. 245.

金的尾欠全部免除。① 从 1906 年 1 月 1 日起，政府对国家营业税征收的额度进行了修改，同时扩大了营业税的征收范围。此时，纯利润低于固定资本 3% 的股份公司和有义务公开财务决算的企业也要支付固定资本税，标准为每 100 卢布纳税 15 戈比，其他企业每 100 卢布纳税 20 戈比。对于股份公司和有义务公开财务决算的企业而言，如果纯利润超过固定资本的 3%，除了缴纳固定营业税和固定资本税之外，超过固定资本的纯利润还要按比例纳税。

（1）纯利润超过固定资本 3%，低于 4%，纳税比例为纯利润的 3%；

（2）纯利润超过固定资本 4%，低于 5%，纳税比例为纯利润的 4%；

（3）纯利润超过固定资本 5%，低于 6%，纳税比例为纯利润的 5%；

（4）纯利润超过固定资本 6%，低于 7%，纳税比例为纯利润的 5.5%；

（5）纯利润超过固定资本 7%，低于 8%，纳税比例为纯利润的 6%；

（6）纯利润超过固定资本 8%，低于 9%，纳税比例为纯利润的 6.5%；

（7）纯利润超过固定资本 9%，低于 10%，纳税比例为纯利润的 7%；

（8）纯利润超过固定资本 10%，低于 11%，纳税比例为纯利润的 7.5%；

（9）纯利润超过固定资本 11%，低于 12%，纳税比例为纯利润的 8%；

（10）纯利润超过固定资本 12%，低于 13%，纳税比例为纯利润的 8.5%；

（11）纯利润超过固定资本 13%，低于 14%，纳税比例为纯利润的 9%；

（12）纯利润超过固定资本 14%，低于 15%，纳税比例为纯利润的 9.5%；

（13）纯利润超过固定资本 15%，低于 16%，纳税比例为纯利润

---

① Анисимов С. А. и так далее. История налогообложения. М., Магистр. НИЦ ИНФРА - М. 2016, С. 207.

的 10%；

（14）纯利润超过固定资本 16%，低于 17%，纳税比例为纯利润的 11%；

（15）纯利润超过固定资本 17%，低于 18%，纳税比例为纯利润的 12%；

（16）纯利润超过固定资本 18%，低于 19%，纳税比例为纯利润的 13%；

（17）纯利润超过固定资本 19%，低于 20%，纳税比例为纯利润的 14%；

（18）如果纯利润超过固定资本的 20%，所有利润先征收 14% 的比例税，然后超过 20% 那部分利润还要缴纳 10% 的附加税。

对于不需要公开财务决算的企业和个体营业而言，超过固定营业税 20 倍的利润所得要支付比例税，标准为每 20 卢布的超额利润纳税 1 卢布。通过选举或雇佣方式进入企业（股份公司和有义务公开财务决算的企业）董事会、理事会、会计、检查和监督委员会的人员要缴纳收入所得税，征税依据是包括奖金在内的所有薪酬，具体纳税比例如下。

（1）年收入低于 1000 卢布，纳税比例为收入的 1%；

（2）年收入超过 1000 卢布，低于 3000 卢布，纳税比例为收入的 2%；

（3）年收入超过 3000 卢布，低于 5000 卢布，纳税比例为收入的 3%；

（4）年收入超过 5000 卢布，低于 10000 卢布，纳税比例为收入的 4%；

（5）年收入超过 10000 卢布，低于 15000 卢布，纳税比例为收入的 5%；

（6）年收入超过 15000 卢布，低于 20000 卢布，纳税比例为收入的 6%；

（7）年收入超过 20000 卢布，纳税比例为收入的 7%。[1]

---

[1] Полное собрание законов Российской империи. Собрание Ⅲ： в 33 т. Т. 26. Отделение 1. 1906. СПБ. ，1909，С. 3.

第十一章 罗曼诺夫王朝末期的税制

1903年到1912年，缴纳国家营业税的企业增长比例为32.1%，企业纯利润增长比例为43.1%。① 根据1903年国家的收支总表，计划内的常规预算收入总额为18.97亿卢布，其中国家营业税计划征收6612.23万卢布。② 1913年，国家常规收入计划总额为32.44亿卢布，国家营业税为1.34亿卢布。③ 1903～1913年，计划征收的国家营业税增长了2倍。

1907～1913年，俄国的政治局势逐步稳定，财政部制定了一系列增加预算收入新法令。此时制定的税收方针主要想达到平衡税收的目的，同时尽可能使税收的额度与纳税人的支付能力相符。为与欧洲发达国家的征税体制相接轨，财政部制定了整套的税收改革方案，但是到一战前只有城市不动产税改革方案获得批准。1910年政府出台法令，对不动产税的征税制度进行了修改，政府为此专门成立了省、边疆区和市不动产税管理局。法令规定，1911年除俄国统治波兰区之外，其他城市和乡镇所有征税的不动产必须完成调查造册。不动产税新的征收制度从1912年1月1日起正式实施，征税的依据是不动产的平均纯收益。为确定收益，每五年要对不动产进行全面调查。平均纯收益的计算方法是平均总收益减去必要的支出，平均总收益根据财产的平均租金来确定。对于临时不出租或提供给某人免费使用的财产，平均总收益根据当地相同条件房产的租金来计算。通过上述手段无法确定平均纯收益的非出租财产，其平均纯收益确定为财产价值的5%。1912年和1913年，俄国统治波兰区的城市不动产税为平均纯收益的10%，其他城市和乡镇为财产平均纯收益的6%。从1912年1月1日起，取消俄国统治波兰区城市内不动产的户口税和土地税。需要缴纳不动产税的包括房屋及其所属的院子和相连的建筑，也包括澡堂、戏剧院、工厂、菜园、花园、果园、温室大棚、空闲土地等。塞瓦斯托波尔市的不动产永久性免征不动产税。此外，免税的不动产还包括以下几类。

（1）由国库资金建造的非营利性的国家不动产；

---

① Анисимов С. А. и так далее. История налогообложения. С. 213.
② Полное собрание законов Российской империи. Собрание Ⅲ: в 33 т. Т. 22. Отделение 2. 1902. СПБ., 1904, С. 448, 450.
③ Полное собрание законов Российской империи. Собрание Ⅲ: в 33 т. Т. 33. Отделение 2. 1913. СПБ., 1916, С. 160, 162.

（2）地方自治局、城市管理机关、教会机关、非营利性机关和协会的不动产；

（3）提供给慈善和公共教育机构免费使用的不动产；

（4）年纳税低于 25 戈比的低收入不动产；

（5）皇帝的不动产；

（6）皇室成员的宫殿和宫廷不动产；

（7）皇帝办公厅所管辖的不动产；

（8）皇室办公部门所属的不动产；

（9）国有铁路占地。①

每名纳税人的税额由城市不动产税管理局确定。每次对纳税财产进行调查时，每个财产所有者或承租人要向管理局提交申报书，提交期限为 1 月 1 日前。申报书中要列出所有财产的清单及其五年内的预期租金收益。对于不出租的财产，申报书中要指出财产的大概价值。不动产税每年分两期等额支付，可交给城市管理局委派的征税官和专门设立的征税点，也可以直接交给当地的国库。一半税额缴纳的时间为 6 月 30 日前，剩余一半缴纳的时间为 12 月 31 日前。税收官和专门征税点在收到税款的 3 日内，必须上缴当地的国库。如果提供虚假信息，一经查实要处以罚金，但数额不能超过逃税额度的 10 倍。新建的房屋或工商业企业从其投入使用的第二个半年开始征税。如果不可抗力情况导致财产遭到破坏或者完全毁掉，地方警察机关要拟定文书，并将文书提交给城市不动产税管理局，后者根据情况出台减税或免税的决议。下发税额通知书的时间是 9 月 1 日前，在此后的一个月内，如果纳税人对政府规定的税额有异议，可以向城市不动产税管理局提出更改税额的要求。要求未得到满足，纳税人可在一个月内向省不动产税管理局提出申诉。申诉未获得赞同，纳税人还可以向参政院递交申诉。每五年一次的纳税人清单统计由城市不动产税管理局负责，清单里面要指出纳税的额度，并在 12 月 1 日前交给当地的国库，后者负责制定每年的税额通知书。每年 2 月 1 日前，通过地方警察或征税官向每个

---

① Полное собрание законов Российской империи. Собрание Ⅲ：в 33 т. Т. 30. Отделение 1. 1910. СПБ.，1913，С. 694 – 698.

纳税人下发税额通知书。未按规定的期限纳税，每月征收欠款1%的滞纳金。在产生滞纳金的情况下，还款要先还滞纳金，然后支付尾欠。如果逾期一个月未缴清税款，国库就会向税收检查官或地方警察机关通报，后者会扣除欠税人不动产的收入来补偿欠款。如果不动产没有收入，或者收入不够偿还欠款，警察会下达公开拍卖欠税人动产的指令，欠税人有权决定变卖动产的顺序。如果采用上述手段仍未在3月1日前征齐税款，警察会对欠税人的不动产采取查封、估价和公开拍卖等一系列措施。在纳税人陷入困难境地时，省不动产税管理局有权允许他们分期或延期支付。① 1913年，每年纳税额度低于2卢布的低收入财产免税。从1914年1月1日起，俄国统治波兰区城市不动产税的十分之九上缴国库，其他城市和乡镇不动产税的六分之五上缴国库。②

另一个具有重要意义的税种是国家房产税，它的重要性在于将有产者和一些特殊群体纳入征税范围，后者一般没有私人不动产，也不从事工商业经营，却有足够的资金租房。房产税收入仅占全部税收的0.5%左右。国家房产税的纳税人数及税收收入可见表11－1。

表11－1　1901~1909年俄国房产税纳税人及税收增长统计

年份	纳税人（人）	纳税人增长比例（%）	税收进项（卢布）	税收进项增长比例（%）
1901	557028	13.3	4542074	14.3
1902	584556	4.9	4890444	7.7
1903	605800	3.6	5121527	4.7
1904	639156	5.5	5347496	4.4
1905	654478	2.4	5464534	2.2
1906	665875	1.7	5534095	1.3
1907	695675	4.5	5774145	4.3
1908	739542	6.3	6193277	7.3
1909	781444	5.7	6522534	5.3

资料来源：Податная инспекция в России（1885－1910）. C. 132。

---

① Абашев А. О. Налоговая система России IX－XX в. C. 211－213.
② Полное собрание законов Российской империи. Собрание Ⅲ：в 33 т. Т. 33. Отделение 1. 1913. СПБ., 1916, C. 1392.

1914～1917年，受战争的影响，国家财政岌岌可危，财政部被迫全面提高直接税的标准，旨在通过常规收入弥补常规支出。在战争时期，俄国直接税制度发生根本性变革，诞生了所得税，真正意义上实现了按收入征税的原则。因所得税法令出台比较复杂，本书将单设一节来研究。为弥补高额的战争军费，1915年政府继续采用传统手段来增加税收，即提高原有税种的额度和开辟新税源。1915年1月，不动产税的额度被提高33%，国家房产税和营业税被提高50%，国家土地税被提高50%～100%，代役租被提高11%～50%，游牧民族的毡房税被提高33%～100%，开立活期账户税被提高33%～100%。① 1915年增加的新税种并不多，1月开始，对不动产抵押所获得的货币资本开始征税，额度为获得资本总额的0.6%。② 此外，政府不断扩大征税的区域。例如，营业税分摊税征收的范围扩大到西伯利亚和中亚的一些边疆区。从1915年开始，影视企业也要缴纳国家营业税。

1915年，俄国开始征收特别军需税。征收的对象是43周岁以下的所有免服兵役的男性居民，计划征税的期限为18年。年龄达到43岁、更换国籍、丧失劳动能力和应征服役的男性居民免税。特别军需税的额度由特别军需税管理局负责确定，征收的依据是管理局掌握的纳税人及其财产的状况，特别军需税的标准如下：年收入在1000卢布以下的纳税6卢布；年收入超过1000卢布，低于5000卢布的纳税25卢布；年收入超过5000卢布，低于10000卢布的纳税50卢布；年收入超过10000卢布，低于20000卢布的纳税100卢布；年收入超过20000卢布的纳税200卢布。免服兵役的居民（中亚、高加索、阿斯特拉罕、斯塔夫罗波尔等省的原住民）虽然不缴纳特别军需税，但要支付一些附加税，包括毡房税、牲口税、土地税、不动产税、营业税等税的附加税，额度由各省规定，征收期限为3年。③ 由于残酷的战争，俄国政府向部队供应食品也日趋艰难，因此，政府决定征收粮食和草料实物税。1916年11月29日，俄国出台

---

① Прокопович С. Н. Война и народное хозяйство. М., 1917, С. 148, 149.
② Прокопович С. Н. Война и народное хозяйство. С. 97.
③ Финансовая энциклопедия：со многими диаграммами и иллюстрациями. М. – Л., Государственное издательство, 1927, С. 272.

《粮草分摊条例》。此前，政府储备粮食是在市场上购买，定额定价、禁止出口和强行征用只是间接调节粮食储备的辅助手段。但是，此时这些举措成为征缴军粮的主要手段。条例规定，政府根据各省庄稼的种植规模、现有储备和需求总数来分摊粮食实物税。每个省地方自治管理局将自己的任务分摊给各县，每个县地方自治管理局再制定分摊的基本原则，各乡村分摊任务分别由乡民大会和村民大会负责。根据1916年的条例，全国应缴纳的军粮和草料总计7.7亿普特，其中黑麦28.5万普特、小麦18.9万普特、黑麦15万普特、大麦12万普特、黍米1.1万普特、荞麦1.8万普特。1916年12月17日，农业部发布命令，要求所有分摊的军粮要在六个月内交齐。政府这种强制性征收实物税的手段损害了农民的利益，很多农户不愿意按规定的低价将粮食卖给国家。为多卖点钱，农户们极力规避条例，造成粮食脱销，社会局势不断紧张。①

税收领域的最后一项举措是1917年初实行的利润附加税。利润达到一定额度的工商业企业要缴纳利润附加税，个体营业收入超过一定数额也要缴纳收入附加税，征收的期限为2年。利润超过固定资本8%（或1913年和1914年的平均利润超过8%）的所有工商业企业要缴纳所得税，税收标准为超过8%那部分利润的30%到60%，但税收总额不能超过年利润的50%。对于股份公司董事会成员而言，1915年和1916年其薪酬如果分别超过1912年和1913年500卢布，就要支付收入附加税。股份公司高管如果年薪超过2000卢布，要将收入的四分之一作为附加税。一战前，国家房产税条例一直未变动。一战的爆发迫使财政部提高房产税的标准。所有城市按照房产租赁价格被划分为五类，房产税按照累进制原则来征收，对于第一等级的城市，房产税额度从300卢布到6000卢布不等；对于第五等级的城市，从60卢布到1200卢布不等，房产税最高额度达到了房屋租金的10%。从1915年1月1日起，俄国财政部决定将所有等级城市的国家房产税税率提高50%。1915年，通过提高税额和新增税源手段获得的税收为5亿多卢布，1916年这个数字为7.25亿卢布。②

---

① Кондратьев Н. Д. Рынок хлебов и его регулирование во время войны и революции. М., Наука, 1991, С. 200 – 202.

② Толкушкин А. В. История налогов в России. С. 190 – 191.

第二节 所得税的诞生

  在推行所得税方面，英国是最早取得成就的国家。早在18世纪末，英国的税制中就出现了累进制征税的原则。19世纪初，亚历山大一世委托斯佩兰斯基改善国家财政。1812年俄法战争导致俄国债务攀升，迫使政府出台从领地贵族收入征收比例税的法令，这是俄国历史上第一次将贵族阶层纳入征税行列。或许政府觉得这些举措十分不妥，所以对地主申报收入并没有任何监督。此项税收实行累进制原则，地主收入在500～2000卢布的，纳税标准为收入的1%，收入每提高2000卢布，纳税比例增长1%。从地主收入征税是俄国税制中的偶然现象，在实行农奴制的俄国，这种税制显得格格不入。1819年，此项税收被废除。

  农民改革之后，俄国社会和经济生活发生深刻变化，政府要求改革税制，首要任务是减轻农民阶层的纳税负担。1861年，财政部成立税制研究委员会。1862年财政部制定的所得税方案交由该委员会研究。方案计划从不动产、工商业企业、个体营业和个人收入征收所得税。所得税的起征点为1000卢布，同样实行累进制征税原则。收入在1000～3000卢布的，纳税标准为收入的2%，收入超过15000卢布的，纳税比例为收入的5%。委员会大部分成员不赞成实行所得税。1867年，委员会制定了所得税新方案，此次方案中规定按户口和土地收入征税，这就使税收改革受到一定的限制。实际上，该方案仍是将农民阶层作为征税对象。尽管财政大臣和内务大臣极力反对该税收改革方案，该方案还是下发到地方自治委员会研究。各地自治委员会反对按户征税的原则，理由是农户中的劳动力数量不统一。同时，自治委员会也不同意从农民阶层的土地收入征税，因为农民不但要纳税，还要承担高额的赎金，各地纷纷要求政府向所有阶层征收所得税。①

  1877～1878年的俄土战争导致俄国财政濒临崩溃，这迫使政府组建以财政大臣为主席的委员会，其成员包括财政部、国家监察部、国有资

---

  ① Болдырев Г. И. Подоходный налог в России и на западе. С. 170 – 171.

产部和其他中央机关的高官。财政大臣格雷格制定了新税收改革方案，再次提出征收所得税，但是该方案未能获得批准。在维斯涅格拉德斯担任财政大臣时，财政部又制定了所得税方案。财政部计划成立县所得税管理委员会，成员由县地方自治委员会选举产生，主席由税收检查官担任，所得税管理委员会负责收集纳税人收入信息，所有纳税人必须在每年3月1日前提交收入清单。所得税起征点是1000卢布，实行累进制征税原则。收入在1000～2000卢布的，纳税标准为收入的1%，收入在2000～3000卢布的，纳税标准为收入的1.1%，即每个档增加0.1个百分点，纳税比例最高为4%。在征求意见时，几乎所有机关都反对所得税方案。①

到20世纪初，除法国、俄国和巴尔干半岛几个国家之外，欧洲大多数国家实行所得税。所得税通常是在国家社会矛盾激化的情况下才得以实行的。列宁曾十分坚决地赞同实施所得税。在1903年《告贫苦农民书》的小册子中，列宁写道："社会民主党人要求取消间接税，征收累进所得税和累进遗产税。也就是说：收入愈多，税就应当愈重。谁有1000卢布的收入，就让他每卢布交1戈比的税；谁有2000卢布的收入，就让他每卢布交2戈比的税；以此类推。收入最少的（例如收入在400卢布以下的）完全用不着交税……这种所得税……要比间接税公道得多。"②

日俄战争给俄国带来了灾难性的后果，并引发了1905年革命。1907年2月，财政部向第二届杜马提交了所得税方案。众所周知，第二届杜马成立不久就被解散，方案又提交给新成立的第三届杜马。在第三届杜马中，资产阶级和大地主占据多数席位，这些人自然阻碍推行所得税。在第三届杜马存在的五年内，所得税方案一直被束之高阁。第四届杜马组建后，所得税方案被提交该机关审查。1914年，第四届杜马财政委员会成立特别分委会来研究税收改革方案。残酷的战争侵吞了俄国全部的预算收入，国家财政陷入垮台的境地。在这种情况下，政府责令杜马尽快审核所

---

① Болдырев Г. И. Подоходный налог в России и на западе. С. 171.
② 《列宁全集》第七卷，人民出版社，1986，第149～150页。

得税改革方案。1915年8月11日，在国家杜马全体大会上第一次上，政府要求杜马尽快通过所得税方案。即便如此，俄国所得税的法令最终才于1916年4月6日批准实行。①

根据1916年4月6日的法令，除芬兰大公国外，国家所得税推行到帝国所有地区，纳税人所有收入都在征税范围之内。法令规定下列收入免征所得税。

（1）合法的继承收入、赠予收入和保险赔偿金；

（2）非投机性买卖财产获得的利益；

（3）国家贷款获得的收入；

（4）按合法协议获得的违约金收入；

（5）除正常收入外的计息证券分红；

（6）退休金和补助金。

免缴所得税的人员包括皇帝和皇后、皇位继承人及其妻子、皇帝和皇位继承人未成年的孩子、外国在宫廷派驻的代表及其家庭成员、在宫廷任职的外国代表、驻俄的外国使领馆官员。②

纳税人和纳税企业的收入以前一个日历年收入额度为依据。对于业务年度与日历年不相符的企业，以上一年提交的收入为依据。有货币价值的实物收益以当地上一年平均收入标准计算。纳税人的收入应该减掉法律规定的个别扣款。此外，纳税人收入还应扣除下列支出。

（1）纳税人有义务定期支付的款项（债务除外）；

（2）根据法律或协议为本人或家庭成员缴纳的养老金、保险金、医疗金等；

（3）为宗教、教育和慈善机构的捐款；

（4）国家直接税（房产税和个体营业营业税除外）、许可证税、货币资本收入税、不动产税、营业税及各种地方自治税等。③

---

① Болдырев Г. И. Подоходный налог в России и на западе. С. 174 – 175, 182.
② Положение о государственном налоге и инструкция о применении сего положения. Пг., 1916, С. 9 – 15.
③ Столыпин П. А. Программа реформ. Документы и материалы: в 2 т. Т. 1. М., РОССПЭН. 2011, С. 592, 594, 600, 601.

国家所得税每三年规定一次，起征点为850卢布，这意味着将农民阶层排除在纳税范围之外。1917~1919年，所得税的额度被定为91个等级，纳税比例为收入所得的0.7%~12%。新规定的国家所得税具有累进式特征，也就是说收入越高，纳税额度就越大。具体等级与纳税情况参见表11-2。

表11-2 所得税等级及纳税标准一览

单位：卢布

等级	收入	纳税额	等级	收入	纳税额
1	850~900	6	28	11000~12000	408
2	900~1000	7	29	12000~13000	468
3	1000~1100	8	30	13000~14000	532
4	1100~1200	9	31	14000~15000	600
5	1200~1400	11	32	15000~16000	672
6	1400~1600	14	33	16000~17000	748
7	1600~1800	17	34	17000~18000	828
8	1800~2000	20	35	18000~19000	912
9	2000~2300	25	36	19000~20000	1000
10	2300~2600	31	37	20000~21000	1061
11	2600~2900	38	38	21000~22000	1122
12	2900~3200	45	39	22000~23000	1185
13	3200~3600	55	40	23000~24000	1248
14	3600~4000	67	41	24000~25000	1313
15	4000~4500	82	42	25000~26000	1378
16	4500~5000	100	43	26000~27000	1445
17	5000~5500	116	44	27000~28000	1512
18	5500~6000	132	45	28000~29000	1581
19	6000~6500	150	46	29000~30000	1650
20	6500~7000	168	47	30000~31000	1721
21	7000~7500	188	48	31000~35000	2013
22	7500~8000	208	49	35000~40000	2400
23	8000~8500	230	50	40000~45000	2813
24	8500~9000	252	51	45000~50000	3250
25	9000~9500	276	52	50000~55000	3658
26	9500~10000	300	53	55000~60000	4080
27	10000~11000	352	54	60000~65000	4518

续表

等级	收入	纳税额	等级	收入	纳税额
55	65000~70000	4970	74	220000~230000	23690
56	70000~75000	5438	75	230000~240000	24960
57	75000~80000	5920	76	240000~250000	26550
58	80000~85000	6418	77	250000~260000	27560
59	85000~90000	6930	78	260000~270000	28890
60	90000~95000	7458	79	270000~280000	30240
61	95000~100000	8000	80	280000~290000	31610
62	100000~110000	9020	81	290000~300000	33000
63	110000~120000	10080	82	300000~310000	34410
64	120000~130000	11180	83	310000~320000	35840
65	130000~140000	12320	84	320000~330000	37290
66	140000~150000	13500	85	330000~340000	38360
67	150000~160000	14720	86	340000~350000	40250
68	160000~170000	15980	87	350000~360000	41760
69	170000~180000	17280	88	360000~370000	43290
70	180000~190000	18620	89	370000~380000	44840
71	190000~200000	20000	90	380000~390000	46410
72	200000~210000	21210	91	390000~400000	48000
73	210000~220000	22440			

资料来源：Положение о государственном налоге и инструкция о применении сего положения. С. 29 – 30。

  如果年收入超过 40 万卢布，先要纳税 4.8 万卢布，然后超过 40 万卢布那部分每 1 万卢布额外纳税 1250 卢布。

  部分纳税人也可获得税收优惠政策。例如，对于年收入低于 4000 卢布的纳税人而言，如果家里有两个以上没有独立收入的成员，而且这些成员未满 21 周岁，或因病丧失劳动能力（须有医生开具的诊断书），抑或年龄超过 60 周岁，政府可以减少这些人的纳税额度，有几个符合上述条件的家庭成员，纳税额度就降低几个等级。如果纳税人长期患病或发生意外事故，政府可以减少其纳税额度，但优惠不能超过三个等级，年收入不超过 6000 卢布的纳税人也享有这样的优惠政策。

为管理所得税业务，成立了省所得税管理局。所得税缴纳的时间为每年12月15日前，纳税地点在纳税人所在地的所得税管理局。每年3月1日前，所有年收入超过850卢布的纳税人要向所得税管理局递交（或通过邮局邮寄）收入声明，公司和企业递交收入声明的时间是5月15日前。① 纳税人收入声明中包括纳税人身份、姓名、地址、纳税总额度、扣除款项和纳税人的签字。需要强调的是，在提供纳税总额信息时，要分别列出各项收入明细，特别是要单独列出不动产收入。如果家庭成员收入与纳税人收入一起纳税，必须标清哪些收入属于纳税人，哪些收入属于其家庭成员。如果纳税人要求减免税收，要在声明中详细列出理由。纳税企业的收入声明中要提供企业名称、地址、年度完整的财务决算等信息。财务决算要包括会计年度收支对照表、盈利和亏损的账目、年度财务决算批准文件的复印件、监察委员会证明文件的复印件等。② 如果所得税管理局对纳税人收入声明中的信息存在异议，需要在收到声明的4个月内告知纳税人。在收到异议后的两周内，纳税人必须做出书面或口头解释，并提供令人信服的证据。在特殊情况下，可以延长解释的期限。如果纳税人不能提供解释，或者解释和证明材料不能得到所得税管理局的认同，后者可根据已掌握的信息资料确定纳税人的收入。未能在规定期限内提交收入声明的纳税人，会被处以200卢布以下的罚款。在所得税管理局下达提交收入声明提醒的两周内，如果纳税人还未提供收入声明，将会被处以300卢布以下的罚款。如果纳税人有正当的理由，可免缴罚款。政府所认同的正当理由包括失去自由、患有重病或是其他难以克服的障碍。如果纳税人提供虚假信息或隐瞒收入，除正常补缴所得税之外，还要额外支付罚金，一般不超过逃税总额的10倍。③

9月1日前，所得税管理局要向纳税人下发税额通知书，里边要指出纳税人信息和纳税额度。分发完通知书，管理局还要将上述信息通报给当地的国库机关。所得税分两批等额缴纳，分别为10月2日前和12月15日前，纳税地点可以是国库和专门设立的征税点。未按规定期限纳税，每

---

① Столыпин П. А. Программа реформ. Документы и материалы: в 2 т. Т. 1. С. 609, 612.
② Столыпин П. А. Программа реформ. Документы и материалы: в 2 т. Т. 1. С. 613, 614..
③ Столыпин П. А. Программа реформ. Документы и материалы: в 2 т. Т. 1. С. 615 – 620.

月加收欠款的1%作为滞纳金，逾期不足15天的免征滞纳金。国库会将欠税人名单转交给地方警察机关，由后者采取合理举措追缴尾欠。如果欠税人未能支付尾欠，其所属动产或不动产要被变卖。如果纳税人陷入经济困境，省财政厅有权做出分期支付的决议，但税额不能超过5000卢布，且期限不能超过5年。超出这个数额和期限，要获得财政大臣的批准。如果纳税人需要供养的家庭成员较多，或因疾病、财产损失等造成纳税人陷于困境，省财政厅有权免除其100卢布以下的尾欠，超过这个额度须征求财政大臣的许可。[①] 通过地方警察机关发放的各种文件，纳税人必须签收。如果纳税人不在，其家庭某个成员、庄园或者企业主管、纳税人居住房屋的主人可以代签。如果文件无法发到上述人员手中，在城市的这些文件要交于辖区警察局长手中，在农村的要交给乡或村领导，此时即被认定文件已发给纳税人。

在社会舆论的压力下，1917年初，俄国实行国家所得税。在实践中，所得税招致广泛的指摘。银行和资本家都极力逃避缴纳所得税。列宁曾谈道："对各单个银行及其业务不可能实行任何真正的监督（即使取消了商业秘密等等），因为无法查出它们在编制资产负债表、虚设企业、成立分行、冒名顶替等等时所采取的种种极复杂、极纷繁、极狡猾的手段……只有把各个银行合并为一个国家银行，对它的业务进行监督，再采取一系列简单易行的措施，才能真正征收到所得税，才不致发生隐瞒财产和收入的事情，而现在的所得税在极大程度上都落空了……滥发纸币就是鼓励投机，让资本家靠投机大发横财，并且给亟需扩大的生产造成莫大困难，因为材料、机器等等的价格日益昂贵，不停地飞涨。富人把投机得来的财富隐瞒起来，那该怎么办呢？可以对数额很大和极大的收入征收税率很高的累进制所得税。继其他帝国主义政府之后，我国政府也实行了这个办法。但是这个办法多半是落空的，是一纸空文，因为第一，货币贬值愈来愈快，第二，收入来源愈是靠投机，商业秘密保守的愈严，隐瞒收入也就愈厉害。要使税收实际可靠，不致落空，就必须实行实际的而不是停留在纸上的监督。如果监督仍然是官僚式的，那就不可能对资本家实行监督，因

---

① Столыпин П. А. Программа реформ. Документы и материалы: в 2 т. Т. 1. С. 613, 624.

为官僚本身同资产阶级有千丝万缕的联系。"① 不管怎么说，实行所得税是俄国税收史中的重要事件，社会各界对该税制寄予很大希望。很多人认为，所得税将成为俄国未来最基础的税制。所得税制度具有很多优点：第一，从特权阶层征税，将会促进社会的公平；第二，实行累进制的征税原则，促进了税制向趋向合理化方向发展；第三，建立起征点，势必合理分散税收负担。该体制最明显的不足是将个人与组织混杂在一起征税，不利于税收的实施与管理，另外就是所得税的监督机制不够健全。还不能说所得税的征收取得哪些实践经验，因为即将到来的革命改变了一切。

第三节 间接税和手续税的改革

20世纪初，间接税的进项远远超过直接税，这是俄国税制的主要特征。为缓解农民阶层的愤怒情绪，政府被迫废除赎金，导致国库收入锐减。在国家支付与日俱增的情况下，政府不得不提高间接税的标准来弥补损失。

1900年世界工业危机全面爆发，俄国经济局势发生重大改变。为促进远东地区的经济发展，1900年俄国实施了《远东地区自由贸易政策的法令》，规定凡经过口岸进入阿穆尔边疆区的外国商品应按统一税率纳税，其中机械设备、建材、工业品和食品可以享受免税政策。国外的商人利用此机会向远东地区大量输出商品，俄国远东地区企业因无力竞争而纷纷倒闭。② 随着远东经济局势的复杂化，俄国于1900年再次对关税税率做出调整，食品进口关税被提高50%；工业原料和半成品关税提高10%~20%；棉纺工业品、生丝和奢侈品的进口关税分别提高30%、100%和122%。关税调整并不涉及与俄国签署贸易协定的国家。③ 1900年经济危机同样使德国工业遭到重创，采矿工业的产量开始急剧下滑，生铁熔炼量也大幅缩减，众多中小企业破产，迫使德国于1902年12月颁布

---

① 《列宁全集》第32卷，人民出版社，2017，第190~191、213页。
② 叶艳华：《20世纪初俄国远东免税贸易政策始末》，《学理论》2010年第19期；Григориевич С. С. Дальневосточная политика империалистических держав в 1906－1917. Томск, 1965, С. 281。
③ Обухов Н. П. Внешнеторговая, таможенно－тарифная и промышленно－финансовая политика России. В XIX－первой половине XX вв.（1800－1945）. С. 183.

新税率法案，规定将进口黑麦（还有燕麦）、小麦及大麦的税率分别提高了43%、58%和78.5%；原木和加工木材的进口税率分别提高了20%和25%；肉类产品进口税率达到了每一百千克30马克，等同于禁止进口；乳酪、食用油、鸡蛋和啤酒花等商品进口税率增长了近两倍；各种农产品的进口税率也提高了50%~100%，①德国1902年税率的出台引起了俄国政府的密切关注，为应对德国的挑战，俄国于1903年实施税率改革，进一步提高进口商品的税率。1903年，俄国全面提高123种进口商品的税率。毛皮进口税率从每普特9卢布90戈比提高到50卢布，涨幅超过500%；皮革、陶瓷制品、钢铁制品、部分机器设备、蒸汽锅炉等商品海运进口税率从每普特2卢布10戈比提高到5卢布58戈比。②

客观而言，俄国1903年关税税率的调整更主要是针对德国的关税挑战。因1894年贸易协定即将到期，双方都想延长贸易协定的期限，为本国争取更大的利益，所以双方通过调整关税逼迫对方做出让步。1903年8月，俄德双方代表在圣彼得堡正式启动谈判程序，此前双方都拟定各自税率，提出取消海运和陆路差别的关税制。俄国希望德国放松对俄国粮食和农产品进口关税的限制。后来维特成为俄国谈判的主要代表，他看出德国更急于签订贸易协定，所以采用拖延策略，谈判的主动权掌握在俄国手中。但是日俄战争爆发完全打乱了维特的计划，战争迫使俄国继续大量举债，而德国的货币市场正是举债的一个主要来源。1904年7月，维特与德国首相毕洛夫在柏林签署贸易协定，此协定于1905年正式实施。1903年税率成为1917年革命前俄国最后一个自主关税。19世纪末到20世纪初，贸易协定逐渐取代自主关税。

在俄国的税收进项中，酒收入占据最大的份额，所以历任财政大臣都十分重视此项税收。1895年，时任财政大臣维特推行国家售酒垄断政策。世界经济危机、日俄战争和1905年革命的相继爆发，导致俄国财政处于崩溃的边缘。政府被迫采取紧急措施来应对财政危机，其中一项就是扩大酒垄断的实施范围，并不断提高售酒的价格。1904年、1910年和1912年

---

① Субботин Ю. Ф. Россия и Германия: Партнёры и противники. （торговые отношения в конце XIX в. – 1914 г.）. М., Институт российской истории РАН. 1996, С. 121 – 124.
② Обухов Н. П. Внешнеторговая, таможенно－тарифная и промышленно－финансовая политика России. В XIX – первой половине XX вв. （1800 – 1945）. С. 183.

每维德罗酒的价格分别提高到 7.6 卢布、9.7 卢布和 12 卢布。① 从 20 世纪初将每维德罗 40 度伏特加酒的价格在原来的基础上提高 1 卢布。② 酒垄断的财政动机十分明显（见表 11 – 3）。

表 11 – 3　俄国酒垄断收入情况统计

单位：百万卢布，%

年份	酒垄断总收入	酒垄断净利润	占预算收入的比例*
1895	23	16	2.7
1900	273	138	25.0
1904	547	380	22.8
1909	719	322	26.8
1910	767	570	27.3
1911	783	594	26.5
1912	825	626	26.5
1913	899	675	26.2
1914	936	670	25.9

注：* 此处数据由笔者统计。

资料来源：Фридман М. И. Винная монополия в России. М., Общество купцов и промышленников России, 2005, С. 221；Россия. 1913 год. Статистико – документальный справочник. С. 310。

为实现国库增收，财政部不断增加售酒酒铺的数量。1904 年，俄国有酒铺 7 万多家，到 1912 年，增长到近 12 万家。1904 年，零杯售酒的小酒馆数量为 2.6 万家，到 1912 年，增加到近 7 万家。③ 1904 ~ 1911 年，40 度伏特加酒消费量从 7220 万维德罗增加到 9260 万维德罗。④ 国家杜马认为酒垄断损害了民众的身体健康和精神道德，主张废除酒垄断，并在全国推行禁酒令。然而，财政部不想放弃这个最重要的税收来源。1913 年，酒垄断收入占国家全部税收的 42.6%。1913 年，俄国有 1.7 亿人口，平

---

① Главное управление неокладных сборов и казенной продаже питей. Финансовый отчет показенной винной операции за 1914 год. СПБ., 1914. С. 6.
② Петров Ю. А. Налоги и налогоплательщики в России начала XX в. // Экономическая история. Ежегодник. М., Центр экономической истории исторического факультета МГУ. 2003. С. 388.
③ Фридман М. И. Винная монополия в России. С. 439.
④ Фридман М. И. Винная монополия в России. С. 443.

均每人（包括妇女、老人和儿童在内）支付的消费税为2卢布7戈比，酒垄断支出平均为每人4卢布23戈比。① 俄国酒税演化经历了漫长的历程，经历了包税制、消费税制、包税制与国家垄断相结合、国家完全垄断和消费税并存的几个过程。在每一个阶段，增加预算收入都是政府的主要动机。从1914年9月开始，俄国面临严峻的考验。为了唤醒沉醉中的国民，政府废除酒垄断，同时推行禁酒令。

为增加财政收入，俄国不断提高间接税的标准。1905年4月政府颁布条例，提高一些产品消费税的额度。面包和啤酒的酵母税每俄磅提高到20戈比（国产）和24戈比（进口）。② 国产安全火柴③仍按包装收税，少于75盒的每包纳税0.5戈比，75～150盒的每包纳税1戈比，150～225盒的每包纳税1.5戈比，225～300盒的每包纳税2戈比。进口安全火柴和国产不安全火柴④的纳税额度是国产安全火柴的2倍，进口的不安全火柴纳税额度是国产安全火柴的4倍。照明用的煤油、经化学蒸馏和加工的其他石油产品每普特征税60戈比。同年，提高印花税的额度。⑤ 第一次世界大战爆发后，俄罗斯帝国开始禁止销售各种酒产品，导致国库收入锐减。1914年与1913年相比，酒收入减少近4亿卢布，1915年与1914年相比，减少4.7亿卢布。⑥ 因战争，铁路商业运输业务开始缩减，食品、药品、燃料等物资运价大幅降低，国家的商品进口受到抑制，1914年国有铁路收入比1913年减少8030万卢布，关税缩减4900万卢布。战争开始后，邮局电报机关基本停止对民业务，完全用于向前线免费发送电报和

---

① Захаров В. Н. , Петров Ю. А. , Шацилло М. К. История налогов в России. IX – начало XX века. С. 242.
② Полное собрание законов Российской империи. Собрание Ⅲ：в 33 т. Т. 25. Отделение 1. 1905. СПБ. , 1908, С. 239, 240.
③ 安全火柴的火柴头由红磷、三硫化二锑组成，火柴盒的侧面则含有玻璃粉、氯酸钾。这样的设计使强氧化剂和强还原剂分开，使用更为安全。
④ 非安全火柴的主要原料是黄磷。黄磷着火点极低，发火太灵敏，一摩擦就起火，容易引起火灾，有人称之为摩擦火柴。同时，黄磷本身有毒，误食会危及生命，燃烧时又会产生有毒气体，危害人体健康，所以又有人将黄磷摩擦火柴称为"不安全火柴"。
⑤ Полное собрание законов Российской империи. Собрание Ⅲ：в 33 т. Т. 25. Отделение 1. С. 379 – 381.
⑥ Дементьев Г. Д. Государственные доходы и расходы России и положение Государственного казначейства за время войны с Германией и Австро – Венгрией до конца 1917, г. С. 9, 16.

第十一章 罗曼诺夫王朝末期的税制

邮寄物资。① 因大多数男子应征入伍，居民的支付能力明显降低。

1914年7月27日，政府颁布法令，提高一些商品消费税的标准。葡萄酒和酒精的消费税被提高82%～100%，啤酒实行差别消费税制度，每普特麦曲征税从1卢布45戈比提高到2～3卢布。烟丝不分价格和等级，每普特征收8卢布的附加税。10月，酵母和火柴的消费税分别被提高50%～60%和50%～100%，生产烟盒的空纸筒和卷烟纸的消费税被提高100%。12月，食糖和石油产品消费税分别被提高14%和50%。烟丝、雪茄、白杆烟卷和黄花烟的消费税被提高25%～167%。1914年，政府还开辟了一些新税源。从安装电话机一次性征税10卢布，芬兰大公国的电话机和办公电话不在征税的范围之内。② 购买一等票至三等票的铁路旅客纳税额度为票价的25%，运输的行李物品同样要纳税，标准为铁路运价的25%。到1914年，上述旅客和运输行李物品还要临时额外征收15%的附加税，而且购买四等票的乘客也要纳税，标准为票价的25%，经铁路专用线运输的货物也要纳税，标准为铁路运价的25%。1914年11月3日，俄国实行新的铁路货物运输税，该项税收最大的弊端是征税的依据不是按货物运输的距离，这就导致短途货物运输的纳税额度剧增，基本超过铁路运价的3～6倍，于是很多货物开始利用畜力运输，使得本来就千疮百孔的工商业更加雪上加霜。因此，1915年1月，俄国规定货物运输税最高额度不能超过运价的50%，税收额度控制在每普特0.25～15戈比。但对于运输低价值的大宗货物而言，税收压力还是过重。③

1915年1月，啤酒消费税被提高341%。1915年3月，海关税率平均被提高40%，从敌对国进口的商品将征收两倍的关税。1915年10月，火柴消费税被提高80%～140%。1915年11月，纯葡萄酒和果酒每维德罗征税1卢布60戈比，葡萄干酿的酒和起泡酒每维德罗征税4卢布80戈比。④ 政府对违反酒税征收条例的人员采取重罚的手段。1916年，政府一如既往地采取强制性措施来增加税收（见表11-4）。

---

① Михайлов И. А. Государственные доходы и расходы России во время войны. С. 27.
② Михайлов И. А. Государственные доходы и расходы России во время войны. С. 31, 32.
③ Прокопович С. Н. Война и народное хозяйство. С. 41, 42.
④ Прокопович С. Н. Война и народное хозяйство. С. 97, 103, 148, 149.

表 11-4　1916 年俄国提高税收统计

单位：%

时间	税种	提高比例
1916 年 1 月	果酒	200
1916 年 2 月	戏剧门票税	100（票价）
	赛马赌博门票税	4.5
1916 年 5 月	烟草消费税	344
1916 年 9 月	酵母消费税	100
1916 年 10 月	酒精消费税（供油漆厂）	300
	酒精消费税（酿造葡萄酒和果酒）	200
	砂糖消费税	60
1916 年 11 月	茶叶消费税	200

资料来源：Михайлов И. А. Государственные доходы и расходы России во время войны. С. 149。

手续税是俄国税制中一个特殊的税种，包括印花税、财产继承税和契约税。根据 1900 年印花税条例，政府提高了印花税的标准和扩大了征税范围。另一项比较重要的手续税是财产继承税。根据 1905 年法令，财产继承税（依据双方亲属的等级）征收的比例平均从 4.7% 提高到 9%。1914 年 10 月，财产继承税征收管理条例获得国家杜马批准，新条例采取累进制征税的原则，具体细则如下：继承人属于一级亲属（父母、亲生子女和配偶），继承财产在 1000 卢布到 100 万卢布之间的，继承税的比例为财产总额的 1%，继承财产在 100 万卢布以上的纳税比例为 5%；继承人是二级亲属（非亲生子女），继承财产在 1000 卢布到 100 万卢布之间的，税率为财产总额的 4%，100 万卢布以上的税率为 12%；继承人是三级亲属，继承财产在 1000 卢布到 100 万卢布之间的，税率为 7%，100 万卢布以上的税率为 17.5%；继承人是四级亲属，继承财产在 1000 卢布到 100 万卢布之间的，税率为 10%，100 万卢布以上的税率为 24%。①

俄国参加第一次世界大战后，为弥补巨额预算赤字，政府不得不大额

---

① Беляев С. Г. П. А. Барк и финансовая политика России 1914 – 1917 гг. С - Петербург. , Издательство С - Петербургского Университета. 2002. С. 118.

举债。偿还债务导致国家黄金储备减少，卢布牌价大跌，大量发行纸币使通货膨胀越来越严重。战争枉然断送了几百万居民的性命，人民愤怒的情绪日益高涨。加之政府采取的一系列不得当的举措，诱发了1917年2月的革命，存在300多年的罗曼诺夫王朝就此终结。

第五编
国家税制与社会

俄国罗曼诺夫王朝存在的 300 余年间，税制结构发生了根本性变化。俄国税收政策的主要动机是增加国库收入，维系国家支出。推行对外扩张政策决定国家支出居高不下，增加税收成为政府财政政策的主要手段，导致农民阶层纳税负担异常沉重。农民改革虽然给了农民自由的身份，但在经济上国家和地主却对其进行了残酷的掠夺。农民支付能力不足导致税收尾欠不断增加，因此，政府被迫在直接税领域对农民做出让步，但又不断提高间接税来弥补税收损失，国家利益与民族利益冲突无法消除。很长时间内，俄国税制具有阶层性和剥削性的特征。19 世纪下半叶，累进式征税原则的出现，标志着俄国的税制日臻完善。

第十二章
税收负担与利益冲突

第一节 纳税人与税收负担

俄国罗曼诺夫王朝存在的三百余年间，纳税人包括农民、小市民、工商业主和有房产的群体，也包括被征服的外族人和后来出现的工人阶级。从纳税义务和对国家收入的重要性方面看，农民阶层和工商业主是研究的主要对象。

城市不动产税出台前，俄国税制一直未能打破阶层性的特征，纳税最大的群体是农民阶层。国家长期推行对外扩张政策，导致国家支出居高不下，作为特权阶层的贵族不承担纳税义务，农民阶层的税收负担相当沉重。即便在税制阶层性特征被打破的情况下，因为农民要缴纳高额的赎金，而且要支付种类繁多的间接税和特别税，其纳税负担还是十分沉重。在研究的时期内，俄国的农民阶层包括多个群体，他们之间的人身地位和经济地位都有很大的差别。首先就是地主农民，也被称为"农奴"，他们没有人身自由，经济上完全依赖于贵族地主阶级。1861年农民改革后，农奴获得了自由之身，但俄国并没有带土地解放农民。这些农民要获得份地，必须向地主支付高额的赎金。农民要在49年内偿清国家贷款及利息。俄国的农民改革具有不彻底性，导致农奴制残余长期存在，对国家的政治和经济生活产生了消极的影响。其次是居住在国有土地上的国家农民，他们要向国家纳税。与地主农民不同的是，国家农民有人身自由，但同样要固定在国家的土地上。1866年政府颁布改革法令，国家农民也要购买份地，为此也要支付高额的赎金。宫廷农民产生于12世纪，是大公（后来是沙皇）和皇室成员的封建依附农。随着国家疆域的扩大，宫廷农民数量越来越多，1797年宫廷农民改称为皇室领地农民。由于教会和修道院具有特权，也会管辖一部分农民，这些农民被称为"教会修道院农民"，18世纪末俄国教会土地国有化后，这部分农民归入国家农民行列。国家农民中还有一个特殊群体，被称为"独户农"，主要居住在亚速、基辅省等地。独户农大多数来自服役阶层，他们因服役或军功会获得国家赏赐的宅院。1866年11月24日，俄国颁布法令，将独户农列入国家农民之列。此外，俄国将住在罗马尼亚和摩尔多瓦地区的农民称为"察兰宁农民"，他们主要从事农业和畜牧业经营，虽然他们属于封建依附农行列，但在法律上他们具有人身自由，一般会从封建主那里获得土地，承担劳役地租。税制产生之后，作为社会底层的农民阶层的税收负担就非常沉重。在人头税废除之前，俄国直接税的主要承担者都是农民阶层。但不同范畴农民之间的纳税负担还不相同，具体信息参见表12-1。

表12-1 1720~1723年农民纳税统计

单位：万卢布，卢布

年份	地主农民 总额	地主农民 人均	宫廷农民 总额	宫廷农民 人均	教会农民 总额	教会农民 人均	国家农民 总额	国家农民 人均	总额	人均
1720	133.2	0.44	40.5	0.83	54.5	0.71	61.3	0.63	289.5	0.55
1721	144.2	0.48	44.4	0.90	56.0	0.73	75.9	0.78	320.5	0.61
1722	132.9	0.44	41.0	0.84	59.9	0.78	71.7	0.73	305.5	0.58
1723	118.6	0.39	39.6	0.81	56.8	0.74	65.2	0.67	280.2	0.53
总计	528.9	0.44	165.5	0.84	227.2	0.74	274.1	0.70	1195.7	0.57

资料来源：Анисимов Е. В. Податная реформа Петра Ⅰ. введение подушной подати в России. 1719–1728. С. 32, 34。

在农民阶层中，地主农民承担的国家税收最低，人均为44戈比，宫廷农民承担的税收最高，人均为84戈比。到18世纪末，国家农民的人头税总额为每人4卢布26戈比，地主农民为1卢布26戈比。相比国家农民，地主农民缴纳的人头税要低得多，俄国史学家认为，这种税收政策体现了政府对贵族地主的妥协。但不能说明地主农民负担较轻，因为他们要向自己的主人缴纳代役租,这是非常沉重的负担。19世纪初,俄国推行了斯佩兰斯基的财政改革纲领,旨在通过增加收税和削减国家开销来改善国家财政状况,农民阶层的国家税不断被提高。由于农业耕作水平低下和连年的荒歉,农民阶层的纳税能力急剧下降。除了国家税之外,地方自治税和地方徭役也给农民造成极为沉重的负担。到19世纪中叶,地方自治税分为国家地方自治税、省地方自治税和米尔税。地方自治税分货币税、实物税和徭役三种,实物税和徭役往往比货币税负担更重,因为没有严格的标准,官员滥用职权也是司空见惯。由于康克林的坚持,从1830年开始,国家部分支出由地方自治税来承担。此后,政府的各项徭役越来越重,大部分实物税和徭役不断转变成货币税,而且货币税的标准逐年都在提高。负担最重的徭役的是大车徭役,因服役的时间一般在夏天的农忙季节,所以服徭役经常给农民造成巨大的损失。下一项比较沉重的就是修路徭役。俄国的交通状况极为糟糕,导致政府经常有修路的需求。有时修路的地段离农民的居住地有几十俄里,服一次徭役农民往往要耽搁很长时间。负担最不均衡的是为部队提供宿营的义务。有的地区经常有部队集结和囚犯经过,这样他们的负担就十分沉重。政府规定,农民不但要为部队提供住所,还要提供饮食。此外,农民阶层还要履行基层警察的义务。①

直到农民改革前夕,俄国税制的基础都是人头税和酒税,这些税收给农民阶层带来了沉重的负担。17世纪,俄国税种繁多,仅直接税就有十余种。彼得一世进行税收改革后,人头税取代了所有直接税,但因供养部队的支出十分庞大,所以人头税标准对于农民阶层而言还是无力承担,税收尾欠逐年都在攀升。到安娜一世时,政府经常派军队追缴尾欠,欠税人往往会受到杖刑。叶卡捷琳娜二世时期,不断提高人头税标准,农民纳税负担达到极限。整个18世纪,俄国为实现帝国梦付出了沉重的经济代价。俄国近四分之三的国库收入都用于供养军队和战争支出。此外,宫廷的奢华生活和维系官僚机关运转花费惊人,导致国家预算长期赤字。为筹集高

---

① Захаров В. Н., Петров Ю. А., Шацилло М. К. История налогов в России. IX – начало XX века. С. 221.

昂的战争军费和国家支出，政府不断提高税收标准，千方百计开辟新税源。整个18世纪内，俄国民众的税收负担超过以往任何时期。到19世纪，人头税制度的危机完全暴露。根据1848年收集的税收资料，俄国农民平均每人纳税的额度为4卢布55戈比。根据财政部官员的观点，在俄国很多省份，税收的额度都超过居民的收入。[①] 本格担任财政大臣时期，尽管废除了人头税、降低了赎金的标准，但俄国农民阶层的支付能力仍然很弱。农民的份地面积有限，且大多数是贫瘠的土地。与其他社会阶层相比，农民的收入最少，却承担着最重的纳税和徭役的负担。维什涅格拉德斯基担任财政大臣之后，不断提高税收标准，并实行残酷的追缴尾欠政策。农民阶层是俄国人数最多、负担最重的纳税阶层。取消赎金之后，农民的负担得以减轻。但是，政府很快就采取增加其他税收的手段，这样农民的税收优惠就不复存在。农民改革后，俄国税收尾欠严重的情况也未能缓解，具体数据可参见表12-2。

表12-2　19世纪70~80年代俄国税收尾欠统计

单位：百万卢布，%

年份	尾欠	占税收比例	年份	尾欠	占税收比例
1871	54.7	34.8	1881	52.7	30.7
1872	51.7	32.0	1882	60.8	35.0
1873	49.7	30.4	1883	72.0	41.7
1874	46.7	28.4	1884	45.9	28.3
1875	45.0	27.4	1885	49.9	30.2
1876	43.9	26.8	1886	60.9	42.9
1877	49.0	29.1	1887	68.0	47.7
1878	51.8	30.6	1888	61.9	42.7
1879	47.8	28.1	1889	54.4	37.9
1880	46.4	27.2	1890	56.6	40.2
平均	48.6	28.8	平均	58.3	37.3

资料来源：Голубев П. Подать и народное хозяйство// Русская смысль. № 5-7. 1893. С. 146-147。

通过表12-2完全可以看出，19世纪70年代，税收尾欠占税收进项的比例平均达到28.8%，80年代，这个比例平均达到37.3%。与私人土

[①] Министерство финансов 1802-1902. Т. 1. С. 286-287.

地所有者（主要是贵族地主）相比，农民阶层所属土地的纳税标准更高。据统计，1899年，俄国私人土地所有者手中共有1.0172亿俄亩，支付的税收总额为2000.3万卢布，其中249.4万卢布是国家土地税，1760.9万卢布是地方自治税。农民占有土地共计1.2825亿俄亩，纳税总额为1.734亿卢布，其中赎金为9230万卢布，国家土地税为680万卢布，地方自治税为2820万卢布，米尔税为4610万卢布。① 可以计算一下，私人土地所有者每俄亩土地纳税不足20戈比，而农民土地每俄亩纳税达到1卢布35戈比，农民纳税负担是贵族地主的6.5倍。

20世纪初是俄国历史上极为动荡的时期，日俄战争、1905年革命事件、第一次世界大战的爆发导致俄国预算赤字严重。为筹集战争军费，俄国不得不采用借债和发行纸币等超常规手段。同时，为弥补常规支出，政府不得不全面提高税收标准、征收新税，民众税收压力达到极限。1907~1913年，农民阶层的国家税和地方税从6亿卢布增长到7.7亿卢布，涨幅为28%。而在这一时期内，农民人口增长仅为5%。纳税和支付土地租金占到农民总收入的22%，这说明农民的税收负担相当高。② 可以用地主和农民缴纳的国家土地税的数据来分析农民阶层的税收压力。据统计，1913年，地主支付国家土地税占其土地收益的7%，而农民支付国家土地税占土地收入的14%。③ 很明显，仅国家土地税一项，农民的纳税负担就是地主的2倍，而且农民土地的质量远不如地主的土地。需要强调一点，到第一次世界大战前，俄国仍然是农业国。世界主要国家中，俄国农业人口所占的比例最高（见表12-3）。

表12-3 俄国和世界主要强国城市居民和农业居民的比例关系（1908~1914年）

单位：%

国家	城市居民	农业居民
俄国	15.0	85.0
英国和威尔士	78.0	22.0
挪威	72.0	28.0

---

① Шванебах П. Наше податное дело. С. 139-140.
② Анфимов А. М. Неоконченные споры// Вопросы истории. № 7. М., РАН. 1997. С. 87-88.
③ Покровский Н. Н. О подоходном налоге. С. 147.

续表

国家	城市居民	农业居民
德国	56.1	43.9
美国	41.5	58.5
法国	41.2	58.8
丹麦	38.2	61.8
荷兰	36.9	63.1
意大利	26.4	73.6

资料来源：Статистический ежегодник России. 1914 г. Пг., 1915. С. 61。

下一个纳税负担较重的群体是小市民阶层。俄国的小市民主要包括小买卖人、小官吏、小手工业者、一般城市居民等社会阶层，他们通常经济上比较拮据、政治上摇摆不定、思想上比较保守。在实行人头税之前，小市民阶层同农民阶层一样要支付各种直接税。推行人头税之后，每个男性小市民缴纳的人头税为每年1卢布20戈比。18世纪下半叶开始，小市民阶层的人头税标准不断提高。1825年，小市民阶层被分为经商小市民和城关区小市民。两者的区别在于，城关区小市民可以在自己或租用的房子里开一家店铺，销售自制的商品，他们不需要购买经商许可证；而经商小市民必须购买经商许可证后方可从事商业经营活动。1838年6月28日，城市居民纳税新制度获得批准。根据该制度，小市民和其他公会成员缴纳国家税、地方自治税、公会税和公家罚款。国家税包括人头税和水陆交通建设税。地方自治税每三年由省财政厅进行批准。公会税是为满足公会合理需求的支出，其数额需要公会根据需求而定，公会的决议要获得城市杜马或市政厅的批准，最终由总督批准实施。公家罚款主要包括因债务、逃避人口调查所产生的罚金。为方便征税，制度规定每个小市民公会选举会长，由城市杜马或者市政厅批准任命，任期为3年。在人数众多的公会选任会长助理，要求每1000人配备1名会长助理。会长及其助理属于为公会服务，不会获得工作报酬。会长依据县国库的税额清册向自己的会员征税，税额清册里面明确记录着公会应该支付的税收及尾欠的总额。税额清册须在城市杜马或市政厅领取。会长还要领取税收登记簿，用于记录每个税丁的纳税信息。获得清册之后，会长要召开公会成员全体大会，根据税丁人数分摊税额。此项工作要考虑到成员的经济实力、经营的买卖及副业等方面的情况。根据最终批准的摊派结果，会长要在税收登记簿上做好记录，主要包括纳税人信息、其家庭税丁人数及应缴纳的税收总额。①

由于小市民的收入较少，而国家税收负担又很重，其税收尾欠逐年增长，政府往往采取强暴的方式追缴尾欠。如果每年3月1日前未能支付规定的税款，所产生的尾欠要在接下来的两个月内付清。未按规定期限付清，公会可以采取如下举措：除居住的房屋外，如果欠税人自己还有其他的不动产（如商铺、土地、磨坊或其他经营作坊），根据公会决议，这些不动产的收入将用于支付尾欠。如果这些收入不足或没有其他不动产，根据公会决议，在欠税人在场的情况下，由公会委托人对欠税人经营的商品进行变卖。如还不够偿还尾欠，接着还要出售欠税人的其他动产。② 采用上述手段还不能偿清尾欠的，会责令欠税人或者其家庭某个成员外出打短工，所得收入用于支付尾欠。最后一个追缴尾欠的举措是公开拍卖欠税人的不动产，但禁止拍卖欠税人居住的房屋。如果采取一切措施后，在10月1日前仍未付清尾欠，这些欠款要在公会其他成员间进行分摊，"欠税专业户"可被直接送到部队服兵役。不符合服役条件的欠税人会被发配到偏远的边疆地区。③ 从1840年开始，国家规定的税收按新的额度计算。小市民的人头税为每人2卢布29戈比，陆路交通建设税为每人9戈比，小市民的地方自治税为每人5戈比。④ 1862年开始，大俄罗斯各省小市民的代役租为每年2卢布50戈比，西部9省为2卢布40戈比，亚美尼亚为2卢布10戈比。⑤ 1863年开始，小市民的人头税被取消。

工商业主是非常重要的纳税群体，他们主要支付营业税，如果有不动产还要支付国家房产税。据统计，1894年俄国房产税收入为273.2万卢

---

① Абашев А. О. Налоговая система России IX – XX в. С. 120 – 121.
② Полное собрание законов Российской империи. Собрание II : в 55 т. Т. 13. Отделение 1. С. 1021，1024，1025.
③ Полное собрание законов Российской империи. Собрание II : в 55 т. Т. 13. Отделение 1. С. 1026.
④ Абашев А. О. Налоговая система России IX – XX в. С. 123.
⑤ Полное собрание законов Российской империи. Собрание II : в 55 т. Т. 36. Отделение 2. С. 350 – 355.

布，到 1909 年也仅增长到 652.3 万卢布。① 国家房产税并不是国家税收的重要来源，对工商业主而言，此项税收也毫无压力可言。工商业主支付最多的是营业税。从营业税开始征收到 19 世纪 80 年代，俄国对本国工商业都持保护的态度，营业税自然负担不重。俄国工业化完成后，财政部才开始改革营业税。在俄国税收史上，每次改革营业税都会遭到工商业主的反对，到第一次世界大战前，政府没有再提高营业税的标准。据统计，1913 年，俄国公开财务报告的企业（股份公司）纳税占其收入的 11.4% ~ 16.2%，不公开财务报告的企业纳税占收入的 13%。② 同农民阶层相比，工商业主纳税负担要轻得多。

  对于被征服的外族人而言，他们要支付雅萨克税，缴纳雅萨克税的居民主要是伏尔加河流域和乌拉尔山地带的非俄罗斯民族，还有后来归入俄国的西伯利亚地区的各民族。雅萨克税征收的是珍毛动物的毛皮，主要是貂皮。如果没有貂皮，可用其他珍毛动物的毛皮代替。随着资源的枯竭，很多纳税居民要求用其他的东西代替毛皮。因很多民族已经开始从事农耕和副业经营，他们请求用其他税收替代雅萨克税，政府没有满足外族人的要求，因为向西欧销售这些毛皮可以获得巨额利润。③ 雅萨克税征收的秩序十分混乱，由于西伯利亚居民大多数目不识丁，他们常常被政府的征税官糊弄，交通闭塞导致当地居民几乎无法知道毛皮的真实价格。因为毛皮的珍贵，征税官中饱私囊的现象十分常见。因不堪忍受沉重的税收负担，这些外族人经常发生暴动。为平息当地居民的怨恨情绪，政府不得不整顿税收秩序，成立了专门的雅萨克税事务管理委员会，负责雅萨克税居民的调查登记和监督税收的工作，征税工作委托给当地部族的酋长，这些首领按照地方习俗和民族传统来征税。18 世纪下半叶，毛皮资源趋于枯竭，雅萨克税逐渐转变成货币税，这项税收对于当地居民而言负担较重。1822 年，斯佩兰斯基制定了西伯利亚行政改革方案，同年改革方案获得批准。7 月 22 日，俄国颁布了西伯利亚外族人管理法令。根据该法令，西伯利

---

① Податная инспекция в России (1885 – 1910). С. 132.
② Покровский Н. Н. О подоходном налоге. С. 147.
③ Захаров В. Н., Петров Ю. А., Шацилло М. К. История налогов в России. IX – начало XX века. С. 121 – 122.

第十二章 税收负担与利益冲突

亚的外族人被分为三类，即定居、游牧和非定居外族人。定居外族人在城市或农村居住，游牧外族人要在一定的区域内从事放牧活动，满一年后再更换地点。非定居外族人一般沿河流、山川、森林周边过着定期迁移的生活。定居在农村（整个村子都是外族人）且从事农耕的外族人纳税的额度与国家农民相同，但他们没有服兵役的义务。[1] 游牧的外族人分别由自己氏族的酋长或是受尊敬的人来管理，他们必须根据自己氏族的税丁人数缴纳国家税，同时也承担本省的地方自治税，没有服兵役的义务。每一个宿营地或者兀鲁思[2]不少于15户，并设有"氏族事务公所"（Родовое управление），由一名主管和两名助手负责管理。非定居外族人的事务公所只有一个领导，不配助手。公所负责直接向所辖居民征税。在人口调查时，公所要将氏族的人数上报给自己的直接领导。如果有人逃避登记，将被追缴逃亡期间的全部税款，但不征收罚金。外族事务公所的上级机关是"外族事务管理署"（Инородная управа），负责管辖几个氏族或兀鲁思。如果是很多相近的氏族联合成一个部族，政府会在这个部族中设"草原杜马"。该机构的职责是分摊税赋、统计部族人数、核对税款和管理公共财产。根据总督的命令，可为外族人划定征税的集市。在没有条件设集市而又有征税需求的地区设外族人米尔会议（相当于别的省的村社大会）。[3]

外族人的税收分为国家税、地方自治税和部族管理机关开销三个部分。省级领导每年9月份要分别制定和记录好每个氏族或村庄的税收额度清单、省辖区内所有外族人税收额度的清单、每个县国库税收进项的清单和氏族每个税丁应缴纳全部税收总额的清单。这些清单要得到地方税收管理机关的批准，然后转交省财政厅和各城市的市政厅，由其下发给草原杜马，后者根据各个氏族事务公所的实力进行摊派，再由乡公所按税款额度分摊给每户家庭。税款、珍毛动物的毛皮或销售毛皮所得的款项，可以通过外族事务管理署或陪审员转交给县地方自治法院。获得上述款项后，法院要为纳税人出具完税收据，并将税款交付县国库。后者根据省财政厅的

---

[1] Полное собрание законов Российской империи. Собрание I : в 45 т. Т. 38. С. 394, 395.
[2] 兀鲁思（улус）——俄国的布里亚特人、卡尔梅克人和雅库特人的行政区单位，相当于其他省的乡。
[3] Абашев А. О. Налоговая система России IX – XX в. С. 102.

清单划分出国家税和地方自治税。部族管理机关的开销由自己来支配,不需交予县国库。珍毛动物的毛皮运抵省城后,要么根据省财政厅的命令销售,要么运到圣彼得堡。所有与税收相关的业务必须提供收据和报告。从1822年开始,使用特别的方式向吉尔吉斯人征收雅萨克税。他们每年夏天要用牲畜缴纳雅萨克税,每100头牲畜上交1头。实行这种方式之后,吉尔吉斯地区所有其他税收免缴5年。① 1827年,废除西伯利亚定居的外族人按人头缴纳的雅萨克税,取而代之的是按阶层征税的制度。新制度实行之后,所有外族人每年44戈比的人头税被免除。为按新规则对西伯利亚游牧和非定居外族人征税,1827年在西西伯利亚和东西伯利亚建立了委员会,旨在确定上述人员的纳税额度。② 自1832年起,允许吉尔吉斯人用钱缴纳雅萨克税,具体折价规定如下:每匹马35卢布,每头牛20卢布,每只羊2卢布。该制度有效期至1841年。③ 1833年6月16日,俄国颁布公告,宣布启动第八次丁籍调查。西伯利亚省要在1834年8月1日前提交《税民登记册》,其他省为5月1日前。在期满后4个月内提交登记册的省份,其所辖税丁每人支付1卢布的罚金。如果超过4个月,罚金为每人3卢布。④

从1835年1月1日起,从事农业的布哈拉人⑤和塔什干人每户缴纳10卢布的户口税。为承担地方自治警察的开销,1835年1月9日,政府颁布法令,除波罗的海东部沿岸各省、西伯利亚各省、格鲁吉亚、高加索及比萨拉比亚等区以外,其他地区每名税丁的地方自治税增加30戈比。政府决定从1835年3月3日起,按新标准向东西伯利亚和西西伯利亚各省的游牧和非定居外族人征收雅萨克税。根据雅萨克税委员会(1827年建立)统计的资料,1763年,东西伯利亚(包括雅库特、伊尔库茨克和叶尼塞等省)有纳税义务的游牧和非定居外族人共90519人,缴纳雅萨克税

---

① Полное собрание законов Российской империи. Собрание Ⅰ: в 45 т. Т. 38. С. 1016.
② Полное собрание законов Российской империи. Собрание Ⅱ: в 55 т. Т. 2. С. 1066, 548.
③ Полное собрание законов Российской империи. Собрание Ⅱ: в 55 т. Т. 12. Отделение 1. С. 812.
④ Полное собрание законов Российской империи. Собрание Ⅱ: в 55 т. Т. 8. Отделение 1. С. 357.
⑤ 俄国社会中的一个阶层,来源于16~18世纪存在的布哈拉汗国。

第十二章 税收负担与利益冲突

总额为122075卢布，其中缴纳的珍毛动物毛皮折合52100卢布，货币税为69975卢布。到1835年，东西伯利亚有纳税义务的游牧和非定居外族人达到192012人，缴纳的雅萨克税总额为451128卢布，其中缴纳的珍毛动物毛皮折合65407卢布，货币税为385721卢布。72年后，东西伯利亚的雅萨克税增长为329053卢布，即增长了1.6倍之多。1763年，西西伯利亚的托博尔斯克省和托木斯克省有纳税义务的游牧和非定居外族人为19591人，每年支付的雅萨克税总额为19169卢布，其中缴纳珍毛动物毛皮折合16093卢布，货币税为3075卢布。到1835年，这些省份游牧和非定居的税丁为29095人，缴纳的雅萨克税总额为59394卢布，其中珍毛动物毛皮折合41106卢布，货币税为18288卢布。换言之，72年后，雅萨克税增长了40225卢布。在税丁人数增长近0.5倍的情况下，税收增长1倍多。① 1763～1835年，堪察加和萨哈林有纳税义务的游牧和非定居外族人数量没有什么明显增长，每个地区的税丁都不到2000人。但缴纳的雅萨克税额度却增长很明显：堪察加地区从2365卢布增加到7281卢布，增加了2倍。萨哈林地区从2000卢布增加到4566卢布，增长1倍多。到1835年，整个西伯利亚有纳税义务的游牧和非定居的外族人约为22.5万人，年缴纳雅萨克税总额为522396卢布。如果有纳税义务的游牧或非定居的外族人过上定居生活，在新的丁籍调查完成前，他们要支付人头税和代役租，免缴雅萨克税。② 与国家农民相比，在西西伯利亚定居的外族人所缴纳的税款更低。根据1835年5月29日法令之规定，1835～1839年，托博尔斯克省定居外族人的人头税和代役租数额为5卢布50戈比，是国家农民纳税额的二分之一，1840～1849年是国家农民纳税额的三分之二。从1850年1月1起，这些外族人纳税额度与国家农民相同。这些外族人的地方自治税按第四等级城市的标准缴纳，即每名税丁10戈比。1835～1839年，在托木斯克省定居外族人的人头税和代役租数额为2卢布75戈比，是国家农民纳税额的四分之一，1844～1853年为国家农民纳税额的二分之一。从1854年1月开始，与国家农民纳税额度相同。这些外族人

---

① Абашев А. О. Налоговая система России Ⅸ – ⅩⅩ в. С. 118 – 119.
② Полное собрание законов Российской империи. Собрание Ⅱ: в 55 т. Т. 11. Отделение 2. С. 368.

按第五等级城市的标准缴纳地方自治税,每名税丁为15戈比。①

总体而言,俄国普通民众的纳税负担还是远远重于欧洲其他国家。据统计,1912年,俄、德、英、法四国的国民人均收入分别为83.3卢布、292.3卢布、463.5卢布和354.8卢布,人均纳税额度分别为11.2卢布、27.4卢布、48.5卢布和41.6卢布,纳税占居民收入的比例分别为14%、9%、10%和11%。② 可以看得出,俄国民众纳税负担最重。因为德、英、法三国工业发达程度要远高于俄国,城市化进程也比俄国快得多。所以,如果仅对比农民阶层的纳税负担,毋庸置疑,俄国农民的负担更为沉重。

第二节 国家利益与民众利益的冲突

17世纪,随着国家地位提升,沙皇也开始大兴土木,修建富丽堂皇的宫殿,皇宫生活十分奢靡,这也需要大量的支出。此时,衙门机关是靠管辖区居民来供养的,地方管理支出也由各县和各乡居民来负担。军政长官的薪俸虽然由国家支付,但其办公部门费用支出由辖区居民负担。日益增长的巨额军费是纳税负担加重的首要原因。长期对外战争、保卫边防和内部维稳需要供养大量的军队。服役军官要自己带马和武器为沙皇服役,为此会获得政府赏赐的庄园,固定在庄园的农民负责供养这些服役贵族,农民是当时国家武装力量的基础。整个17世纪,新建制部队的人数不断在增长。1680年仅莫斯科就有9万名步兵和骑兵。③ 为扩充部队,政府开始招募新兵,但是符合条件的并不多。从17世纪中叶开始,俄国从差丁中征集新兵,每20～25个农户中出一个士兵。很多应征入伍的差丁在和平时期被遣散回家务农,战时再召回所在部队。17世纪末,每年供养一

---

① Полное собрание законов Российской империи. Собрание II: в 55 т. Т. 10. Отделение 1. С. 653, 654.
② Вайнштейн А. Л. Обложение и платежи крестьянства в довоенное и революционное время. М., Экономист, 1924, С. 127.
③ Очерки истории России. Период феодализма. Т. 5. XVII в. М., Академия наук СССР, 1955, С. 448.

个步兵需要 4~5 卢布，骑兵需要 20 卢布。①

1651 年，莫斯科共有射击军 8000 人，到 1680 年莫斯科射击军人数达到 2 万人。② 罗曼诺夫王朝建立的前 60 年间，俄国武装力量总体增长了 3 倍。国家改组军队建制和招募士兵都由国库出资，因而增加税收是必然手段。17 世纪 30 年代时，俄国中部地区每户缴纳的国家税平均为 70 戈比，到了 70 年代，达到 2 卢布 30 戈比，增长 2 倍多。③ 17 世纪末，俄国定额税收为 137.1 万卢布。这些收入全部用于国家支出，其中军费支付占比高达 82.9%，宫廷支出占 4.1%，慈善、教育和医疗支出仅为 5.3%。非定额税收 113.7 万卢布中有 82.8 万卢布用于军费支出。④ 可见，俄国主要税收进项都用于军费支出，花在教育、慈善和医疗方面的支出少得可怜。国家利益凌驾在民众利益之上是不争的事实。

税收是政府各项政策得以实现的经济保障，同时也是决定不同阶层地位的重要因素之一。18 世纪时，特权阶层仍不承担纳税义务。虽然在一定时期内，地主要为其农民支付人头税，但他们又通过提高代役租来弥补自己的损失，农民阶层一如既往地要承担沉重的纳税义务。18 世纪时，俄国税收政策更多考虑的是国库利益，在推行对外扩张政策方面，税收进项具有十分重要的作用；但是在促进经济发展方面，国家的税收政策却起着微不足道的作用。18 世纪，俄国推行强硬的外交政策，对外战争最为频繁，农民的税收负担最重。彼得一世为筹集军费，绞尽脑汁地开辟新税源，各种特别税和间接税相继出台，实行人头税更是给农民阶层带来了沉重的负担。除税收之外，农民阶层仍要承担各种差役。到叶卡捷琳娜二世时期，俄国不断提高人头税标准，间接税改革更是以国库增收为目的。此外，国家的大车徭役和修路徭役十分沉重。除了服徭役之外，居民还要承担一些货币税。国家农民和城市居民还要承担各种其他的徭役，比如修筑要塞和军队的仓库、

---

① Милюков П. Н. Государственное хозяйство России в первой четверти XVIII столетия и реформа Петра Великого. С. 39.
② Очерки истории России. Период феодализма. Т. 5. XVII в. С. 448.
③ Горская Н. А. Монастырские крестьяне Центральной России в XVII в. М.，Наука，1977，С. 332.
④ Боголепов М. И. Финансы, правительство и общественные интересы. СПБ.，1907，С 218.

协助押解囚犯和流放人员等等。服徭役的居民通常会获得微薄的酬劳，这些钱并不是由国家来承担，而是出自遥远地区那些不能服徭役居民的腰包。

安娜一世登基之后，推行一系列严格的防止农民逃亡和追缴尾欠的举措，她命令在波兰边境安置部队抓捕逃亡农民，在通往西伯利亚和顿河的道路上设置重重关卡。如果未按规定的期限纳税，政府就会派遣部队进驻欠税的村庄，对欠税人实行残酷的惩罚。地主一般会声明是农民自己逃避纳税，讨伐队就会使用各种手段对付欠税的农民，杖刑是最常使用的惩罚手段。行刑之后，欠税人会被羁押。如果欠税人不能付清税款，讨伐队会强行夺走他们的粮食和牲畜等财产，并将其变卖，所得钱财用于支付尾欠。在人头税征收方面，国家与地主之间也经常发生矛盾。在讨伐队到村庄采取行动时，很多地主会唆使农民抵抗讨伐队。例如，1732年，卡拉切夫县地主伊万·亚历山德罗夫殴打了前来讨债的军官，并号召农民拿起棍棒来反抗。科泽利斯克县的地主涅斯杰罗夫派农民带着狗将讨伐队驱赶出自己的庄园。1735年要求地主替农民支付人头税的法令颁布后，很多地主都未能及时履行自己的新义务。[1] 据不完全统计，俄国具有伯爵和公爵头衔的大贵族所欠的人头税总额高达50万卢布。[2] 国家与地主之间产生矛盾的根源在于，双方都想将农民的收入据为己有。

叶卡捷琳娜二世执政时期，俄国财政仍捉襟见肘，居高不下的军费、庞大的国家机关开销使得俄国的预算常常入不敷出。在这么艰难的条件下，政府还从国库中拨出部分资金用来支持地主经济。为筹措更多资本，政府不断发行纸币和对外举债，国家预算赤字和债务不断增长。为增加国库收入，政府不得不提高直接税和间接税的标准，给纳税居民造成沉重的负担。为了国库利益，叶卡捷琳娜二世还剥夺了教会和修道院的经济利益。1762年，彼得三世颁布教会和修道院土地国有化的上谕，引起教会的强烈不满。叶卡捷琳娜二世发动政变夺取了皇位。1764年，稳固自己

---

[1] 〔俄〕维·尼·扎哈洛夫、尤·亚·彼得罗夫、米·卡·萨茨洛：《俄国税收史（9～20世纪初）》，张广翔、梁红刚译，社会科学文献出版社，2021，第90～93页。
[2] Троицкий С. М. финансовая политика русского абсолютизма в XVIII веке. C. 138–139.

地位之后，叶卡捷琳娜二世将教会和修道院的土地收归国有。教会修道院农民被列入国家农民之列。为增加国库收入，1764~1794年，叶卡捷琳娜二世将国家农民的人头税从1卢布70戈比提高到4卢布。叶卡捷琳娜二世时期，国家修路徭役和大车徭役十分沉重。因路途遥远无法服役的农民要缴纳相应的货币税，服徭役农民的微薄报酬也出自农民的腰包。① 政府规定的税收很多只重形式，很少考虑到纳税人的支付能力。国家很多重要经济部门中农奴经济仍占主导。在农奴制与贵族特权制并存的条件下，国家根本无法制定出合理的税制。一方面，经济地位低下的农民和小市民承受着税收的压迫，另一方面，拥有税收豁免权的贵族阶层过着奢靡的生活。对于实行对外扩张政策的俄国而言，政府只能牺牲民众利益来保障国家利益。

19世纪初，俄国的税制仍十分不完善，税收分配也极为不平衡，国家税收尾欠不断增长。19世纪20年代开始，俄国的对外战争也是连年不断。1826~1828年，发动对波斯的战争。1828~1829年与土耳其交战。这些战争需要高额的军费支出，国家的财政状况急剧恶化。为解决财政危机，俄国再次牺牲民众利益。1831年，财政部开始征收砂糖消费税，并提高人头税、代役租、商人申报资本比例税和海关关税。19世纪下半叶，财政大臣赖藤、本格、维什涅格拉德斯基和维特相继进行了税收改革，由于未从根本上打破税制阶层性的特征，农民阶层的税收压力仍没有得到缓解。为征缴尾欠，政府向欠税村庄派驻部队，有时这种讨伐会涉及整个乡甚至是更大的地区。强征尾欠的手段并没有取得良好的效果，俄国税收尾欠逐年还在增长。因农民阶层支付能力不足，政府不得不考虑其他的办法，但主要思想还是牺牲民众利益来满足国家利益。不言而喻，农民改革之前，国家利益与民众利益之冲突不可调和。农民改革之后，政府的方针开始趋向缓解农民阶层的负担，逐步将有产者纳入征税范围。那么，在这一时期，政府是否放松了对农民阶层的压榨？换言之，国家利益与民众利益冲突是否得到缓和？事实胜于雄辩，19世纪80年代，俄国完成了工业

---

① 〔俄〕维·尼·扎哈洛夫、尤·亚·彼得罗夫、米·卡·萨茨洛：《俄国税收史（9~20世纪初）》，张广翔、梁红刚译，社会科学文献出版社，2021，第104~106页。

化，国家经济发展良好。但这里的国家经济也主要是工商业的发展，而对于农民经济，尤其是农民粮食经济而言，完全是另一番景象。19世纪90年代，俄国中部黑土区和东部各省的税收尾欠额度都非常高，有的省尾欠甚至超过当年的纳税总额。根据中央统计委员会统计的资料，1894年，俄国各省粮食总收成中要扣除居民的食品粮，具体标准为每人13普特，然后，各省销售多余粮食的收入要支付税款，农民手中几乎没有任何储备粮。通过表12-4中的数据，可以看出上述地区主要省份的税收、尾欠、粮食销售额及其支付税款的占比情况。

表12-4　1894年中部黑土区和东部各省农民粮食经济统计

省份	农民人数（人）	食品粮定额（普特）	纳税额度（卢布）	尾欠额度（卢布）	售粮收入（卢布）	纳税占售粮收入比（%）
沃罗涅日	2307900	30002000	6735000	7872400	10765000	62.3
萨拉托夫	1904700	24701000	5493700	5854000	10983000	50
坦波夫	2265000	25455700	6829300	8239000	14385000	47.5
库尔斯克	2042700	26555000	6269800	3963000	12512000	50
辛比尔斯克	1395900	18147000	3211000	4730000	2641000	130.5
奔萨	1298900	16886000	3849900	5946000	4273000	90
奥廖尔	1674000	21769000	4913000	4921000	3949000	124.4
梁赞	1668200	21686000	4797000	3470000	3700000	129.6
图拉	1271600	16530000	3825000	3858000	4117000	92.9

资料来源：Шванебах П. Наше податное дело. С. 161-165。

从表12-4可以清楚看出，1894年，这些省份的税收尾欠额度相当高，沃罗涅日、萨拉托夫、坦波夫、辛比尔斯克、奔萨、奥廖尔、图拉等省的税收尾欠都超过了当年的纳税额。辛比尔斯克、奥廖尔和梁赞当年售粮的收入甚至不够支付税款，这说明俄国的农民粮食经济十分糟糕。在其他省，情况还要更糟。

20世纪初，根据波卡列波夫的统计，俄国农民阶层的税收尾欠十分庞大，有很多地区尾欠达到当年纳税总额的100%和300%，有的地区比例甚至高达600%和700%。为了满足国家利益，政府经常派地方警察强行变卖农民的财产，有时甚至变卖农民的余粮和种子，所以在荒歉之年，饿死的农民不计其数。在欠税严重的地区，政府不惜动用军队，对欠税人进行体罚，最重可判处欠税人死刑，国家利益与民众利益冲突不断加剧。在惩罚农民阶层的同时，政府对特权阶层仍然推行体恤政策。神职人员仍是免税的特权阶层，贵族地主的土地纳税要比农民的土地低40倍。领地贵族往往以经济破产为借口拒不支付税收尾欠。根据特维尔省年鉴中统计的数据，1902～1903年，该省小市民阶层的税收尾欠为当年税额的102%～117%。贵族地主各种需求税的尾欠达到当年税额的310%～329%，同期农民阶层定额税的尾欠仅为当年税额的20%。当直接税不能给国库带来巨额收益后，政府把税收改革的重心转向间接税，贫穷的农民阶层仍是政府盘剥的对象。①

最能体现国家利益与民众利益冲突的是在酒垄断和关税领域。1895年是实行酒垄断的第一年，俄国酒收入总计2300万卢布，纯利润1600万卢布，到废除酒垄断的1914年，酒垄断收入为9.4亿卢布，纯利润为6.7亿卢布，② 在这15年间，酒垄断带来的纯利润增长了近41倍，酒垄断收入是国库最重要的来源，这是财政部多年没有废除酒垄断的最主要原因。酒垄断掏空了农民的腰包，1901～1907年，俄国人均购酒消费达6卢布83戈比，1913年为6卢布30戈比。③ 酒垄断导致民众酗酒成风且私自酿酒的现象十分严重，很多民众的身体健康和精神意志受到严重摧残，政府为国家利益而损害民众利益再次得到证明。直到第一次世界大战爆发，俄国发现自己的士兵毫无战斗力，才果断取缔酒垄断，并在全国推行禁酒令。关税政策是俄国保护本国工商业和改善贸易平衡的重要武器，这是俄国很多学者的一致观点。的确，俄国通过实行保护关税政策达到很多目的，主要包括增加国库税收、保护民族工商业和改善贸易平衡。从1877年实行金币关税制后，俄国的关税进项平稳增长，具体数据可参见表12-5。

---

① Боголепов М. И. Финансы, правительство и общественные интересы. С 97-98.
② Фридман М. И. Винная монополия в России. С. 221.
③ 张广翔：《1894～1914年俄国酒销售垄断的初衷及效果》，《世界历史》2012年第1期。

表 12-5　1880~1900 年俄国关税收入统计

单位：百万卢布

年份	关税收入	年份	关税收入
1880	96.4	1896	182.3
1886	97.7	1898	218.9
1890	138.3	1899	219.3
1892	130.5	1900	203.9

资料来源：Шванебах П. Наше податное дело. С. 106。

通过笔者研究，1879 年、1890 年和 1900 年俄国工业原料进口关税分别为自身价值的 10%、19% 和 25%，工业成品进口关税分别为自身价值的 15%、25% 和 28%，生活必需品的关税分别为自身价值的 41%、70% 和 81%。1862 年、1887 年和 1897 年，英国茶叶进口税率分别为每普特 40 戈比、17 戈比和 14 戈比，俄国茶叶进口税率分别为 40 戈比、52.5 戈比和 79 戈比。[1] 不难看出，关税大多数还是出自民众的腰包。换言之，在关税领域，俄国同样依靠牺牲民众利益来满足国家利益。

第一次世界大战爆发后，俄罗斯帝国开始禁止销售各种酒产品，导致国库收入锐减。此外，因为战争，铁路商业运输业务的开始缩减，食品、药品、燃料等物资运价大幅降低，1914 年国有铁路收入比 1913 年减少 8000 多万卢布，海关关税缩减近 5000 万卢布。[2] 第一次世界战争导致俄国预算严重赤字，国家的经济遭到重创，整个战争期间，俄国战争军费总支出达到 386.5 亿卢布。[3] 由于国库收入的锐减和战争经费的庞大，政府不断提高税收的额度。俄国政府没有考虑改革国家的财政体系，或者根本没有时间也没有能力解决财政危机，只能靠牺牲民众利益来维系国家的存在。

---

[1] Шванебах П. Наше податное дело. С. 106.
[2] Михайлов И. А. Государственные доходы и расходы России во время войны. С. 27.
[3] Уткин А. И. Первая мировая война. М., Эксмо, 2002, С. 340, 341.

第十三章
税制结构、特征及影响

第一节 税制结构与税收进项的比重

1613年,罗曼诺夫王朝建立,俄国结束了"混乱时期"。由于之前的社会动荡不安,国家的税制几乎被摧毁。因此,王朝初期,国家开始整顿税制和恢复生产。在整个17世纪,俄国的税制结构主要分定额税和非定额税,此外还存在一些特别税。17世纪上半叶,俄国的定额税主要包括关税、酒馆税、贡赋和代役租,非定额税主要包括各种手续税。17世纪下半叶,定额税主要包括射击军税、关税、酒馆税、贡赋和代役租、驿务税和赎俘税;非定额税主要还是手续税,特别税主要包括伍一税和什一税等军需税。

17世纪,俄国没有统一的税收机关,国家各项税收由各衙门负责征收,税收管理事务非常分散。1680年前,国家没有对国家收入和支出做出统计。为分析税制结构,只能利用某一城市的税收统计数据。根据米留科夫的统计,1614年,下诺夫哥罗德地区的定额税占税收总额的98.5%,非定额税仅占税收总额的1.5%。1619年和1620年,该地区定额税分别占税收总额的99.4%和99.2%,非定额税分别占0.6%和0.8%。如果按直接税和间接税来统计,这三年直接税分别占税收总额的9.6%、9.3%和7.3%,间接税分别占90.4%、90.7%和92.7%。此时,间接税主要是关税和酒馆税。再来看一下大诺夫哥罗德市的税收统计数据,1620年和1625年,该市定额税收入分别占税收总额的92.7%和92.6%,非定额税分别占税收总额的7.3%和7.4%。如果按照直接税和间接税来分类,这两年直接税进项分别占税收总额的24%和25.8%，间接税分别占76%和74.2%。① 可以看出，17世纪初期俄国的税制十分不完善，间接税在国家税收进项中占据绝对的比例。笔者认为，在"混乱时期"，俄国经济遭到致命打击，作为主要纳税阶层的农民大多数沦为赤贫，导致其支付能力严重不足，所以直接税进项就微乎其微。罗曼诺夫王朝建立后，沙皇米哈伊尔实行税收减免政策，用实物税取代货币税，这也是直接税收入不高的原因。在支出压力加大的情况下，俄国只能提高间接税标准。

到1680年，俄国开始对国家收入与支出进行统计。根据统计材料，1680年，俄国税收总计1220367卢布。定额税为951294卢布，占税收总额的78.0%。定额税中关税和酒馆税为650223卢布，占税收总额的53.3%；射击军税为101468卢布，占税收总额的8.3%；贡赋和代役租为146150卢布，占12.0%；驿务税和赎俘税为53453卢布，占税收总额的4.4%。非定额税收入为33735卢布，占税收总额的2.7%。特别税（伍一税和什一税等需求税）为235338卢布，占税收总额的19.3%。② 如果按照现在税收种类来划分，1680年，直接税占税收总额的44.0%，间接税占53.3%，手续税占2.7%。③ 可以看出，在17世纪的俄国财政制度中，间接税占据着绝对优势，关税和酒税占税收总额的一半以上。17世纪俄国的直接税制度存在很多的弊端，首先就是直接税种类繁多，征税依据和纳税额度各地极为不统一。到1680年，俄国整顿直接税，征收统一的射击军税，进而废除其他直接税，征税的依据不再按照《索哈地亩册》，而是按户口簿。

彼得一世执政后，发动了长达21年的北方战争。北方战争时期的俄国税收种类繁多，税收管理十分松散。为扩大税收，俄国不断征收特加税。此时总体保留按户征税的原则，税收进项依据用途送交给不同的衙门。当取缔衙门后，俄国的税收直接流入各省军团的金库，税收主要用于供养军队。北方战争初期，彼得一世政府就疯狂开辟新税源，俄国的国家

---

① Милюков П. Н. Государственное хозяйство России в первой четверти XVIII столетия и реформа Петра Великого. С. 17.

② Беляев С. Г. Управление финансами в России（XVII в. - 1917 г.）. С. 14 - 15.

③ Рудченко И. Я. Исторический очерк обложения торговли и промыслов в России. С. 50.

收入在18世纪第一个十年始终保持在250万卢布左右。尽管聚敛官积极开辟新税源，但因为按户征税原则的过时，这一时期俄国的税收没有明显增长（见表13-1）。

表13-1 1701～1709年俄国收支一览

单位：卢布

年份	总收入	总支出	盈余或赤字
1701	2856539	2252707	+603832
1702	3147556	2466641	+680915
1703	2732496	3344645	-612149
1704	2485996	3238772	-752776
1705	2641405	3339943	-698538
1706	2521781	2714492	-192711
1707	2413845	2449338	-35493
1708	2015794	2222227	-206433
1709	2755751	2700595	+55156

资料来源：Милюков П. Н. Государственное хозяйство России в первой четверти XVIII столетия и реформа Петра Великого. С. 178-183。

北方战争期间俄国的税收总体分成固定税和特加税，而且特加税在税收进项中的比例超过了固定税。关于这方面的信息只有1720～1723年（北方战争最后两年和结束后两年）的统计材料，具体数据参见表13-2。

表13-2 1720～1723年固定税和特加税统计

单位：千卢布

年份	固定税（占比）	特加税（占比）	总额
1720	1401(43.8%)	1801(56.2%)	3202
1721	1401(40.8%)	2049(59.4%)	3450
1722	1401(43.7%)	1804(56.3%)	3205
1723	1401(44.1%)	1774(55.0%)	3175
总计	5604(43.0%)	7428(57.0%)	13032

资料来源：Анисимов Е. В. Податная реформа Петра Ⅰ. введение подушной подати в России. 1719-1728. С. 31, 33。

从表 13-1 和表 13-2 可看出，特加税在税收进项中的比例超过一半，尤其是 1721 年，特加税占比达到 59.4%。北方战争还没有结束，彼得一世政府就着手改革直接税制度，经过几年的准备，俄国开始推行人头税，直到 18 世纪末，人头税都是税收的重要来源。安娜一世执政时期实行残酷的征缴尾欠政策，伊丽莎白·彼得罗夫娜时期，几乎没有增加人头税的标准，但她任用舒瓦洛夫进行间接税改革，在她执政时期，间接税占国家税收比例超过直接税。叶卡捷琳娜二世时期，国家疆域不断扩大，俄国纳税居民的人数也大幅增长。此外，女皇不断提高税收标准，在叶卡捷琳娜二世执政时期，针对外族人的税制进行了改革，征收商人资本比例税，这是俄国营业税的雏形。女皇还建立俄国统一的地方税收管理机关——省财政厅。在叶卡捷琳娜二世时期，国家税进项增长明显（见表 13-3）。

表 13-3 18 世纪主要直接税和间接税的收入对照

单位：万卢布

税种	1724 年	1749 年	1763 年	1785 年	1796 年
人头税 （占比）	461.5 (62.3%)	521.3 (62.6%)	566.7 (41.8%)	2018.4 (57.1%)	2472.1 (53.6%)
间接税 （占比）	279.0 (37.7%)	311.6 (37.4%)	788.3 (58.2%)	1514.3 (42.9%)	2143.7 (46.4%)
税收总额	740.5	832.9	1355.0	3532.7	4615.8

资料来源：Чечулин Н. Д. Очерки по истории русских финансов в царствование Екатерины II. СПБ., Сенатская типография. 1906. С. 260 - 262；Троицкий С. М. Финансовая политика русского абсолютизма в XVIII веке. С. 214，219。

从表 13-3 不难看出，18 世纪，虽然人头税进项比例有所下滑，从 1724 年占国家税收的 62.3% 降到 1796 年的 53.6%，但总体上，俄国的人头税占税收总额一半以上。同时，间接税在税收中所占的比例明显上升，从 1724 年的 37.7% 到 1796 年的 46.4%。1763 年，间接税曾占税收总额的 58.2%，间接税大幅增长主要与舒瓦洛夫的改革密切相关。在间接税中，酒税涨幅达 15 倍之多。在这期间，关税增长了近 5 倍。在整个 18 世纪，国家税收进项绝对增长的趋势十分明显。其原因不仅包括俄国纳税居民的自然增长，还有就是俄国兼并广阔土地后，纳税居民的数量不断在增加，提高税收标准也是税收增长的重要原因。俄国的国库收入中，税收占据绝对比例。1725年，俄国国库总收入为854.6万卢布，税收进项占所有收入的86.6%。1749年，国库总收入为988.8万卢布，税收占84.2%。1763年和1785年，国库总收入分别为1413.5万卢布和4201.2万卢布，税收所占比例分别为95.9%和84%。①

19世纪是俄国税收史上的重要时期，税制在这一时期发生了重要变革。19世纪上半叶，国家收入主要包括人头税、代役租和酒税收入。19世纪末公布的收支一览表显示，国家收入的主要进项是人头税、酒税和关税，占国家总收入的50%以上。19世纪上半叶，因农民支付能力较弱，直接税制度产生重大危机。克里米亚战争失败后，亚历山大二世着手推行自上而下的改革，并试图通过一系列资本主义改革来摆脱国家危机。1861年农民改革之后，政府开始逐渐减免人头税，并在80年代逐步废除人头税。人头税被废除之后，俄国开始将有产阶层纳入征税对象，先后推行城市不动产税、资本收入比例税和国家土地税。在维特担任财政大臣时期，俄国实行酒垄断，改革营业税，征收国家房产税，国家税制中出现很多新元素。尤其是引入累进制征税的原则，标志着俄国税制向更合理的方向发展。19世纪俄国的税收情况见表13-4。

表13-4 19世纪俄国税收进项统计

单位：百万卢布

税种	1825年	1855年	1867年	1877年	1887年	1897年
直接税	133.5	52.2	93.4	134.0	82.7	98.2
间接税	198.8	103.3	185.7	265.2	378.8	440.9
手续税	30.7	15.0	15.4	22.6	52.9	75.1
总额	363.0	170.5	294.5	421.8	514.4	614.2

资料来源：Захаров В. Н., Петров Ю. А., Шацилло М. К. История налогов в России. IX - начало XX века. C. 223, 225-226。

---

① Троицкий С. М. Финансовая политика русского абсолютизма в XVIII веке. C. 219.

在19世纪上半叶，税收是国家预算收入的基础。国家特权收入（铸币、邮政、矿业垄断等）只占预算收入的一小部分。1850年，俄国的税收占国家所有收入的90.2%。国家特权收入和国有资产收入仅占9.8%。① 这一时期，俄国的直接税和间接税收入都在下滑。一方面是因为农民阶层的税收尾欠逐年在增长，另一方面是战争导致国家经济下滑，进而影响到间接税的收入。19世纪下半叶，俄国税收体系清楚划分为直接税、间接税和手续税。直接税体系发生了重大的改变，人头税在税收进项中的比例逐渐下滑，从1867年的3720万卢布到1897年的130万卢布。同时，代役租收入也从1867年的3400万卢布减少到1897年的240万卢布。随着人头税的废除，营业税成为最主要的直接税，此项收入从1867年的950万卢布增长到1897年的4660万卢布。在间接税领域，关税增长2.5倍，从1867年的3800万卢布增长到1897年的9560万卢布。酒税收入是国家最重要的税收来源，从1867年的1.3亿卢布增长到1897年的2.8亿卢布。手续税增长速度最快，从1867年的1540万卢布增长到1897年的7510万卢布。到1897年，俄国的间接税收入是直接税的4.5倍。农民改革之后，税收在国家预算总收入中比例开始下滑。1867年，税收占国家总预算的67.1%，1877年、1887年和1897年，税收在国家预算总收入中所占比例分别为70.5%、62.7%和43.4%。② 这说明19世纪下半叶的俄国经济有了长足的发展，俄国来自国有经济的收入逐渐增多，其中收入增长最快的是国有铁路收益。

20世纪初，俄国税制结构仍然分为直接税、间接税和手续税三种。为突出酒垄断收入的重要性，政府经常将其单列为一项。为更直观地反映20世纪初俄国的税制结构和税收在国家预算中比例，可以参见表13-5。

---

① Захаров В. Н., Петров Ю. А., Шацилло М. К. История налогов в России. IX – начало XX века. С. 223.

② Захаров В. Н., Петров Ю. А., Шацилло М. К. История налогов в России. IX – начало XX века. С. 225–227.

表 13-5 1903 年和 1913 年俄国常规预算收入来源

单位：百万卢布，%

	1903 年	所占比例	1913 年	所占比例	增长比例
税收进项					
1. 直接税	135	6.6	273	8.0	202.2
2. 间接税	440	21.7	710	20.7	161.4
3. 手续税	107	5.3	232	6.8	216.8
国家特权收入					
1. 酒垄断	542	26.7	900	26.3	166.1
2. 其他	65	3.2	125	3.7	
国有资产和资本收入					
1. 国有铁路	453	22.3	813	23.8	179.5
2. 其他	118	5.8	225	6.6	191.7
3. 赎金	89	4.4	1	0.01	-1.1
4. 所有其他	83	4.0	136	4.0	169.9
总额	2032	100	3425	100	168.6

资料来源：Министерство финансов. 1903-1913. СПБ. 1914. С. 6。

可以看出，财政部将酒垄断归为国家特权收入，实际上这项收入属于间接税范畴。如果把酒垄断收入归为税收，1903 年与 1913 年相比，税收进项分别占国家预算总收入的 60.2% 和 61.8%。这一时期，直接税涨幅高达 202.2%，间接税涨幅约为 163.8%，酒垄断收入仍是国家税收最重要的来源。杜马议员将酒垄断收入称为"麻醉的预算"，指摘这项举措危害着居民的健康，1914 年第一次世界大战爆发，俄国废除酒垄断。在税收进项中，间接税对直接税有着压倒性的优势，这是 20 世纪初俄国税制的典型特征。1903 年，俄国直接税收入仅占国家预算总收入的 6.6%，占税收进项的 11.0%；间接税收入占国家预算总收入的 48.4%（加入酒垄断收入），占税收进项的 80.2%。1913 年，直接税只占国家预算总收入的 8.0%，占税收进项的 15%；而间接税（包括酒垄断收入）占国家预算总收入的 47.0%，占税收进项的 76.1%。1907 年，俄国摆脱了危机局面，国家经济开始恢复，铁路修建和工商业迎来了又一次发展热潮，国家税收和非税收进项增长比较平稳。但第一次世界大战爆发后，俄国被迫废除酒垄断，全国推行禁酒令，国库缺少了一项最大税收来源，导致俄国税制发生根本变革。可以通过表13-6中的数据来分析这一时期的税制结构。

表13-6　1907~1916年俄国常规预算收入统计

单位：百万卢布

收入来源	1907年	1908年	1909年	1910年	1911年
直接税	183.3	194.2	198.7	216.1	224.1
间接税	509.8	526.5	529.8	529.7	630.0
手续税	122.6	137.4	151.7	170.4	190.0
特权项	83.5	84.8	95.4	89.7	106.9
酒垄断	707.1	709.0	718.9	767.0	783.1
国资项	636.9	649.0	709.5	797.9	889.7
赎金	0.6	0.7	0.8	0.9	0.9
其他	98.5	116.2	121.6	137.2	127.0
总计	2342.3	2417.8	2526.4	2708.9	2951.7
收入来源	1912年	1913年	1914年	1915年	1916年
直接税	243.3	272.5	280.6	360.0	613.9
间接税	650.4	708.1	661.5	698.1	982.0
手续税	199.3	231.2	209.1	415.2	625.6
特权项	118.4	125.6	167.0	180.4	217.7
酒垄断	824.7	899.3	479.9	31.2	33.3
国资项	939.8	1046.6	965.6	980.1	1277.8
赎金	0.9	1.2	1.9	1.7	1.9
其他	129.5	132.8	132.6	168.7	226.4
总计	3106.3	3417.3	2898.2	2835.4	3978.6

资料来源：Болдырев Г. И. Подоходный налог в России и на западе. С. 117。

从表13-6可知，俄国直接税收入逐年增长，从1907年的1.833亿卢布增加到1916年的6.139亿卢布。间接税（不包括酒垄断收入）从1907年的5.098亿卢布增长到1916年的9.820亿卢布。手续税涨幅最为明显，从1907年的1.226亿卢布增长到1916年的6.256亿卢布，涨幅近5倍。根据计算，1907~1913年，酒垄断收入分别占常规预算总收入的30.2%、29.8%、28.5%、28.3%、26.5%、26.5%和

26.3%。1914~1916年，俄国税收分别占常规预算总收入的56.3%、53.1%和56.7%。可以得出这样的结论，20世纪初到罗曼诺夫王朝灭亡之前，俄国税收进项在常规预算收入的比例呈逐渐下滑的趋势，同时也证明俄国非税收进项不断在增长，其中最主要的收入来自国有铁路的经营收入。

第二节 税制特征及影响

罗曼诺夫王朝存在的300多年内，有很多外族人被俄国征服，俄国的疆域不断扩大。对外用兵和对内镇压农民起义需款浩繁，俄国宫廷和维护官僚机关运行同样需要巨额资本，这就迫使俄国历届政府采取措施解决财政问题。为巩固君主专制和维护贵族地主的利益，俄国不断加强对农民阶层的束缚，同时不断扩大贵族地主的特权。农奴制限制了农民的自由，严重阻碍了俄国经济的发展，俄国的社会生产力发展极其缓慢，农民阶层的支付能力十分有限。农民改革之后，俄国农民的纳税负担仍然很沉重。俄国罗曼诺夫王朝的税制具有如下几个主要特征。

（1）俄国的内政外交决定俄国税制改革首要考虑财政动机，国库利益至上是导致税制不完善的重要因素。原始单一的税制形成之后，税收进项一部分负担王公及其家庭支出，一部分以奖励的形式发给亲兵，还有一小部分用于公共需求。蒙古鞑靼人入侵之后，大部分贡赋要交给金帐汗国，在这段时期，税收的动机十分简单，就是维持与汗国的臣服进贡关系。莫斯科公国崛起之后，为统一国土和对外扩张，国家需要筹集巨额军费，税收政策的财政动机一览无余。罗曼诺夫王朝建立后，尤其是从18世纪初开始，彼得一世不断发动对外战争。为筹集军费，彼得一世实行人头税。在间接税方面，俄国利用聚敛官们征收种类繁多的苛捐杂税，扩大代役租征收的范围，推行各种特别税和附加税。为增加国库收入，彼得一世政府还对关税制度进行了改革。18世纪的第一个10年内，俄国军费支出增长了4倍。增加预算收入是政府税收政策的主要动机。到叶卡捷琳娜二世执政时期，俄国仍奉行积极扩张的对外政策，俄国财政赤字十分严重，政府不得不通过提高原有税收标准和开辟新税源来增加国库收入，满足政府的各项支出。在整个18世纪内，人头税的标准不断提高。1760～1798年，国家农民人头税和代役租总额从1卢布20戈比提高到4卢布26戈比。地主农民人头税从70戈比提高到1卢布26戈比，如果加上交给地主的代役租，地主农民的税收负担不会低于国家农民。直接税在税收进项中比重要超过间接税。1724年，直接税和间接税在税收中的比重分别为63.2%和37.7%，到1796年，比例分别为53.6%和46.4%。在确定税收额度时，政府并不考虑居民的支付能力，因为村社根据每个家庭的财产状况来分摊税额。由于政府经常采用粗暴的手段征税，大量的农民逃亡，有时甚至发生暴动。这些暴力手段并不能改善税收的状况，只能加剧国家社会局势的恶化。俄国税制落后的根本原因在于农奴制，而一味追求国库收入是导致税制不完善的重要因素。从18世纪20年代到19世纪80年代，人头税一直是俄国最主要的直接税。农民改革之后，原地主农民要支付赎金。1866年开始，国家农民必须赎买份地，为此也要支付赎金。从计税标准、分摊原则和征税原则等方面看，赎金与人头税并没有什么本质区别，而且负担要超过人头税。所以废除了人头税之后，农民阶层的税收负担并没有改善。如果一个国家的税收进项主要依靠经济条件较差的普通民众，如果制定的税收标准超过民众的承受能力，这样的税制肯定是弊端重重。

甚至直到第一次世界大战前，酒税收入一直是俄国间接税最主要的来源。到19世纪50年代末，酒税收入占国家税收进项的40%。1861～1900年，俄国间接税收入增长了4.5倍。19世纪末，间接税收入是直接税的6倍，占税收进项的85%，这种税收结构说明俄国税制的不完善。19世纪末，法、英、德三国的间接税收入分别是直接税的3倍、2.5倍和2倍。那么，既然俄国已经废除了农奴制，为什么税制还具有诸多不完善之处呢？最主要的原因有两个，首先是俄国经济中仍保留农奴制的残余，其次是俄国实行扩张的对外政策，导致军费和其他支出居高不下。在这种情况下，增加财政收入仍是政府税收政策的最主要的动机。

俄国很多学者认为，19世纪开始，政府制定的关税政策主要动机是保护民族工商业的发展。笔者不否认这个观点，但是俄国关税政策的财政动机也非常明显。一方面，政府为扶持本国工业发展，对进口原料的税率进行灵活的调节，不断提高外国工业品的进口税率，旨在保护本国工业发展；另一方面，通过提高大众消费品的进口税率来增加国库收入。俄国著名史学家 M. H. 索巴列夫对 20 世纪前俄国的关税政策进行了细致的研究，他将进口商品分为四类，即生活必需品、原料和半成品、土畜产品和工业成品。索巴列夫认为，俄国政府对工业成品征收高额关税是为了保护本国工业，而不断提高进口生活必需品的税率，主要意图就是增加国库收入。

虽然到 19 世纪，俄国税制仍存在诸多弊端，但是税制已经朝着合理化方向发展。19 世纪 60 年代起，税收阶层性特征逐渐被打破。在税制中，开始出现很多新元素，按财产收入和资本收入征税的原则已经出现。进入 20 世纪，俄国仍没有摆脱战争和革命的威胁，日俄战争、1905 年革命、第一次世界大战和 1917 年二月革命先后爆发，将帝国逐渐推向覆灭的深渊。在内忧外患的时局下，财政部根本没有时间也没有能力来彻底改革税制，而是疲于弥补预算赤字的大窟窿。直到罗曼诺夫王朝灭亡，俄国税收政策的主要动机仍是增加国库收入，这再一次充分说明历史时局对税制的影响。

（2）税收管理机关组建和发展缓慢制约了俄国税制的发展。到 15 世纪末，俄国没有任何的税收管理机关，所有税赋都归入大公的私人府库。在伊凡三世执政期间，大公府库开始演变成国库，其职能和任务也发生根本性变化。16 世纪中叶建立度支衙门，具有军事用途的火炮税、城防税、军需税、赎俘税、驿务税归度支衙门负责。除了度支衙门之外，在莫斯科同时存在很多税收中央管理机关，其负责征收和管理度支衙门管辖之外的税收。这种机关体制制约了税制的发展，造成税收管理工作的分散。整个 17 世纪，国家仍没有统一的税收中央管理机关，各项税根据用途由不同机关负责征收。彼得一世执政之初，在中央和地方设立市政厅，负责征收主要直接税、海关关税和酒馆税，市政厅成为国家财政管理一个重要部门。到 1708 年，国家区域行政改革之后，税收进项根据需求直接派给各省。彼得一世实行院体制的机关改革后，度支院开始对国家税收进项进行总体监督，国库院和监察院分别负责国家各项经费的分配和监督。1719 年开始，政府在地方建立国库，辖区内的所有税收都要归入地方国库，然后再由地方国库运到中央。但因资金和时间问题，彼得一世未能建立有效管理税收事务的国家机关。因18世纪的俄国仍然保留着分类征税的原则，所以度支院不可能成为国家税收管理的中央机关。叶卡捷琳娜二世也曾尝试加强度支院的作用，但是因财政问题，中央财政机关的改革还是被搁浅。1775年，在各省建立财政厅，省辖区内的所有税收都由省财政厅负责管理，每个县设县国库，负责接收县辖区内所征缴的税款，并在省财政厅的监督下将税款运抵中央各部门。到此时，俄国地方统一的税收管理机关才得以建立。在中央，税收管理权仍分散在多个机关之中，国家税收管理机关的体系仍存在诸多弊端，在一定程度上制约着税制的完善。

1802年，俄国实行部体制，财政部逐渐成为俄国财政的中央管理机关，所有税收事务都由财政部的税收司掌管。这种制度一直保持到1863年。1863年4月15日，政府颁布法令，将盐业事务管理权转交给税收司，并将后者划分为定额税收司和非定额税收司，分别管理直接税和间接税。到此时为止，俄国税收管理机关具备了初步完善的特征，中央税收机关为财政部的定额税收司、非定额税收司和关税司，地方税收机关为各省的财政厅。19世纪80年代，为加强税收事务的监督，财政大臣本格在省财政厅设税收检查官职位。在维特任财政大臣时，税收检查制度不断完善。由于国家酒垄断业务不断扩大，1900年，从非定额税收司分出酒垄断管理总署。到20世纪初，俄国的税收管理机关趋于完善。

（3）俄国罗曼诺夫王朝的税制具有阶层性特征，充分说明阶级社会里下层民众地位的卑微。在城市不动产税征收之前，国家的纳税人最主要的是农民阶层。根据统计数据，1727年俄国农民纳税人占所有纳税人的95.6%，工商区居民占3.2%，平民知识分子和仆役占1.2%。1738年农民纳税人占93.5%，工商区居民占3.3%，平民知识分子和仆役占3.2%。① 虽然在个别时期，贵族阶层也在征税范围之内，但实际上他们

---

① Анисимов Е. В. Податная реформа Петра I. введение подушной подати в России, 1719 - 1728, С. 106, 110, 114.

的税收仍由其所属农民承担。1813～1819年，政府从领地贵族财产收入征收比例税，但这项税收并未打破税收阶层性的特征，因为贵族都将政府的税收转嫁给所属农民，农民阶层才是税收的承担者。在保留农奴制的条件下，从特权阶层征税只是一种虚假的表象。从征收城市不动产税之后，税制的阶层性特征逐渐被打破。尽管如此，农民所承担的税收压迫仍然最重，税收不平衡性未能根本改变。到一战前，地主支付的国家土地税占收入的7%，而农民的土地税占收入的14%。如果将赎金计算在内，农民土地的纳税负担要高出地主土地40多倍。换言之，农民改革和废除人头税之后，农民阶层的纳税负担还是最沉重的。

（4）俄国罗曼诺夫王朝的税制具有矛盾性。第一，与日俱增的国家支出与民众支付能力不足的矛盾。从统一国家建立到19世纪80年代，俄国政府总体奉行扩张的对外政策，国家军费支出、宫廷支出和行政管理支出居高不下。在主要纳税阶层支付能力不足的情况下，国家还要通过增加税收的手段来弥补各项支出，这就注定俄国税制的矛盾性。第二，在制定国家对内和对外政策中，政府始终把国家利益放在首位，根本不顾及民众的利益，导致国家利益与民众利益矛盾重重。第三，税收标准制定与税收分配原则的矛盾。在制定税收标准时，政府往往根据纳税居民的人数制定，但公社分配税收的依据是居民的财产和收入状况，这种制度上的脱节导致税收关系十分复杂，公社领导滥用职权和侵吞税款现象极为严重。很多时候，一些国务活动家的改革方案中提出了很多新思想，但因为时局所限，这些新思想未能实现。

（5）俄国罗曼诺夫王朝的税制有利于国家对民众的掌控，进一步巩固了俄国的农奴制。农民改革之后，基层单位（村社和城关区公社）征税的制度仍然延续，这是俄国经济中保留农奴制残余的直接表现。从16世纪中叶开始，俄国征收直接税的基层单位是城市公社和农村公社。政府依据《索哈地亩册》规定每个县的纳税总额，并制定税册，然后将税册下发到各县。每个县接着在各乡和工商区之间分摊，最后税收在每个村社之间分摊。俄国政府在基层单位实行连环保制。罗曼诺夫王朝初期，俄国实行按户征税原则，政府开始按照户口的数量分配税收，但村社按照每户财产、买卖和土地情况分摊税额。实行按人头征税制度后，这种分配税额的方式也得到政府的默认。政府认为这样的分配手段可以相对保障国家的税收，也更能体现税收平衡的原则。在分配税收时，税丁只是分配税收和确定税收总额的单位，实行人头税只是形式上改变了课税单位，而税收分摊和征税制度实际上与以往保持不变。人头税制度虽然比较好操控，但所有的权力都集中在公社领导班子成员的手中，导致违规操作和滥用职权的现象时常发生。公社领导往往向农民多征税款，故意以各种理由增加尾欠的额度。各地统计财产状况并没有统一的标准。公社领导和征税员隶属于地方警察局和省财政厅的管辖，他们经常采用各种残酷手段向农民征税。为监督税收工作，政府制定了很多与征税相关的簿记文件，但很多公社领导和征税员不识字，他们还是利用传统方式登记纳税信息，税收簿记文件成了废纸。与农村公社相比，城里官员的专横和索贿更为严重，他们往往以不开具完税收据为由向公社领导索贿。总之，这种征税制度制约了税制的发展。

为完成缴税工作，公社领导牢牢地将自己的居民束缚在公社。因为一旦有居民逃离居住地，其纳税义务就要由公社其他成员来承担。农民改革之后，俄国村社农民同样不能离开土地，也不能免除纳税义务。根据村社管理条例第130条，在支付完所有赎金前，农民如果打算放弃份地，他们要提前支付赎金和税收尾欠。根据条例第175条，购买份地的每名农民向政府付清赎金后，他们可以随时离开村社。如果农民交不起赎金，打算离开村社的农民可以提前将份地卖个其他人，后者付清其赎金和尾欠后，变卖份地的农民方可离开村社。① 换言之，农民不付清赎金无法离开登记的村社，他们也没有条件提前付清高额的赎金。这样，农民还是被牢牢固定在所登记的村社。为征缴税款，俄国政府在公社实行连环保制度，村社中个体农民在名义上是份地的主人，实际上整个村社是一个纳税主体，富有的农民必须替条件差的农民支付税款，连环保制是农村推行合理财政制度的主要障碍，是俄国农村经济产生危机的重要原因。政府担心取缔村社制度会造成极度危险，又没有找到解决问题的根本出路，所以连环保制在俄

---

① Тернера О. Государство и землевладение. Часть 1. Крестьянское землевладение. СПБ., 1896, C. 289 – 290.

国延续到20世纪初。①

（6）"胡萝卜加大棒"政策是俄国征缴尾欠的主要方式。由于税收标准超过居民支付能力，国家税收尾欠不断增长，政府采取残酷的索欠政策。然而农民经济条件恶化迫使政府不得不对其妥协，通过减免尾欠来缓和社会局势，这充分证明了税制的矛盾性。使用残酷手段追缴尾最盛行时期是伊凡四世实行特辖制的时期，这一时期，很多交不起税款的居民会遭到沙皇宪兵的杖刑，导致国家内部斗争日益激化。16世纪下半叶，俄国对外战争不断，居民税收负担与日俱增，很多农民沦为赤贫。即便在这种局势下，政府仍对欠税居民实行残酷的惩罚手段，很多居民甚至遭到宪兵的处决。宪兵们借机对农民横征暴敛，俄国社会陷入深深的危机之中，很多县财政崩溃，经济完全处于崩溃境地，很多村庄田地荒芜。为逃避宪兵的迫害和杖刑，很多居民被迫逃亡。到18世纪，税收领域滥用职权和强行征缴的现象并没有得到改善，欠缴税款的额度每年都在增长。为追缴尾欠，俄国政府轮番使用"胡萝卜加大棒"的政策。俄国政府十分清楚，民众的税收负担已经超过他们的承受能力。为彰显国君的英明和对民众的体恤，每个沙皇在登基或在纪念重要历史事件时，政府就会颁布法令，减免尾欠或提供其他赦免政策。但是，财政的吃紧迫使政府加大对农民阶层的剥削力度。因此，在尾欠减免法令颁布后不久，政府通常会采取严厉的措施征缴尾欠。例如，安娜一世在位期间，推行一系列严格的防止居民逃亡和追缴尾欠的举措：在波兰边境安置部队，对逃亡的居民进行抓捕；在通往西伯利亚和顿河的道路上设置重重关卡；派遣远征队进入波兰追捕逃亡居民。

1731年，政府出台法令，如果未按规定的期限纳税，政府就会派遣部队进驻欠税的村庄，对欠税人实行残酷的惩罚。讨伐队会使用很多残酷手段对付欠税人，还会强行夺走欠税人的财产、粮食和牲畜。1734~1735年，俄国农村出现了严重的荒歉，但讨伐队对欠税人的肉体惩罚仍在持续，甚至惩罚波及整个村庄。俄国历史学家克柳切夫斯基曾把追缴尾欠形容成"拔都第二次入侵"，可见俄国政府征缴尾欠的残酷。从1742年开

---

① Тернера О. Государство и землевладение. Часть 1. Крестьянское землевладение. С. 291-292.

始，对征税不利的官员，按职务征缴罚金。12月政府再次出台法令，加大追缴尾欠的力度。如果在规定的期限内仍无法完成任务，地方直接负责征税的人员要被扣除薪酬。如果欠税人继续不缴纳尾欠，那么整个村子的土地和财产将没收充公。尽管俄国政府付出巨大的努力，但减少税收尾欠的目的仍没有达到。从叶卡捷琳娜二世执政后期开始，政府的追缴尾欠的举措开始趋于缓和。如果居民在规定期限内未能缴清税款，村社通常变卖欠税人的动产，所得钱款用于抵债。如果资不抵债或没有其他不动产，根据村社决议，要派欠税人或者其家庭某个成员外出打短工，所得收入用于缴纳尾欠。由于农村还是由内务部警察负责追缴尾欠，所以残酷的大棒政策并没有彻底废除。在征缴尾欠过程中，采取强征的方式是警察惯用的手段，这些索欠手段有时会比体罚给农民带来的后果更严重。由于实行连环保制度，有时甚至与欠税人相关的人员都要受到体罚，这种强征给农民带来了深重的灾难。19世纪，每个国君登基时还会实行赦免政策，但此后通常还会派遣部队征缴尾欠。在康克林和维斯涅格拉德斯担任财政大臣期间，俄国仍采用强征手段追缴尾欠。20世纪初，派遣部队征缴尾欠的做法也时有发生。

在研究时期内，俄国税制总体上不够完善，但也有值得借鉴的地方。在农民改革之前，获得税收豁免权的通常是教会和修道院，而并不是慈善机构和学术机构。农民改革之后，在税制发展进程中，俄国政府制定了完善的税收优惠政策。享受这些政策的包括慈善机构、教学和学术机构和一些国家机关。同时，用于慈善目的的资本和财产也在免税范围之内。根据1866年10月4日的不动产税收法令，慈善机构、学术协会和机关、教学机构的自用或非营利性资产免征不动产税。[1] 1901年，不动产税特别法令规定，将酗酒人员监护机关的财产列入免税范围，慈善和教学机构不需缴纳国家土地税。国家房产税出台之后，政府机关、公共事务管理机关、阶层自治机关、学术和教学机构、医院、专科诊疗所、孤儿院、养老院及其他慈善机构的办公场所，包括这些机关的寝室全部免征国家房产税。

---

[1] Полное собрание законов Российской империи. Собрание II: в 55 т. Т. 41. Отделение 2. 1866. СПБ., 1868, С. 88.

第十三章　税制结构、特征及影响

尽管俄国罗曼诺夫王朝税制具有诸多不合理之处，但在国家发展进程中，税制和税收进项具有重要的影响。

（1）税收进项弥补了国家必要支出，是俄国内政外交方针得以实现的经济保障。从罗曼诺夫王朝建立到 19 世纪末，税收进项一直是国家常规收入的最主要来源。在工商业和铁路经济极不发达的 17～18 世纪，税收进项占国家常规预算收入的 85% 以上。在叶卡捷琳娜二世执政之前，国家全部支出都由税收进项来负担。即便在北方战争期间，俄国的税收进项也可以弥补国家的总体支出。叶卡捷琳娜二世时期，国家对外用兵频繁导致预算赤字严重，女皇开始对外举债和发行纸币。19 世纪下半叶，尤其是农民改革之后，俄国私人铁路修建开始兴起，80 年代国家开始推行铁路国有化政策。此后，国家常规收入中税收仍是最主要来源，国有铁路收入是第二重要来源。进入 20 世纪，国有铁路收入逐渐攀升。1914～1916 年，俄国税收分别占常规预算总收入的 56.3%、53.1% 和 56.7%，国有铁路收入占预算总收入的 40%。有关俄国预算收入和支出情况见表 13-7 和表 13-8。

表 13-7　1893～1916 年俄国国家收入统计

单位：百万卢布

收入项	1893 年	1903 年	1906 年	1908 年	1913 年	1914 年	1915 年	1916 年
常规收入								
直接税与赎金	199	224	198	195	274	283	362	616
间接税	493	440	494	526	708	661	698	982
手续税	69	107	113	137	231	209	415	626
国有铁路	85	404	491	513	814	733	783	965
酒垄断	—	542	698	709	899	504	31	33
其他	183	265	278	338	491	508	546	756
常规收入总和	1029	1982	2272	2418	3417	2898	2835	3978
特别收入								
销售债券所得	157	44	1079	191	2	1597	8195	13449
其他特别收入	6	127	5	10	12	6	126	327
特别收入总和	163	171	1084	201	14	1603	8321	13776
总计	1192	2203	3356	2619	3431	4501	11156	17754

资料来源：Финансовая энциклопедия: со многими диаграммами и иллюстрациями. С. 169-172。

表 13-8　1893~1916 年俄国国家支出统计

单位：百万卢布

支出项	1893年	1903年	1906年	1908年	1913年	1914年	1915年	1916年
常规支出								
债务支出	253	289	357	398	424	366	517	690
国有铁路经营	59	414	442	536	586	653	663	637
酒垄断支出	1	170	178	212	235	208	77	36
国防支出	327	466	506	556	826	642	317	307
其他常规支出	348	544	578	686	1023	1058	1069	1251
常规支出总和	988	1883	2061	2388	3094	2927	2643	2921
特别支出								
建造铁路	44	167	41	60	133	88	89	142
国债转期和提前支付国债	12	14	—	—	—	28	—	—
战争和军事考察支出	—	11	974	119	8	1659	8724	14949
军事部经营业务支付	—	—	—	56	128	150	77	65
荒歉支出		5	111	24	—	—	—	—
其他特别支出	—	28	26	10	20	7	29	23
特别支出总和	56	225	1152	269	289	1932	8919	15179
总计	1044	2108	3213	2657	3383	4859	11562	18100

资料来源：Захаров В. Н., Петров Ю. А., Шацилло М. К. История налогов в России. IX - начало XX века. С. 293。

　　(2) 俄国罗曼诺夫王朝的税制在俄国工业化进程中发挥了重要作用，是俄国工业增长的催化剂。美国学者格尔申科隆强调，国家干预在俄国实现工业化进程中起到决定性作用。他认为保护关税政策和税收负担从农业部门转向工业部门是俄国经济增长的重要手段。俄国学界认为，俄国经济高涨的原因之一是国家预算的重新分配，但不赞成税收负担从农业部门转向工业部门的结论。俄国学者认为，企业经营促进国家经济增长的作用大于国家干预，而且，政府通过营业税改革弥补了农民直接税收入的缺口。的确，根据统计数据，1890~1913 年，营业税收入在直接税中的比例从 30% 增长到 80%。[①]

[①] Захаров В. Н., Петров Ю. А., Шацилло М. К. История налогов в России. IX - начало XX века. С. 293.

单凭营业税在直接税中的比例增长不能说明国家是企业经营的受益者。根据1913年俄国预算收入统计数据，直接税仅占国家税收总额的12.9%。①实际上，直到1898年维特的营业税改革前，俄国营业税在税收进项中的占比都不足5%。俄国政府一直担心增加营业税会阻碍本国工商业的发展，所以营业税额度始终保持适度的标准。但因营业税征收的依据是企业的外部特征，并非企业的收入所得，所以存在税收负担分配不均的弊端。维特营业税改革从根本上消除了营业税弊端，采用了累进制征税的原则。1906年，受财政危机影响，俄国提高了营业税标准，据统计，1911年，需要公开财务决算的工商业企业缴纳营业税占企业收入的13%，非公开财务决算的工商业企业的这个比例是14%。实际上，纳税占收入比例仍然要低于农民和城市不动产所有者。②

在俄国工业化进程中，保护关税政策起到决定性作用。俄国通过调整关税保护级别，对民族工商业进行有效的保护，促进了俄国工商业的飞速发展。有关这方面的阐述请参见拙文，③ 这里就不再赘述。在国家扶持和税收政策的影响下，俄国工商业发展取得重大的成就，表13-9中的数据反映了俄国工业的发展速度。

表13-9 欧俄50省工厂信息统计

年份	工厂数量(座)	工人数(人)	产值(千卢布)
1812*	2322	119093	—
1815*	4189	172882	—
1818*	4457	178419	—
1820*	4567	179696	—
1825*	5257	210128	—
1830*	5450	253893	—
1835*	6332	324203	—
1839*	6897	454980	—
1844*	7399	469211	—
1849*	9172	495364	106065

---

① Министерство финансов. 1903-1913. С. 6.
② Покровский Н. Н. О подоходном налоге. С. 147.
③ 梁红刚：《19世纪60～90年代俄国国家干预与重工业发展》，《江汉论坛》2018年第4期。

续表

年份	工厂数量(座)	工人数(人)	产值(千卢布)
1852*	10388	470914	162152
1854*	9944	459637	151985
1856*	10664	493704	192390
1860*	14135	539446	270966
1867**	7092	316659	239356
1868**	7238	331127	253229
1869**	7488	344368	287568
1870**	7853	355678	318527
1871**	8149	372769	334609
1872**	8194	402365	364221
1873**	8245	406966	351455
1874**	7612	411054	374991
1875**	7662	424131	392166
1876**	7419	412178	387787
1877**	7671	419414	398627
1878**	8261	447858	495293
1879**	8628	482177	576458
1882*	56905	954972	1126033
1883*	60734	925109	1135406
1885*	62801	994787	1121040

注：* 指这些年内的统计资料中包括所有工厂，也包括手工业作坊；** 指这些年的统计资料中只包括规模较大的工厂，手工作坊不在统计范围之内。

资料来源：Голубев П. Подать и народное хозяйство. С. 7–8。

根据表13-9可知，在1812~1885年，欧俄50省工厂数量增长了26倍，工人数量增长了7倍多。产值从1849年的1.06亿卢布增长到1885年的11.21亿卢布，增长9倍多。保护关税政策还改善了俄国的贸易平衡。金币关税制实行之前，俄国贸易逆差十分明显。1872~1876年，对外贸易逆差分别为1.1亿、0.8亿、0.4亿、1.5亿和0.8亿卢布，贸易逆差总额达4.6亿卢布。[①] 19世纪70年代开始，俄国财政部不断提高关税保护级别。1891年强制性关税保护政策实施后，1882~1890年俄国的对

[①] Покровский С. А. Внешняя торговля и внешняя торговая политика России. М., Междунар. Кн. 1947. С. 269.

第十三章 税制结构、特征及影响

外贸易顺差年均达到 1.7 亿卢布。① 20 世纪初，俄国一直保持贸易顺差的地位，具体□□参见表 13-10。

表 13-10　1903~1912 年俄国进出口贸易额统计

单位：百万卢布

年份	出口额	进口额	贸易平衡
1903	□□2	681.7	+319.5
1904	100□	651.4	+355.0
1905	1077.□	635.1	+442.2
1906	1094.9	800.7	+294.2
1907	1053.0	847.4	+205.6
1908	998.3	912.7	+85.6
1909	1427.7	906.3	+521.4
1910	1449.1	1084.4	+364.7
1911	1591.4	1161.7	+429.7
1912	1518.8	1171.8	+347.0

资料来源：Министерство финансов. 1903-191□ 71。

（3）俄国通过调整税制实现了四个主□政治动机：第一，吸引优秀外国居民加入俄国国籍；第二，安抚新兼并□上的外族人；第三，向偏远地区移民；第四，使异教徒或旧礼仪派教□依正教。17 世纪中叶，尼康牧首的教会改革导致教会分裂，旧礼仪派教□承认正教，同时拒绝支付国家规定的税收。在彼得一世执政时期，旧礼仪派教徒拒绝缴纳人头税。彼得一世没有对这些旧礼仪派教徒采取镇压手段，而是规定旧礼仪派教徒有信仰自由的权利，但要支付双倍的直接税。政府希望通过税收政策使这些异教徒回归正教的怀抱。这个制度保留了几十年，直到 1782 年，政府取消了异教徒缴纳双倍税款的制度。② 1763 年 7 月 22 日，政府颁布通告，规定来俄罗斯定居的外国人享受免税政策，免税期限根据他们定居的地点而定：定居在人烟稀少的地区免税 30 年，定居在圣彼得堡、莫斯

---

① Покровский В. И. Сборник сведений по истории и статистическе внешней торговли России. Т. Ⅰ. СПБ., Деп. Таможенных сборов. 1902. С. 191, 196-197.
② Полное собрание законов Российской империи. Собрание Ⅰ: в 45 т. Т. 21. № 15581.

科及其周边地区的免税5年,定居在其他地区的免税10年。① 1764年俄国新成立了新罗西斯克省,政府规定迁居此地的居民享受极大的税收优惠政策,同时为定居此地的居民提供永久使用的土地,他们去世后,其子嗣可以继承。税收优惠政策期满后,居民开始缴纳土地税,不缴纳人头税。土地税征收的依据是耕种土地的面积,标准为每俄亩7.5戈比,其中5戈比上缴国家,2.5戈比为地主的代役租。② 服兵役的居民免除所有的税赋。出于战略意图考虑,政府继续使用强制性手段向偏远的边疆地区移民。为达到目的,政府为移民提供很多优惠条件。首先为其发放搬迁费和口粮,到达居住地后他们享受税收优惠政策,免除他们的兵役。1810年,政府用于移民业务的支出超过了200万卢布。③

18世纪70~90年代,波兰被三次瓜分,俄国获得了第聂伯河右岸的广阔地区。俄国开始向这些地区的居民征税,但是最初还是为其提供优惠的政策。从1773年开始,白俄罗斯居民每人缴纳55戈比的人头税。只是到了1783年,人头税才增加到每人70戈比,也就是与俄国地主农民缴纳的税额相等。俄国政府推行这样的税收优惠政策,主要是在新征服的地区巩固政府的威信,使这些新臣民感觉到政府的恩赐。更重要的是,俄国政府要将当地的地主和城市上流人士争取过来,使其成为自己政治上的支柱。④ 1843年,中部地区土地较少的国家农民如果自愿迁居到地广人稀的地区,他们就可以享受税收优惠政策。政府此举是为了缓解中部地区国家农民的土地压力和鼓励农民垦荒。除免除6年的安置军人住宿的义务外,迁居的国家农民还获得8年免税优惠。优惠期满后,接下来的4年这些迁居的国家农民只缴纳一半的代役租,用于弥补国有资产部的移民支出,迁居农民免交国储粮,自定居第二年起连续三年不承担服兵役的义务。⑤ 为刺激向黑海东北沿岸地区移民,1847年政府为迁居此地区的具有自由身

---

① Полное собрание законов Российской империи. Собрание Ⅰ: в 45 т. Т. 16. С. 314.
② Полное собрание законов Российской империи. Собрание Ⅰ: в 45 т. Т. 25. С. 349.
③ Абашев А. О. Налоговая система России Ⅸ – ⅩⅩ в. С. 93.
④ Захаров В. Н., Петров Ю. А., Шацилло М. К. История налогов в России. Ⅸ – начало ⅩⅩ века. С. 120.
⑤ Полное собрание законов Российской империи. Собрание Ⅱ: в 55 т. Т. 18. Отделение 1. С. 236, 238, 239.

份的居民提供税收优惠政策。迁居此地区的商人、小市民和其他公会人员将被安置在阿纳帕、新罗西斯克和苏霍姆卡里等港口城市，并为其免除 30 年的基尔特税和国家税，免除他们服兵役和安置军人住宿等义务。除地方自治税外，为迁居到外库班地区的居民及坐地户免除所有税收，此项优惠政策的时间与迁居地点有关：迁居到外库班内陆地区的居民享受 15 年免税政策，库班河沿岸地区的居民免税期为 30 年。[1] 为促进西部各省工商业的发展，1841 年为当地的商人和小市民提供优惠的税收政策，优惠期限为 26 年，即从 1842 年 1 月 1 日至 1867 年 1 月 1 日。国家其他地区信仰东正教的商人和小市民如果迁居西部各省，国家免除其 15 年的全部税收，他们也不承担服兵役的义务。[2]

---

[1] Полное собрание законов Российской империи. Собрание Ⅱ：в 55 т. Т. 21. Отделение 2. С. 669，671，672.

[2] Абашев А. О. Налоговая система России Ⅸ - ⅩⅩ в. С. 124 - 125.

结　语

　　古罗斯国家形成之初，俄国就有了索贡巡行的征税制度，这是俄国最早的税制。随着时代的发展，集市征税制度取代索贡巡行制度，俄国税制开始具有定时有序的特征。古罗斯时期，贡赋是最主要的直接税，一些商业税和小额税开始出现。金帐汗国统治时期，直接税除了罗斯王公们征收的贡赋，还包括汗国贡赋。在这一时期，商业税得到了发展。蒙古统治时期，罗斯居民纳税负担十分沉重，他们不仅要支付汗国贡赋，还要向自己的王公们纳税。这一时期，俄国税制得到发展，商业税和司法税得到不断发展。随着莫斯科公国不断强大，俄国开始否认与金帐汗国称臣纳贡的关系。摆脱"蒙古依附"后，莫斯科公国不断兼并土地，统一的中央集权国家渐渐形成。1598～1613年俄国陷入"混乱时期"，米哈伊尔·罗曼诺夫登基标志着罗曼诺夫王朝的建立。直到17世纪末，俄国的税制都十分混乱，农奴制经济体制严重阻碍了税制的发展。直接税和间接税没有明确的划分，税收分配和征收没有统一的原则。

　　到了18世纪，俄国税制虽有长足发展，但也存在诸多弊端。为弥补国家高额的支出，政府不断提高税收的标准，千方百计地剥削民众，农民阶层的税收负担最为沉重。在这一时期，直接税和间接税开始出现分化，税收标准制定的原则和分配原则严重脱钩，税收关系矛盾重重。在直接税领域，实行按人头征税的原则，开了向资本征税的先河；在间接税领域，俄国主要实行包税制和国家垄断，对盐税、关税和酒税做出了很多调整，但间接税制度与西欧相比还十分落后。俄国的税收改革实现了国库增收的目的。受落后的政治和经济制度的制约，俄国的税收改革不够彻底，具有诸多不完善的特征。俄国的税收进项是国家预算收入最重要的来源，是实现国家对外政策的经济保障。但由于税制存在阶层性、剥削性和矛盾性，不仅给农民阶层带来了沉重的经济负担，延缓了税制向合理化方向的发展，也制约了俄国经济和社会的发展。

进入19世纪，俄国农奴制危机日益严重。即使在这种条件下，俄国的对外战争也没有停止。斯佩兰斯基和康克林的财政改革本质上有很多相似之处，即在削减国家支出的基础上，不断提高税收标准。换言之，为保障国家利益，政府仍是不惜牺牲民众的利益。1861年农民改革之后，俄国税制发生了重大的改变，直接税和间接税有了明确的划分。城市不动产税的征收，标志着税制阶层性特征被打破。尤其是在本格担任财政大臣期间，实行以民为本的税收政策，先后取消盐税、降低农民赎金和废除人头税。营业税的改革和征收国家房产税开启了向所得征税的历史，虽然农民阶层仍然承受着沉重的税收负担，但税制中开始出现了新元素。在间接税领域，政府不断推行改革，除酒税之外，其他间接税实行的是消费税体制。国家预算赤字严重迫使本格提高间接税标准。维什涅格拉德斯基和维特担任财政大臣期间，对海关关税、酒税等重要的间接税进行了改革，国库收入猛增，国家预算赤字被消除。但财政部的功绩仍是依靠牺牲民众利益来换取的。到19世纪90年代，俄国保护关税级别达到历史顶峰，很多居民必需品被征以高额的关税，国内生产的生活必需品被征收较高的消费税。酒垄断是国库税收最主要的来源，这意味着买酒是俄国居民最主要的支出。废除农奴制之后，民众的利益仍然未获得保障，国家与民众利益的冲突贯彻于整个历史发展进程之中。

农民改革之前，阶层性、剥削性和矛盾性是税制的总体特征。农民改革之后，税收的阶层性被打破，开始出现按财产收入征税的新元素，税制向合理化的方向发展。通过对俄国罗曼诺夫王朝税收史的系统分析，可以了解俄国税收政策形成的动机，揭示税制的特征，概括国家利益与民众利益的冲突性。同时，本书对于历史时局与税制之间的相互关系进行了深刻的剖析。"以史为鉴，可以知兴替"，通过本研究，也能得到深刻的启示。

（1）税收政策不能只考虑财政动机。二月革命前，俄国的历史发展具有复杂性和多变性的特征，决定了国家税收政策的制定多出自狭隘的财政动机，导致税制长期处于不完善的状态，不仅影响到了国库的收入，更是给民众带来了深深的灾难。因此，在制定税收政策时，政府不能只关注狭隘的财政动机和国防动机，要将税收政策与发展经济、解决民生、提高教育水平结合起来。

（2）税收政策的制定要调节好国家利益与民众利益的冲突，切实做到以民为本。二月革命前，与国家预算收入相比，地方预算收入所占比例相当低。以1902年为例，当年地方预算收入总额为3.095亿卢布，而国家预算收入为14.28亿卢布，地方预算收入只占国家预算收入的22%。需要强调的是，当时在西欧国家里，地方预算与国家预算的比例关系与俄国的完全不同。英国的地方预算收入高出国家预算25个百分点，在德国和法国二者的比例关系也与英国差不多，而且，这两个国家大部分地方预算是来自国家的补贴。与这些国家相比，俄国中央集中着国家绝大多数的预算收入，为实现国家的对外政策，政府不惜牺牲地方的利益。俄国的税收是取之于民，用之于公，这种税收的剥削性是俄国经济发展缓慢的深层原因。在税赋征收、税款使用方面一定要吸取俄国的教训。

（3）税收标准一定要符合民众的支付能力。在所研究时期内，俄国税收标准几乎都超过了农民阶层的支付能力，使其长期承受着税收的压迫，过着举步维艰的生活。因此，依据民众支付能力征税才是合理的制度，而一个有良知的政府必然会将税收负担降到最低。

（4）处理好按收入和财产所得征税的制度，切忌搞平均主义。在访学期间，笔者对俄罗斯联邦个人所得税满意度进行了问卷调查，被调查的居民中，有68%的民众对现行的税制表示不满，19%的居民认为现行制度可以接受，13%的居民没有明确表达态度。为什么有绝大多数的居民对现行所得税制度表示不满？原因主要在于，俄罗斯联邦的所得税征收比例为收入的13%，不管收入多少，都按统一的比例纳税，这就导致低收入人群承担的税收压力更大，这样的税制客观而言有失公平。

（5）国家政局稳定、经济繁荣是建立合理税制的前提条件，合理税制是国家保持政治稳定、经济繁荣的必要保障，二者相辅相成、相互制约。在研究时期内，俄国政治和经济体制相对落后，并一直奉行对外扩张的政策。连年对外战争和税收压迫导致民众生活苦不堪言,社会局势长期动荡不安。俄国的工业化虽具有赶超型特征,但国家的干预和工业自身基础的薄弱导致俄国经济结构的失衡。政局不稳和经济落后是俄国税制不完善的根源所在,这种制度极大地破坏了民众的支付能力,进而恶化了国家的经济局势。在解决这些问题时,俄国政府往往采取两害相权取其轻的手段,导致国家利益与民众利益冲突不断加剧,罗曼诺夫王朝最终湮灭在历史长河之中。

参考文献

一 中文文献

《列宁全集》第7卷，人民出版社，1986。

《列宁全集》第32卷，人民出版社，1985。

张建华：《俄国史》，人民出版社，2004。

张建华：《俄国史》，人民出版社，2014。

刘祖熙：《改革和革命——俄国现代化研究（1861~1917）》，北京大学出版社，2000。

孙成木、刘祖熙、李建：《俄国通史简编》，人民出版社，1986。

曹维安：《俄国史新论》，中国社会科学出版社，2002。

陶慧芬：《俄国近代改革史》，中国社会科学出版社，2007。

何汉文：《俄国史》，东方出版社，2013。

曹维安、郭响宏：《俄国史新论》，科学出版社，2016。

张建华：《激荡百年的俄罗斯——20世纪俄国史读本》，人民出版社，2010。

孙成木：《俄罗斯文化一千年》，东方出版社，1995。

于沛、戴桂菊、李锐：《斯拉夫文明》，中国社会科学出版社，2001。

赵振英：《俄国政治制度史》，辽宁师范大学出版社，2000。

王晓菊：《俄国东部移民开发问题研究》，中国社会科学出版社，2003。

张建华：《帝国风暴》，北京大学出版社，2016。

李亚凡：《世界历史年表》，中华书局，2014。

陆南泉：《革命前俄国经济简析》，首都师范大学出版社，2010。

张建华：《俄国现代化道路研究》，北京师范大学出版社，2002。

姚海：《俄罗斯文化之路》，浙江人民出版社，1992。

赵士国、杨可：《俄国沙皇传略》，湖南师范大学出版社，2001。

张广翔：《18—19世纪俄国城市化研究》，吉林人民出版社，2006。

邓沛勇：《俄国工业化研究（1861—1917）》，社会科学文献出版社，2020。

邓沛勇：《俄国政治史（1700—1917）》，社会科学文献出版社，2020。

白建才：《俄罗斯帝国》，三秦出版社，2000。

戴卓萌、时映梅：《世界通览》（俄罗斯卷），哈尔滨工程大学出版社，2004。

〔俄〕维·尼·扎哈洛夫、尤·亚·彼得罗夫、米·卡萨茨洛：《俄国税收史（9~20世纪初）》，张广翔、梁红刚译，社会科学文献出版社，2021。

〔苏联〕П.И.梁士琴科：《苏联国民经济史》，中国人民大学编译室译，人民出版社，1959。

〔英〕大卫·李嘉图：《政治经济学及赋税原理》，周洁译，华夏出版社，2005。

〔英〕亚当·斯密：《国富论》，唐日松等译，华夏出版社，2004。

〔德〕德·弗里德里希·李斯特：《政治经济学的国民体系》，陈万煦译，商务印书馆，1961。

〔德〕德·弗里德里希·李斯特：《政治经济学的自然体系》，杨春学译，商务印书馆，1997。

〔俄〕瓦·奥·克柳切夫斯基：《俄国史教程》（第一卷），张草纫等译，商务印书馆，2013。

〔俄〕瓦·奥·克柳切夫斯基：《俄国史教程》（第二卷），贾宗谊等译，商务印书馆，2013。

〔俄〕瓦·奥·克柳切夫斯基:《俄国史教程》（第三卷），左少兴等译，商务印书馆，2013。

〔俄〕瓦·奥·克柳切夫斯基:《俄国史教程》（第四卷），张咏白等译，商务印书馆，2013。

〔俄〕瓦·奥·克柳切夫斯基:《俄国史教程》（第五卷），刘祖熙等译，商务印书馆，2013。

〔美〕尼古拉·梁赞诺夫斯基、马克·斯坦伯格:《俄罗斯史》，杨烨译，上海人民出版社，2013。

〔美〕沃尔特·莫斯:《俄国史（1855～1996）》，张冰译，海南出版社，2008。

〔苏联〕П. А. 札依翁契可夫斯基:《俄国农奴制度的废除》，叔明译，生活·读书·新知三联书店，1957。

〔英〕杰弗里·霍斯金:《俄罗斯史》，李国庆等译，南方日报出版社，2013。

〔俄〕谢·尤·维特，《俄国末代沙皇尼古拉二世——维特伯爵的回忆》，张开译，新华出版社，1985。

〔苏联〕Б. Б. 卡芬加乌兹、Н. И. 巴甫连科:《彼得一世的改革》，郭奇格等译，商务印书馆，1997。

〔俄〕Б. Н. 米罗诺夫:《帝俄时代生活史：历史人类学研究，1700—1917》，张广翔等译，商务印书馆，2013。

〔俄〕А. 恰亚诺夫:《农民经济组织》，萧正洪译，中央编译出版社，1996。

〔俄〕米格拉尼扬:《俄罗斯现代化与公民社会》，徐葵等译，新华出版社，2002。

〔俄〕巴甫洛夫－西利万斯:《俄国封建主义》，吕和声等译，商务印书馆，1998。

〔俄〕普列汉诺夫：《俄国社会思想史》，孙静工译，商务印书馆，1990。

〔苏联〕波克罗夫斯基:《俄国历史概要》，贝璋衡等译，生活·读书·新知三联书店，1978。

〔苏联〕斯拉德科夫斯基：《俄国各民族与中国贸易经济关系史：1917年以前》，宿丰林译，社会科学文献出版社，2008。

〔苏联〕B. B. 马夫罗金：《俄罗斯统一国家的形成》，余大钧译，商务印书馆，1991。

〔苏联〕M. B. 涅奇金娜：《十二月党人》，黄其才、贺安保译，商务印书馆，1989。

〔苏联〕И. И. 斯米尔诺夫：《十七至十八世纪俄国农民战争》，张书生等译，人民出版社，1983。

〔法〕亨利·特罗亚：《彼得大帝》，郑其行译，世界知识出版社，2001。

〔法〕B. B. 亨利·特罗亚：《风流女皇叶卡特琳娜二世》，冯忐军译，世界知识出版社，1983。

〔俄〕米罗诺夫：《俄国社会史》，张广翔等译，山东大学出版社，2006。

〔苏联〕B. T. 琼图洛夫：《苏联经济史》，郑彪等译，吉林大学出版社，1988。

〔苏联〕苏联科学院经济研究所编《苏联社会主义经济史》（第一卷），复旦大学经济系译，生活·读书·新知三联书店，1979。

〔苏联〕潘克拉托娃：《苏联通史》，山东大学翻译组译，生活·读书·新知三联书店，1980。

〔苏联〕诺索夫：《苏联简史》（第一卷），武汉大学外文系译，生活·读书·新知三联书店，1977。

〔英〕马吉·吉尔伯特：《俄国历史地图》，王玉涵译，中国青年出版社，2012。

〔俄〕阿·伊·杰维廖夫、尤·巴·斯维里坚科、瓦·瓦·舍洛哈耶夫：《俄罗斯政党：历史与现实》，崔志宏、万冬梅译，社科文献出版社，2020。

〔俄〕伊·帕·库拉科娃：《莫斯科住宅史》，张广翔、张文华译，社会科学文献出版社，2017。

〔俄〕娜·瓦·科兹洛娃:《俄国专制制度与商人》,万冬梅、崔志宏译,社会科学文献出版社,2018。

〔俄〕利·瓦·科什曼:《19世纪俄国:城市化与社会生活》,张广翔、邓沛勇译,社会科学文献出版社,2018。

〔俄〕戈·安·格奥尔吉耶维奇:《俄国工业垄断(1914~1917):媒体记录的历史》,张广翔、白帆译,社会科学文献出版社,2018。

〔俄〕Л.Н.马祖尔:《城市化背景下的俄罗斯农村:19世纪下半叶至20世纪》,张广翔、王祎、高腾译,社会科学文献出版社,2018。

〔俄〕伊·伊·杜奇科夫:《文艺复兴时期的古典传统和艺术》,于小琴译,社会科学文献出版社,2018。

〔俄〕格列科夫:《俄国农民史》,张广翔、周英芳译,社会科学文献出版社,2019。

〔俄〕特·弗·伊兹麦斯捷耶娃:《19世纪末20世纪初欧洲市场体系中的俄国》,张广翔译,社会科学文献出版社,2019。

〔俄〕娜·鲍·谢伦斯卡娅、〔瑞典〕托斯滕达尔·罗尔夫:《20世纪初俄国民主文化的滥觞》,张广翔、刘颜青译,社会科学文献出版社,2020。

〔俄〕С.П.卡尔波夫:《欧洲中世纪时》(第一卷),杨翠红译,社会科学文献出版社,2018。

〔俄〕С.П.卡尔波夫:《欧洲中世纪时》(第二卷),逯红梅译,社会科学文献出版社,2019。

〔俄〕瓦·伊·鲍维金、尤·亚·彼得罗夫:《俄罗斯帝国商业银行》,张广翔、王昱睿译。社会科学出版社,2018。

〔苏联〕尼·德·康德拉季耶夫:《战争和革命时期的俄国粮食市场》,张广翔、钟建平译,社会科学文献出版社,2017。

〔俄〕斯·弗·沃龙科娃:《20世纪初俄国工业简史》,王学礼译,社会科学文献出版社,2017。

〔俄〕谢·弗·米罗年科:《19世纪初俄国专制制度与改革》,许金秋译,社会科学文献出版社,2017。

〔俄〕М.图甘-巴拉诺夫斯基:《19世纪俄国工厂发展史》,张广翔、邓沛勇译，社会科学文献出版社，2017。

〔俄〕安·尤·瓦洛金：《1882~1914年俄国工厂检查机关史》，梁红刚译，社会科学文献出版社，2017。

张广翔：《1894~1914年俄国酒销售垄断的初衷及效果》，《世界历史》2012年第1期。

张广翔、梁红刚：《19世纪下半叶俄国营业税收改革刍议》，《俄罗斯东欧中亚研究》2015年第1期。

张广翔、梁红刚：《19世纪俄国保护关税政策问题》，《史学集刊》2015年第3期。

张广翔、袁丽丽：《19世纪下半叶俄国税收改革的若干问题——斯杰潘诺夫博士吉林大学讲学纪要》，《世界历史》2008年第2期。

张广翔：《19世纪—20世纪初俄国税制与经济增长》，《吉林大学社会科学学报》2004年第3期。

郭响宏：《俄国的包税制及其废除》，《世界历史》2010年第2期。

张福顺：《19世纪俄国保护关税政策论述》，《东北亚论坛》2001年第3期。

佘定华、杨崇：《从彼得一世到十月革命前俄国的税制变迁》，《财政科学》2017年第10期。

裴然：《沙皇俄国在第一次世界大战期间的税收政策》，《边疆经济与文化》2012年第12期。

唐艳凤：《俄国1861年改革后农民赋役负担探析》，《史学集刊》2011年第3期。

张福顺：《资本主义时期俄国农民租地活动述评》，《西伯利亚研究》2007年第4期。

曹维安：《俄国1861年农民改革与农村公社》，《陕西师范大学学报》（哲学社会科学版）1996年第3期。

曹维安：《评亚历山大二世的俄国大改革》，《兰州大学学报》（社会科学版）2000年第5期。

张建华、李红：《论维特改革的影响及实质》，《求是学刊》1990年第4期。

罗爱林：《维特货币改革评述》，《西伯利亚研究》1999年第5期。

唐艳凤：《1861年改革后俄国农民土地使用状况探析》，《北方论丛》2011年第1期。

张爱东：《俄国农业资本主义的发展和村社的历史命运》，《北京大学学报》（哲学社会科学版）2001年第1期。

张福顺：《资本主义时期俄国农民土地问题症结何在》，《黑龙江社会科学》2008年第1期。

付世明：《论帝俄时期村社的发展变化》，《广西师范大学学报》（哲学社会科学版）2006年第4期。

金雁：《俄国农民研究史概述及前景展望》，《俄罗斯研究》2002年第2期。

张广翔、刘玮：《1864—1917年俄国股份商业银行研究》，《西伯利亚研究》2011年第4期。

张广翔、李旭：《19世纪末至20世纪初俄国的证券市场》，《世界历史》2012年第4期。

张广翔、李旭：《十月革命前俄国的银行业与经济发展》，《俄罗斯东欧中亚研究》2013年第2期。

张广翔、齐山德：《革命前俄国商业银行运行的若干问题》，《世界历史》2006年第1期。

张广翔：《俄中两国早期工业化比较：先决条件与启动模式》，《吉林大学社会科学学报》2011年第6期。

张广翔：《伏尔加河大宗商品运输与近代俄国经济发展（1850—1913）》，《历史研究》2017年第3期。

张广翔：《亚历山大二世改革与俄国现代化》，《吉林大学社会科学学报》2000年第1期。

张广翔：《19世纪俄国工业革命的特点——俄国工业化道路研究之三》，《吉林大学社会科学学报》1996年第2期。

张广翔：《19世纪俄国工业革命的发端——俄国工业化道路研究之二》，《吉林大学社会科学学报》1995年第2期。

张广翔：《19世纪俄国工业革命的前提——俄国工业化道路研究之

一》,《吉林大学社会科学学报》1994 年第 2 期。

张广翔、邓沛勇:《论 19 世纪末 20 世纪初俄国石油市场》,《河南师范大学学报》(哲学社会科学版) 2016 年第 3 期。

张广翔、白胜洁:《论 19 世纪末 20 世纪初俄国的石油工业垄断》,《求是学刊》2014 年第 3 期。

张广翔、回云崎:《18 至 19 世纪俄国乌拉尔黑色冶金业的技术变革》,《社会科学战线》2017 年第 3 期。

张广翔、王学礼:《19 世纪末—20 世纪初俄国农业发展道路之争》,《吉林大学社会科学学报》2010 年第 6 期。

张建华:《亚历山大二世和农奴制改革》,《俄罗斯文艺》2001 年第 1 期。

刘爽:《19 世纪末俄国的工业高涨与外国资本》,《社会科学战线》1996 年第 4 期。

刘爽:《19 世纪俄国西伯利亚采金业与外国资本》,《学习与探索》1999 年第 2 期。

赵士国、刘自强:《中俄两国早期工业化道路比较》,《史学月刊》2005 年第 8 期。

万长松:《论彼得一世改革与俄国工业化的肇始》,《自然辩证法研究》2013 年第 9 期。

董小川:《俄国的外国资本问题》,《东北师范大学学报》1989 年第 3 期。

王茜:《论俄国资本主义时期的农业经济》,《西伯利亚研究》2002 年第 6 期。

钟建平:《19—20 世纪初俄国粮食运输问题研究》,《俄罗斯东欧中亚研究》2014 年第 3 期。

孙成木:《试探 19 世纪中叶后俄国资本主义迅速发展的原因》,《世界历史》1987 年第 1 期。

黄亚丽:《19 世纪末～20 世纪初俄国经济政策解析——维特的经济思想与经济改革视角》,《东北亚论坛》2006 年第 3 期。

叶艳华:《20 世纪初俄国远东免税贸易政策始末》,《学理论》2010

赵士国：《近代俄国资本主义的困窘》，《史学月刊》1991 年第 6 期。

裴然：《1881~1917 年俄国财政研究》，博士学位论文，吉林大学，2010。

钟建平：《俄国国内粮食市场研究（1861—1914）》，博士学位论文，吉林大学，2015。

刘玮：《1860—1917 年的俄国金融业与国家经济发展》，博士学位论文，吉林大学，2011。

李旭：《1861—1914 年俄国证券市场》，博士学位论文，吉林大学，2016。

逯红梅：《1836—1917 年俄国铁路建设及其影响》，博士学位论文，吉林大学，2017。

二 俄文文献

Акты，собранные в библиотеках и архивах Российской империи. археографической экспедицией Императорской академии наук: Т. 1. СПБ., 1836.

Акты，собранные в библиотеках и архивах Российской империи археографической экспедицией Императорской академии наук: Т. 2. СПБ., 1836.

Акты，собранные в библиотеках и архивах Российской империи археографической экспедицией Императорской академии наук: Т. 3. СПБ., 1836.

Акты，собранные в библиотеках и архивах Российской империи археографической экспедицией Императорской академии наук: Т. 4. СПБ., 1836.

Акты социально - экономической истории Северо - Восточной Руси конца XIV - начала XVI в. Т. 1 М., Академия Наук СССР. 1952.

Акты социально - экономической истории Северо - Восточной Руси конца XIV – начала XVI в. Т. 3. М．，Наука. 1964.

Акты феодального землевладения и хозяйства XIV – XVI веков．．Ч. 1. М．，АН СССР. 1951.

Грамоты Великого Новгорода и Пскова. М．–Л．，Академия наук СССР. 1949.

Духовные и договорные грамоты великих и удельных князейXIV – XVI вв. М – Л．，АН СССР. 1950.

Новгородская первая летопись старшего и младшего изводов. М – Л．，Академия Наук СССР. 1950.

Полное собрание законов Российской империи. Собрание Ⅰ：в 45 т. Т. 1. 1645 – 1675. СПБ．，1830.

Полное собрание законов Российской империи. Собрание Ⅰ：в 45 т. Т. 2. 1676 – 1688. СПБ．，1830.

Полное собрание законов Российской империи. Собрание Ⅰ：в 45 т. Т. 3. 1689 – 1699. СПБ．，1830.

Полное собрание законов Российской империи. Собрание Ⅰ：в 45 т. Т. 4. 1700 – 1712. СПБ．，1830.

Полное собрание законов Российской империи. Собрание Ⅰ：в 45 т. Т. 5. 1713 – 1719. СПБ．，1830.

Полное собрание законов Российской империи. Собрание Ⅰ．：в 45 т. Т. 6. 1720 – 1722. СПБ．，1830.

Полное собрание законов Российской империи. Собрание Ⅰ：в 45 т. Т. 7. 1723 – 1727. СПБ．，1830.

Полное собрание законов Российской империи. Собрание Ⅰ：в 45 т. Т. 8. 1728 – 1732. СПБ．，1830.

Полное собрание законов Российской империи. Собрание Ⅰ：в 45 т. Т. 9. 1733 – 1736. СПБ．，1830.

Полное собрание законов Российской империи. Собрание Ⅰ：в 45 т. Т. 10. 1737 – 1739. СПБ．，1830.

Полное собрание законов Российской империи. Собрание Ⅰ：в 45

Полное собрание законов Российской империи. Собрание Ⅰ: в 45 т. Т. 11. 1740 – 1743. СПБ. , 1830.

Полное собрание законов Российской империи. Собрание Ⅰ: в 45 т. Т. 12. 1744 – 1748. СПБ. , 1830.

Полное собрание законов Российской империи. Собрание Ⅰ: в 45 т. Т. 13. 1749 – 1753. СПБ. , 1830.

Полное собрание законов Российской империи. Собрание Ⅰ: в 45 т. Т. 14. 1754 – 1757. СПБ. , 1830.

Полное собрание законов Российской империи. Собрание Ⅰ: в 45 т. Т. 15. 1758 – 28 июня 1762. СПБ. , 1830.

Полное собрание законов Российской империи. Собрание Ⅰ: в 45 т. Т. 16. 28 июня 1762 – 1765. СПБ. , 1830.

Полное собрание законов Российской империи. Собрание Ⅰ: в 45 т. Т. 17. 1765 – 1766. СПБ. , 1830.

Полное собрание законов Российской империи. Собрание Ⅰ: в 45 т. Т. 18. 1767 – 1769. СПБ. , 1830.

Полное собрание законов Российской империи. Собрание Ⅰ.: в 45 т. Т. 19. 1770 – 1774. СПБ. , 1830.

Полное собрание законов Российской империи. Собрание Ⅰ: в 45 т. Т. 20. 1775 – 1780. СПБ. , 1830.

Полное собрание законов Российской империи. Собрание Ⅰ: в 45 т. Т. 21. 1781 – 1783. СПБ. , 1830.

Полное собрание законов Российской империи. Собрание Ⅰ.: в 45 т. Т. 22. 1784 – 1788. СПБ. , 1830.

Полное собрание законов Российской империи. Собрание Ⅰ: в 45 т. Т. 23. 1789 – 6 ноября 1796. СПБ. , 1830.

Полное собрание законов Российской империи. Собрание Ⅰ: в 45 т. Т. 24. 6 ноября 1796 – 1798. СПБ. , 1830.

Полное собрание законов Российской империи. Собрание Ⅰ: в 45 т. Т. 26. 1800 – 1801. СПБ. , 1830.

Полное собрание законов Российской империи. Собрание Ⅰ: в 45 т. Т. 25. 28 июня 1798 – 1799. СПБ. , 1830.

Полное собрание законов Российской империи. Собрание Ⅰ : в 45 т. Т. 28. 1804 – 1805. СПБ. , 1830.

Полное собрание законов Российской империи. Собрание Ⅰ : в 45 т. Т. 30. 1808 – 1809. СПБ. , 1830.

Полное собрание законов Российской империи. Собрание Ⅰ : в 45 т. Т. 31. 1810 – 1811. СПБ. , 1830.

Полное собрание законов Российской империи. Собрание Ⅰ : в 45 т. Т. 32. 1812 – 1814. СПБ. , 1830.

Полное собрание законов Российской империи. Собрание Ⅰ : в 45 т. Т. 33. 1815 – 1816. СПБ. , 1830.

Полное собрание законов Российской империи. Собрание Ⅰ : в 45 т. Т. 35. 1818. СПБ. , 1830.

Полное собрание законов Российской империи. Собрание Ⅰ : в 45 т. Т. 38. 1822 – 1823. СПБ. , 1830.

Полное собрание законов Российской империи. Собрание Ⅰ : в 45 т. Т. 39. 1824. СПБ. , 1830.

Полное собрание законов Российской империи. Собрание Ⅰ : в 45 т. Т. 40. 1825 по 19 ноября. СПБ. , 1830.

Полное собрание законов Российской империи. Собрание Ⅱ : в 55 т. Т. 1. С 12 декабря 1825 по декабря 1827. СПБ. , 1830.

Полное собрание законов Российской империи. Собрание Ⅱ : в 55 т. Т. 2. 1827. СПБ. , 1830.

Полное собрание законов Российской империи. Собрание Ⅱ : в 55 т. Т. 3. 1828. СПБ. , 1830.

Полное собрание законов Российской империи. Собрание Ⅱ : в 55 т. Т. 7. 1832. СПБ. , 1833.

Полное собрание законов Российской империи. Собрание Ⅱ : в 55 т. Т. 8. Отделение 1. 1833. СПБ. , 1834.

Полное собрание законов Российской империи. Собрание Ⅱ : в 55 т. Т. 9. Отделение 1. 1834. СПБ., 1835.

Полное собрание законов Российской империи. Собрание Ⅱ: в 55 т. Т. 10. Отделение 1. 1835. СПБ., 1836.

Полное собрание законов Российской империи. Собрание Ⅱ: в 55 т. Т. 11. Отделение 2. 1836. СПБ., 1837.

Полное собрание законов Российской империи. Собрание Ⅱ: в 55 т. Т. 12. Отделение 1. 1837. СПБ., 1838.

Полное собрание законов Российской империи. Собрание Ⅱ: в 45 т. Т. 13. Отделение. 1. 1838. СПБ., 1839.

Полное собрание законов Российской империи. Собрание Ⅱ. в 55 т. Т. 14. 1839. СПБ., 1840.

Полное собрание законов Российской империи. Собрание Ⅱ: в 55 т. Т. 17. Отделение 1. 1842. СПБ., 1843.

Полное собрание законов Российской империи. Собрание Ⅱ: в 55 т. Т. 18. Отделение 1. 1843. СПБ., 1844.

Полное собрание законов Российской империи. Собрание Ⅱ: в 55 т. Т. 19. Отделение 1. 1844. СПБ., 1845.

Полное собрание законов Российской империи. Собрание Ⅱ: в 55 т. Т. 21. Отделение 2. 1846. СПБ., 1847.

Полное собрание законов Российской империи. Собрание Ⅱ: в 55 т. Т. 22. Отделение 2. 1847. СПБ., 1848.

Полное собрание законов Российской империи. Собрание Ⅱ: в 55 т. Т. 23. Отделение 1. 1848. СПБ., 1849.

Полное собрание законов Российской империи. Собрание Ⅱ: в 55 т. Т. 23. Отделение 2. 1848. СПБ., 1849.

Полное собрание законов Российской империи. Собрание Ⅱ: в 55 т. Т. 26. Отделение 1. 1851. СПБ., 1852.

Полное собрание законов Российской империи. Собрание Ⅱ: в 55 т. Т. 26. Отделение 2. 1851. СПБ., 1852.

Полное собрание законов Российской империи. Собрание Ⅱ: в 55 т. Т. 27. Отделение 1. 1852. СПБ. , 1853.

Полное собрание законов Российской империи. Собрание Ⅱ : в 55 т. Т. 27. Отделение 2. 1852. СПБ. , 1853.

Полное собрание законов Российской империи. Собрание Ⅱ : в 55 т. Т. 28. Отделение 1. 1853. СПБ. , 1854.

Полное собрание законов Российской империи. Собрание Ⅱ : в 55 т. Т. 28. Отделение 2. 1853. СПБ. , 1854.

Полное собрание законов Российской империи. Собрание Ⅱ : в 55 т. Т. 34. Отделение 1. 1859. СПБ. , 1861.

Полное собрание законов Российской империи. Собрание Ⅱ : в 55 т. Т. 34. Отделение 2. 1859. СПБ. , 1861.

Полное собрание законов Российской империи. Собрание Ⅱ : в 55 т. Т. 36. Отделение 1. 1861. СПБ. , 1863.

Полное собрание законов Российской империи. Собрание Ⅱ : в 55 т. Т. 36. Отделение 2. 1861. СПБ. , 1863.

Полное собрание законов Российской империи. Собрание Ⅱ : в 55 т. Т. 37. Отделение 2. 1862. СПБ. , 1865.

Полное собрание законов Российской империи. Собрание Ⅱ : в 55 т. Т. 37. Отделение 3. 1862. СПБ. , 1865.

Полное собрание законов Российской империи. Собрание Ⅱ : в 55 т. Т. 38. Отделение 1. 1862. СПБ. , 1865.

Полное собрание законов Российской империи. Собрание Ⅱ : в 55 т. Т. 38. Отделение 2. 1863. СПБ. , 1866.

Полное собрание законов Российской империи. Собрание Ⅱ : в 55 т. Т. 40. Отделение 2. 1865. СПБ. , 1867.

Полное собрание законов Российской империи. Собрание Ⅱ : в 55 т. Т. 41. Отделение 1. 1866. СПБ. , 1868.

Полное собрание законов Российской империи. Собрание Ⅱ : в 55 т. Т. 41. Отделение 2. 1866. СПБ. , 1868.

Полное собрание законов Российской империи. Собрание Ⅱ : в 55 т. Т. 42. Отделение 1. 1867. СПБ., 1871.

Полное собрание законов Российской империи. Собрание II: в 55 т. Т. 43. Отделение 1. 1868. СПБ., 1873.

Полное собрание законов Российской империи. Собрание II: в 55 т. Т. 43. Отделение 2. 1868. СПБ., 1873.

Полное собрание законов Российской империи. Собрание II: в 55 т. Т. 43. Отделение 3. 1868. СПБ., 1873.

Полное собрание законов Российской империи. Собрание II: в 55 т. Т. 44. Отделение 3. 1869. СПБ., 1873.

Полное собрание законов Российской империи. Собрание II: в 55 т. Т. 45. Отделение 1. 1870. СПБ., 1874.

Полное собрание законов Российской империи. Собрание II: в 55 т. Т. 46. Отделение 1. 1871. СПБ., 1874.

Полное собрание законов Российской империи. Собрание II: в 55 т. Т. 48. Отделение 1. 1873. СПБ., 1876.

Полное собрание законов Российской империи. Собрание II: в 55 т. Т. 49. Отделение 1. 1874. СПБ., 1876.

Полное собрание законов Российской империи. Собрание II: в 55 т. Т. 50. Отделение 1. 1875. СПБ., 1877.

Полное собрание законов Российской империи. Собрание II: в 55 т. Т. 53. Отделение 1. 1878. СПБ., 1880.

Полное собрание законов Российской империи. Собрание II: в 55 т. Т. 54. Отделение 1. С 1879 по 18 февраля 1880 года. СПБ., 1881.

Полное собрание законов Российской империи. Собрание II: в 55 т. Т. 55. Отделение 1. С 19 февраля 1880 по 28 февраля 1881. СПБ., 1884.

Полное собрание законов Российской империи. Собрание III: в 33 т. Т. 3. 1883. СПБ., 1886.

Полное собрание законов Российской империи. Собрание III: в 33 т. Т. 4. 1884. СПБ., 1887.

Полное собрание законов Российской империи. Собрание III: в 33 т. Т. 5. 1885. СПБ. , 1887.

Полное собрание законов Российской империи. Собрание Ⅲ : в 33 т. Т. 6. 1886. СПБ. , 1888.

Полное собрание законов Российской империи. Собрание Ⅲ : в 33 т. Т. 7. 1887. СПБ. , 1889.

Полное собрание законов Российской империи. Собрание Ⅲ : в 33 т. Т. 9. 1889. СПБ. , 1891.

Полное собрание законов Российской империи. Собрание Ⅲ : в 33 т. Т. 12. 1892. СПБ. , 1895.

Полное собрание законов Российской империи. Собрание Ⅲ : в 33 т. Т. 13. 1893. СПБ. , 1897.

Полное собрание законов Российской империи. Собрание Ⅲ : в 33 т. Т. 14. 1894. СПБ. , 1898.

Полное собрание законов Российской империи. Собрание Ⅲ : в 33 т. Т. 15. 1895. СПБ. , 1899.

Полное собрание законов Российской империи. Собрание Ⅲ : в 33 т. Т. 18. Отделение 1. 1898. СПБ. , 1901.

Полное собрание законов Российской империи. Собрание Ⅲ : в 33 т. Т. 18. Отделение 2. 1898. СПБ. , 1901.

Полное собрание законов Российской империи. Собрание Ⅲ : в 33 т. Т. 20. Отделение 1. 1900. СПБ. , 1902.

Полное собрание законов Российской империи. Собрание Ⅲ : в 33 т. Т. 20. Отделение 2. 1900. СПБ. , 1902.

Полное собрание законов Российской империи. Собрание Ⅲ : в 33 т. Т. 22. Отделение 2. 1902. СПБ. , 1904.

Полное собрание законов Российской империи. Собрание Ⅲ : в 33 т. Т. 23. Отделение 1. 1900. СПБ. , 1902.

Полное собрание законов Российской империи. Собрание Ⅲ : в 33 т. Т. 26. Отделение 1. 1906. СПБ. , 1909.

Полное собрание законов Российской империи. Собрание Ⅲ : в 33 т. Т. 25. Отделение 1. 1905. СПБ. , 1908.

Полное собрание законов Российской империи. Собрание Ⅲ : в 33 т. Т. 30. Отделение 1. 1910. СПБ. , 1913.

Полное собрание законов Российской империи. Собрание Ⅲ : в 33 т. Т. 33. Отделение 1. 1913. СПБ. , 1916.

Полное собрание законов Российской империи. Собрание Ⅲ : в 33 т. Т. 33. Отделение 2. 1913. СПБ. , 1916.

Повесть временных лет. Ч. 1. Текст и перевод. М – Л. , Академия наук СССР. 1950.

Полное собрание русских летописей. Т. 4. Новгородские и Псковские летописи. М. , Тип. Эдуарда Праца. 1848.

Полное собрание русских летописей. Т. 9. лесписный сборник. СПБ. , Тип. Эдуара – Праца. 1862.

Полное собрание русских летописей. Т. 25. Московский летописный свод конца15 века. М. , Академия наук СССР. 1949.

Российское законодательствоХ – ХХ веков. в 9 т. Т. 1. М. , Юритичес кая литература. 1984.

Российское законодательствоХ – ХХ веков. в 9 т. Т. 2. М. , Юритичес кая литература. 1985.

Российское законодательствоХ – ХХ веков. в 9 т. Т. 3. М. , Юритичес кая литература. 1985.

Свод законов Российкой империи. Т. 5. Устав о прямых налогах. Пг. , 1914.

Брокгауз Ф. А. , Ефрон. И. А. Энциклопедический словарь : в 86 т. Т. 30 (А) . Наказный атаман – Неясыти. СПБ. , Типография Е. А. Ефрона. 1897.

Брокгауз Ф. А. , Ефрон. И. А. Энциклопедический словарь. В 86 т. Т. 29. Сахар – Семь мудрецов. СПБ. , Дело. 1900.

Главное управление неокладных сборов и казенной продаже питей. Финансовый отчет показенной винной операции за 1914 год. СПБ. ,

1914.

Жуков Е. М. (Гла. ред.) Советская историческая энциклопедия: в 16 т. Т. 5: Двинск – Индонезия. М., Советская энциклопедия. 1964.

Жуков Е. М. (Гла. ред.) Советская историческая энциклопедия: в 16 т. Т. 11: Пергам – Ренувен. М., Советская энциклопедия. 1968.

Жуков Е. М. (Гла. ред.) Советская историческая энциклопедия: в 16 т. Т. 16: Чжан Вэнь – Тянь – Яштух. М., Советская энциклопедия. 1976.

Министерство финансов 1802 – 1902. Т. 1. СПБ., 1902.

Министерство финансов. 1904 – 1913. СПБ., 1914.

Печерин Я. И. Исторический обзор росписей государственных доходов и расходов с 1803 по 1843 год включительно. СПБ., 1896.

Печерин Я. И. Исторический обзор росписей государственных доходов и расходов с 1844 по 1864 год включительно. СПБ., 1898.

Покровский В. И. Сборник сведений по истории и статистическе внешней торговли России. Т. 1. СПБ., Деп. Таможенных сборов. 1902.

Положение о государственном налоге и инструкция о применении сего положения. Пг., 1916.

Россия 1913 год. Статистико – документальный справочник. СПБ., Русско – Балтийский информационный центр Блиц. 1995.

Румянцев А. М. (Гла. ред.) Экономическая энциклопедия. Политическая экономия. Т. 3. М., Советская Энциклопедия. 1979.

Сведения о питейных сборах в России. Ч. 1. СПБ., 1860.

Сведения о питейных сборах в России. Ч. 3. СПБ., 1860.

Сведения о питейных сборах в России. Ч. 5. СПБ., 1860.

Статистический ежегодник России. 1914 г. Пг., 1915.

Финансовая энциклопедия: со многими диаграммами и иллюстрациями. М. – Л., Государственное издательство. 1927.

Юбилейный сборник Цинтрального статистического комитета Министерства внутренних дел (1863 – 1913). СПБ., 1913.

Абашев А. О. Налоговая система России X – XX в. Хабаровск, ТОГУ. 2017.

Андреевский И. Е. О наместниках, воеводах и губернаторах. СПБ., Эдуарда Праца. 1864.

Анисимов Е. В. Податная реформа ПетраI. введение подушной подати в России. 1719 – 1728. Л., Наука. 1982.

Анисимов С. А. и так далее. История налогообложения. М., Магистр. НИЦ ИНФРА – М. 2016.

Базилевич К. В. Денежная реформа Алексея Михайловича и восстание в Москве в 1662 г. М – Л., Издательство Академия наук СССР. 1936.

Беляев С. Г. П. А. Барк и финансовая политика России 1914 – 1917 гг. С – Петербург., Издательство С – Петербургского Университета. 2002.

Блиох И. С. Финансы РоссииXIX столетия. История – стастика. в 4 т. Т. 1. СПБ., 1882.

Боголепов М. И. Финансы, правительство и общественные интересы. СПБ., 1907.

Болдырев Г. И. Подоходный налог в России и на западе. Л., Северо – западное промбюро. 1924.

Бондаренко В. Н. Очерки финансовой политики Кабинета министров Анны Иоанновны. М., Печ. Снегиревой. 1913.

Вайнштейн А. Л. Обложение и платежи крестьянства в довоенное и революционное время. М., Экономист. 1924.

Вебер А. Налоги. О государственном и местном обложении в России. М., Народная мысль. 1906.

Вернадский Г. В. Монголы и Русь. М., Ломоносовъ. Нью – Хейвен. 1953.

Витте С. Ю. Избранные воспоминания. в 2 т. Т. 1. М., Мысль. 1991.

Витте С. Ю. Конспекты лекций о народном и государственном хозяйстве. СПБ., 1912.

Горлов И. Я. Теория финансов. СПБ., 1845.

Горская Н. А. Монастырские крестьяне Центральной России в17 в. М., Наука. 1977.

Григориевич С. С. Дальневосточная политика империалистических держав в 1906 – 1917. Томск, 1965.

Деминтьев Г. Д. Во что обошлась нашему государственному казначейству война с Японией. Пг., 1917.

Дементьев Г. Д. Государственные доходы и расходы России и положение Государственного казначейства за время войны с Германией и Австро – Венгрией до конца 1917 г. Пг., 1917.

Ден В. Э. Население России по пятой ревизии. Т. 1. М., Университетская типография. 1902.

Заичкин И. А., Почкаев И. Н. Русская истори: популярный очерк. IX – середипе XVIII в. М., Мысль. 1992.

Захаров В. Н., Петров Ю. А., Шацилло М. К. История налогов в России. IX – начало XX века. М., РОССПЭН. 2006.

Зимин А. А. Реформы Ивана Грозного. М., Социально – экономическая литература. 1960.

Иловайский С. И. Учебник финансового права. Одесса, 1904.

История переписей населения в России. М., Голден – би. 2013.

Каменцева Е. И., Устюгов Н. В. Русская метрология. М., Высшая школа. 1975.

Караваева И. В. (Оте. ред.) История налоговой политики России: конецXIX, XX и начало XXI столетия. М., Наука. 2008.

Каргалов В. В. Внешнеполитические факторы развития феодальной Руси. Феодальная Русь и кочевники. М., Высшая школа. 1967.

Каргалов В. В. Свержение монголо – татарского ига. М., Просвещение. 1973.

Каценеленбаум З. С. Война и финансово – экономическое положение России. М., 1917.

Каштанов С. М. Социально – политическая история России конца XV – первой половины XVI в. М., Наука. 1967.

Каштанов С. М. Финансы средневековой Руси. М., Наука. 1988.

Киняпина Н. С. Политика русского самодержавия в области промышленности. М., Изд. МГУ. 1968.

Ключевский В. О. Русская история. М., Эксмо. 2005.

Ключевский. В. О. Сочинения в девяти томах. Т. 4. М., Мысль. 1989.

Ключевский. В. О. Сочинения в девяти томах. Т. 5. М., Мысль. 1989.

Ключевский. В. О. Русская история: Полный курс лекций. Т. 2. М., Харвест. 2002.

Ключевский. В. О. Русская история: Полный курс лекций. Т. 3. М., Харвест. 2002.

Ключков М. В. Население России при Петре Великом по переписям того времени. Т. 1. СПБ., 1911.

Кованько П. Главнейшие реформы, проведенные Н. Х. Бунге в финансовой системе России. Киев, 1901.

Конотопов М. В., Сметанин М. В. История экономики России. М., Логос. 2004.

Колычева Е. И. Аграрный строй России XVI века. М., Наука. 1987.

Кондратьев Н. Д. Рынок хлебов и его регулирование во время войны и революции. М., Наука. 1991.

Котошихин Г. О России в царствование Алексея Михайловича. СПБ., 1884.

Кулишер И. М. История русской торговли и промышленности. Челябинск, Социум. 2003.

Кун. Е. Опыт сравнительного исследования налогового бремени в России и других главнейших странах Европы. СПБ., 1913.

Куприянова Л. В. Таможенно – промышленный протекционизм и российские предприниматели (40 – 80 – е годы XIX века). М., Институт российской истории РАН. 1994.

Лаверычев В. Я. Военный государственно – монополистический капитализм в России. М., Наука 1988.

Ленин В. И. Полное собрание сочинений// Соч. 55 т. Т. 1. 1893 –

1894. М. , Госполитиздат. 1958.

Ленин В. И. Полное собрание сочинений// Соч. 55 т. Т. 34. Июля—октября 1917. М. , Госполитиздат. 1967.

Леонова Н. Г. История и теория налогообложения. Хабаровск, ТОГУ. 2016.

Лизунов П. В. Биржи в России и экономическая политика правительства （XVIII - XXв. ）. Архангельск. , Поморский государственный университет. 2002.

Лодыженский К. История русского таможенного тарифа. СПБ. , 1886.

Маевский И. В. Экономика русской промышленности в условиях первой мировой войны. М. , Изд - во Дело. 2003.

Менделеев Д. И. Проблемы экономического развития России. М. , Изд - во социально - эконоической литературы. 1960.

Милюков П. Н. Государственное хозяйство России в первой четверти XVIII столетия и реформа Петра Великого. СПБ. , 1905.

Михайлов П. А. Государственные доходы и расходы России во время войны. Пг. , 1917.

Миронов Б. Н. Внутренний рынок России во второй половине XVIII - XIX в. СПб. , Наука. 1981.

Мордвинов Н. С. Избранные произведения. М. , Госполитиздат. 1945.

Обухов Н. П. Внешнеторговая, таможенно - тарифная и промышленно - финансовая политика России. В XIX - первой половине XX вв. （1800—1945）. М. , Бухгалтерский учёт. ; 2007.

Озеров И. Х. Основы финансовой науки. М. , ЮрИнифоР - Пресс. 2008.

Очерки по истории СССР. Период феодализма. IX - XV вв. Ч. 1. М. , Академия наук СССР. 1953.

Очерки истории СССР. Период феодализма. Т. 4. Конец XV - начало XVII вв. М. , Академия наук СССР. 1955.

Очерки истории России. Период феодализма. Т. 5. XVII в. М. , Академия наук СССР. 1955.

Петрухин В. Я. Начало этнокультурной истории Руси IX – XI веков. М. , Гнозис. 1995.

Погребинский А. П. Очерки истории финансов дореволюционной России. М. , Госфиниздат. 1954.

Податная инспекця в Росси. 1885 – 1910. СПБ. , 1910.

Подоходный налог. Материалы к проекту положения о государственном подоходном налоге. СПБ. , 1910.

Покровский С. А. Внешняя торговля и внешняя торговая политика России. М. , Междунар. Кн. 1947.

Покровский Н. Н. О подоходном налоге. Пг. , 1915.

Посошков И. Т. Книга о скудости и богатстве. М. , Соцэкгиз, 1937.

Прокопович С. Н. Война и народное хозяйство. М. , 1917.

Резников К. Ю. Мифы и факты русской истории. От лихолетья Смуты до империи Петра. М. , Вече. 2012.

Рудченко И. Я. Исторический очерк обложения торговли и промыслов в России. СПБ. , 1893.

Рыбаков Б. А. Язычество Древней Руси. М. , Наука. 1988.

Рыбаков Б. А. Киевская Русь и русские княжества XII – XIII вв. М. , Наука. 1982.

Милюков П. Н. Государственное хозяйство России в первой четверти XVIII столетия и реформа Петра Великого. СПБ. , 1905.

Михайлов П. А. Государственные доходы и расходы России во время войны. Пг. , 1917.

Сергеевич В. И. Древности русского права: Т. 3: Землевладение. Тягло. Порядок обложения. М. , ГПИБ. 2007.

Смирнов П. П. Несколько документов к истории Соборного уложения и Земского собора 1648 – 1649 гг. Кн. 4. М. , 1913.

Смит А. Исследование о природе и причинах богатства народов. М. , Дело. 1962.

Соболев М. Н. Таможенная политика России во второй половине XIX века. В двух частях Ч. 1. М. ，РОССПЭН. 2012.

Соболев М. Н. Таможенная политика России во второй половине XIX века. В двух частях Ч. 2. М. ，РОССПЭН. 2012.

Соловьёв С. М. История России с древнейших времён. Сочинения. Книга 4. Т. 16 – 20. СПБ. ，Товарищество «общественная польза». 1851 – 1879.

Сперанский М. М. Проекты и записки. М – Л. ，Академия наук СССП. 1961.

Спицын Е. Ю. Древняя и Средневековая Русь IX – середина XVII в. М. ，Концептуал. 2015.

Степанов В. Л. Н. Х. Бунге Судьба реформатора. М. ，РОССПЭН. 1998.

Столыпин П. А. Программа реформ. Документы и материалы： в 2 т. Т. 1. М. ，РОССПЭН. 2011.

Субботин Ю. Ф. Россия и Германия： Партнёры и противники. （торговые отношения в конце XIX в. – 1914 г.）. М. ，Институт российской истории РАН. 1996.

Тернер Ф. Г. Государство и землевладение. Ч. 1. Крестьянское землевладение. СПБ. ，1896.

Терский Н. С. Питейные сборы и акцизная система в России. СПБ. ，1897.

Толкушкин А. В. История налогов в России. М. ，Юрист. 2001.

Тернера О. Государство и землевладение. Часть 1. Крестьянское землевладение. СПБ. ，1896.

Треновский Н. С. О винокурении в России. Воспоминания. М. ，Пищепромиздат. 1997.

Троицкий С. М. Финансовая политика русского абсолютизма в XVIII веке. М. ，Наука. 1966.

Тургенев Н. И. Опыт теории налогов. СПБ. ，1818.

Уткин А. И. Первая мировая война. М. ，Эксмо，2002.

Фридман М. И. Наша финансовая система. СПБ. ，1905.

Фридман М. И. Винная монополия в России. М. ，Общество купцов и промышленников России. 2005.

Фроянов И. Я. Рабство и данничество у восточных славян. СПБ. , Санкт – Петербургской университет. 1996.

Черепнин Л. В. Русская метрология. М. , Трансжелдориздат. 1944.

Чечулин Н. Д. Очерки по истории русских финансов в царствование ЕкатериныII. СПБ. , Сенатская типография. 1906.

Шванебах П. Наше податное дело. СПБ. , 1903.

Шепелев Л. Е. Царизм и буржуазия во второй половине XIX века. Л. , Наука. 1981.

Шепелев Л. Е. Царизм и буржуазия в 1904 – 1914 гг. Проблемы торгово – промышленной политики. Л. , Наука. 1987.

Щапов Я. Н. Государство и церковь Древней РусиX – XIII вв. М. , Наука. 1989.

Экономическая история России XIX – XX вв: современный взгляд. М. , РОССПЭН. 2001.

Янжул И. И. Основные начала финансовой науки. Второе издание. СПБ. , 1895.

Янин В. Л. Денежно – весовые системы домонгольской Руси и очерки истории денежной системы средневекового Новгорода. М. , Языки славянских культур. 2009.

Ананьич Н. И. К истории отмены подушной подати в России// Исторические записки. М. , РАН. 1974.

Анфимов А. М. Неоконченные споры// Вопросы истории. № 7. М. , РАН. 1997.

Анфимов А. М. Крестьянское движение в России во второй половине XIX в. // Вопросы истории. № 5. М. , Правда. 1973

Бахрушин С. В. Московское восстание 1648 г. // Научные труды. Т. 2. М. , Академия наук СССР. 1954.

Гиндин И. Ф. Государство и экономика в годы управления С. Ю. Витте. // Вопросы истории. № 3. М. , РАН. 2007.

Гавлин М. Л. Вопрос о винных откупах в истории законодательства Российской империи. XVIII – XIX вв. // Экономическая история. Ежегодник 2002. М., 2003.

Голубев П. Подать и народное хозяйство// Русская смысль. № 5 – 7. 1893.

Казаков Н. И. Внешняя политика России перед войной 1812 года. // К стопятидесятилетию Отечественной войны. М., Академия наук СССР. 1962.

Каштанов С. М. Хронологический перечень иммунитетных грамот XVI века. // Археографический ежегодник за 1957 год. М., Наука. 1958.

Маслова С. А. Даруги и баскаки: соотношение должностей// Древняя Русь. Вопросы медиевистики. №4（58）. М., РФК "Имидж – Лаб". 2014.

Муравьев А. В. Из истории образования финансового аппарата в России в 20 – х годах XVIII века// Археографический ежегодник за 1962 год. М., Наука. 1963.

Петров Ю. А. Налоги и налогоплательщики в России начала XX в. // Экономическая история. Ежегодник. М., Центр экономической истории исторического факультета МГУ. 2003.

Речи министра финансов статс – секретаря В. Н. Коковцова по бюджетным вопросам в заседаниях Государственной Думы 16, 20 и 28 февраля 1909 г. СПБ., 1909.

Семенов А. И. Осменики «Устава о мостех»// Новгородский исторический сборник. Вып. 10. Новгород, Новогородская правда. 1961.

Соловьева А. М. Прибыли крупной промышленной буржуазии в акционерных обществах России в концеXIX – начале XX века// История СССР. № 3. М., РАН. 1984.

Степанов В. Л. Михаил Христофорович Рейтерн// Отечественная история. № 6. М., РАН. 1994.

Торопицын И. В. Взгляды Татищева на налоговую политику Русского государства// Налоговый вестник. № 2. Астрахан, Издательский дом "налоговый вестник". 2000.

Черепнин Л. В. Монголо - татары на Руси (XIII в) // Татаро - монголы в Азии и Европе. М., Наука. 1977.

Шапиро А. Л. О «пожилом» Судебников 1497 и 1550 гг. // Исследования по социально - политической истории России. Вып. 12. Л., Отделение Института истории АН СССР. 1971.

Щапов Я. Н. Смоленской устав князя Ростислава Мстиславича// Археографический ежегодник за 1962 год. М., Наука. 1963.

Экономическое положение России накануне Великой Октябрьской социалистической революции: Документы и материалы. Март—октября 1917. Ч. 2. М., Академия наук СССР. 1957.

Янин В. Л. «Чёрный бор» в Новгороде XIV - XV вв. // Куликовская битва в истории и культуре нашей Родины. М., Издательство МГУ. 1983.

图书在版编目(CIP)数据

俄国罗曼诺夫王朝税收史：1613~1917/梁红刚著．--北京：社会科学文献出版社，2022.6
国家社科基金后期资助项目
ISBN 978-7-5228-0103-2

Ⅰ.①俄… Ⅱ.①梁… Ⅲ.①罗曼诺夫王朝（1613-1917）-税收管理-财政史 Ⅳ.①F815.123.2

中国版本图书馆 CIP 数据核字（2022）第 076611 号

·国家社科基金后期资助项目·
俄国罗曼诺夫王朝税收史（1613~1917）

著　　者 / 梁红刚

出 版 人 / 王利民
责任编辑 / 颜林柯
文稿编辑 / 杨鑫磊
责任印制 / 王京美

出　　版 / 社会科学文献出版社·经济与管理分社（010）59367226
　　　　　地址：北京市北三环中路甲29号院华龙大厦　邮编：100029
　　　　　网址：www.ssap.com.cn

发　　行 / 社会科学文献出版社（010）59367028
印　　装 / 三河市龙林印务有限公司

规　　格 / 开本：787mm×1092mm 1/16
　　　　　印 张：20　字 数：314 千字

版　　次 / 2022 年 6 月第 1 版　2022 年 6 月第 1 次印刷
书　　号 / ISBN 978-7-5228-0103-2
定　　价 / 128.00 元

读者服务电话：4008918866

版权所有 翻印必究